일본외교와 동아시아

이기완

도서출판 매 봉

일본외교와 동아시아

이기완

도서출판 매 봉

일본외교와 동아시아

지은이 / 이기완
발행인 / 남광규
발행처 / 도서출판 매봉
초판인쇄 / 2009년 8월 25일
등록번호 / 제6-479호
주소 / 서울시 영등포구 여의도동 13번지 진미파라곤 오피스 1102호
Tel / (02) 780-9013 Fax/ (02) 780-9017
값 / 15,000원 · ISBN / 978-89-92799-03-4 93340

일본외교와 동아시아

도서출판 매 봉

Japanese Foreign Policy in East Asia

Maebong Publishing House

서 문

냉전 종식 후 동아시아 국제정세에 있어 초미의 관심사가 되고 있는 것은 아마도 중국의 경제·군사적 부상, 북한의 핵 및 미사일 발사, 그리고 일본의 정치·군사 대국화일 것이다. 이러한 문제들은 그 내용에 있어 복합적인 연계성을 가지고 있으며 상호 중첩되는 경향을 보인다. 중국의 부상과 북한의 행위는 동아시아 지역에서 패권을 안정적으로 유지하려는 미국의 이해관계와 충돌, 미일동맹의 강화를 가져오는 동시에 일본에게는 안보 불안을 자극시켜 군사력 증강의 빌미를 제공하고 있다.

그런데 여기서 주목할 점은 중국문제 및 북한문제의 대두가 일본으로 하여금 전후 평화헌법과 미일동맹체제 하에서 형성된 '특수국가'의 한계를 체감시키는 동시에 변환의 필요성을 제기하였다는 것이다. 이러한 움직임은 일본 사회의 보수 우경화와 맞물려 빠르게 진행되고 있으며 대외정책에도 그대로 반영되어 나타나고 있다.

1945년 8월 15일 포츠담 선언 수락을 계기로 '소일본주의' 노선으로 회귀하였던 일본은 최근, 아시아 주변국들에 대한 '속죄 외교'에서 탈피하여 '대일본주의'를 지향하고 있다. 이 때문에 동아시아 국가 간에는 경제적 상호의존관계가 상당히 심화되고 있지만 정치적인 관계는 그다지 호전되지 않는 정냉경열(政冷經熱)의 현상이 나타나고 있다. 과거에도 미해결의 정치쟁점에 대한 일본 측의 무리한 정치적 행보로 동아시아 국가 간 관계가 경색국면에 빠지기도 하였지만, 일본은 주변국들과의 관계를 고려하여 '양보'하지 않을 수 없었다.

그러나 1993년 '55년 체제'의 붕괴로 촉발된 정당재편성 속에서 주변국들과의 우호관계를 중시하던 정치세력이 쇠퇴하고 민족주의적 담론을 통해 지지를 동원하려는 신보수주의적 정치세력이 정치의 전면으로 등장하였다. 이들은 전후 체제 하에서 만들어진 일본국가의 특수성을 해체하고 '보통국가'로 나아가기 위해서는 집단적 자위권의 행사를 금지하고 있는 헌법 제9조를 개정해야 하며, 더 나아가 향후 동아시아 국제질서를 주도하면서 세계적인 정치·군사 대국으로 나아가기 위한 국가 전략을 채택해야 한다고 주장하고 있다. 이러한 변화는 불가피하게 주변국, 특히 중국과의 패권경쟁을 불러일으켜 동아시아 지역에 갈등과 긴장을 고조시킬 가능성이 높다.

이 책은 일본국가의 성격 변환과 대외정책이 빠르게 변화하고 있는 상황에서 일본과 동아시아 주요 국가들 사이에 놓여있는 긴장과 갈등의 요인을 규명하고, 일본이 이를 국가전략에 어떻게 활용하고 있는지를 심층적으로 분석하기 위한 노력의 일환으로 기획, 기 발표논문들을 수정·보완하여 6장으로 구성되었다.

제1장에서는 일본국가의 변환을 둘러싼 정치과정과 그 특질을 국내외적 요인에 초점을 맞추어 규명하고, 그것이 동아시아 국제관계에 미치는 영향을 분석하고 있다.

제2장에서는 1945년부터 현재에 이르기까지 일본의 대한인식이 어떻게 변질되어 어떤 형태로 지속되고 있으며, 그것이 근원적으로 변화하지 않는 원인은 무엇이며, 어디에서 기원하는 것인지를 분석하고 있다.

제3장에서는 북한의 미사일 문제가 북일관계와 일본의 안보정책에 어떠한 영향을 미쳤으며, 이 과정에서 일본의 대응이 어떻게 변화하고 그것이 일본의 군사대국화 경향에 어떤 방식으로 기여하였는지를 분석하고 있다.

제4장에서는 미일안보체제의 기원과 변화의 동학을 규명하고, 그것이 일본의 안보정책에 미친 파급효과와 군사화 경향, 그리고 그 변화의 방향성을 규명하고 있다.

제5장에서는 일본이 1960년 미일안보조약 개정부터 1970년대 초반에 걸쳐 '포기와 연루의 공포'라는 동맹의 딜레마에 어떻게 대처하는지의 문제를 분석하고 있다.

제6장에서는 중일 간 미해결의 정치이슈를 둘러싼 갈등을 일본 측 정치동학에 초점을 맞추어 그 원인을 규명하고, 그것이 향후 중일관계와 동북아 안보질서에 어떠한 영향을 미칠 것인지를 분석하고 있다.

이와 같이 6장으로 구성된 이 책이 한국에서 일본 전공자 및 일본의 외교정책에 커다란 관심을 가진 실무자들에게 향후 일본의 국가전략과 동아시아 국제관계의 변화를 이해하는데 도움이 되기를 기대해본다.

끝으로 출판을 흔쾌히 허락해 주신 매봉통일연구소의 남광규 소장님께 심심한 감사의 마음을 표한다.

2009년 8월

이기완

차　　례

제4장 일본의 안보와 미일관계

제5장 일본의 미일동맹 인식과 현실

제6장 일본의 보통국가화와 중일관계

제1장
일본국가의 변환과 동북아 안보

Ⅰ. 서 론

Ⅱ. 특수국가의 형성

Ⅲ. 특수국가의 위기

Ⅳ. 보통국가로의 변환

Ⅴ. 결 론

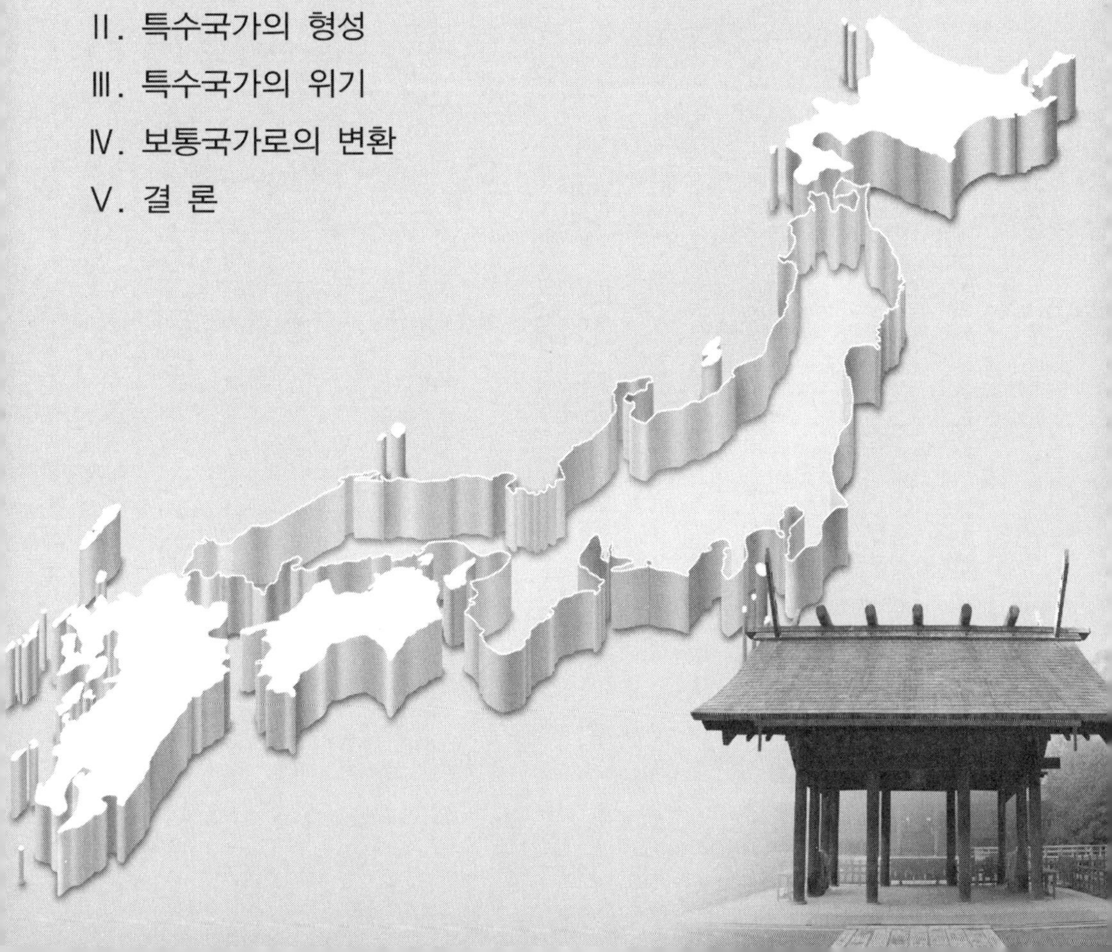

제1장 일본국가의 변환과 동북아 안보

Ⅰ. 서 론

냉전 종식 후, 일본 정치사회에서 뜨거운 쟁점이 되고 있는 국가성격의 변환 논의는 개헌론과 미일안보체제의 변화에 따른 군사대국화라는 두 축과 맞물려 전개되고 있으며 그 밑바탕에는 신보수주의 정치노선이 강렬히 흐르고 있다. 이러한 현상은 전통적 보수주의를 표방하던 자민당 주류인 보수본류 세력이 크게 후퇴하여 비주류로 전락하고, 전후 보수주의 대항세력으로서의 역할을 담당해 온 사회당을 비롯한 혁신세력이 정치적으로 주변화 되면서 급속히 진행되고 있다. 동시에 야당 제1당인 민주당도 신보수주의 정치노선을 표방하는 세력이 당의 주도권을 장악하고 있으며 이들은 사안에 따라서는 집권여당인 자민당보다 오히려 국가주의 정치노선을 강력히 표방하면서 전후 일본국가의 특수성 해체를 주장하고 있다.

전후 일본국가의 성격은 헌법 제9조와 미일안보체제에 의해 규정되었다. 제2차 세계대전 후 연합국총사령부의 비군사화 정책에 따라 일본은 1946년 11월 3일 일체의 전쟁권한을 부정하는 헌법을 제정・공포했다. 또한 냉전의 격화 속에서 체결된 미일안보조약으로 일본은 미국의 세계전략에 편입되어 독자적인 안보정책을 전개하지 못하게 되었다. 이리하여 일본은 평화헌법과 미일안보체제 하에서 주권국가의 근간인 군

* 이 장은 "현대일본국가의 변질과 신보수주의"(『아세아연구』 제47권 제3호)에 실린 논문을 수정하고 보완한 것이다.

사력을 미국에 의존하면서 경제성장을 추구하는 '특수국가'(abnormal state)[1]로 전락했다. 이러한 특수국가는 미국의 정치·안보 우산 하에서 경제성장 우선주의 정책을 통해 고도 경제성장을 달성하고 그 이익배분 메커니즘에 따라 이익집단을 조직화하여 자민당 정권에 대한 지지를 안정적으로 확보했다. 하지만 이것은 국제무대에서 일본을 정치 소국으로 전락시키는 결과를 초래했다.

1970년대 제1·2차 오일쇼크의 영향으로 기존의 이익배분에 기초한 이익정치의 구조를 부활시키는 것이 불가능하게 된 상황에서 자민당 지배체제는 동요를 보이기 시작했다. 또한 전후 자본주의 세계질서를 지탱하고 일본의 경제성장을 보장해주던 미국의 헤게모니가 흔들리면서 미국은 일본에 대해 '경무장·경제성장' 노선의 수정과 방위비의 분담을 요구하기 시작했다. 이러한 국내외적 상황에서 자민당 내 보수방류(신보수주의) 세력들은 전후 특수국가의 결함을 지적하면서 국제사회에서 능동적인 역할을 수행할 수 있는 새로운 국가로의 전환을 모색했지만, 자민당 내 보수본류 세력과 야당들의 격렬한 저항으로 실패했다.

그러나 냉전체제의 붕괴와 걸프전쟁의 발발을 계기로 국가주권의 제한에 의해 유지되어 온 특수국가는 커다란 한계를 드러냈고 새로운 국제질서에 능동적으로 대처할 수 있는 보통국가로의 전환 필요성이 제기되었다. 특히 걸프전쟁은 2차 세계대전 이후 지속되어 온 자국의 외교안보정책 및 국가의 성격을 전면적으로 변화시키는 결정적인 계기가 되었다.[2] 이후 신보수주의 세력은 정치개혁을 통해 정당재편성과 호헌·평화 세력을 축출하고 정권을 장악하는데 성공했다. 고이즈미 준이치로

---

1) 미야자와 기이치(宮澤喜一) 전 총리에 의하면, 특수국가란 "평화헌법 9조를 지키고 군사 소국이라는 것을 무기로 삼아 경제협력과 기술협력을 통해 관련국들과의 외교관계를 두텁게 하고, 그것으로 안전보장을 도모해 가는 국가이다"고 한다. 岩見隆夫,"政界再編を目論む金丸人脈,"『中央公論』 9月号(東京: 岩波書店, 1991), p. 76.

2) 外岡秀俊·本田優·三浦俊章, 『日米同盟半世紀: 安保と密約』(東京: 朝日新聞社, 2002), pp. 409-410.

(小泉純一郎) 정권과 이를 계승한 아베 신조(安倍晋三) 정권이 바로 여기에 해당한다. 이들 정권은 국가본연의 본질회복과 개헌의 본격화, 그리고 자위대의 역할확대를 추진했다. 더욱이 이러한 추세는 정치세력의 역학관계가 자민・민주 두 보수 정당으로 재편되면서 빠르게 진행되고 있다.

이 장에서는 일본국가의 변환을 둘러싼 정치과정과 그 특질을 국내외적 요인에 초점을 맞추어 분석하고, 그것이 동아시아 국제관계에 미치는 영향을 규명한다. 이하 제2장에서는 특수국가의 형성과정 및 요인을 설명하고, 제3장에서는 신보수주의의 대두와 특수국가의 위기를 살펴본다. 제4장에서는 1990년대 일본의 정치변동과 보통국가화를 제시하고, 이를 바탕으로 제5장에서는 결론 및 전망을 도출한다.

Ⅱ. 특수국가의 형성

1. 정치세력의 역학관계와 안보문제

패전과 동시에 우후죽순처럼 생겨난 전후 정치세력은 지도자와 조직의 면에서 전전의 유산을 그대로 계승하고 있었다.[3] 전후 일본의 보수세력은 1945년 11월 대일본정치회 출신들이 모여 일본진보당을 결성했고,[4] 정우회 출신의 동교회계가 중심이 되어 일본자유당을 창당했다.[5] 1946년 4월 총선거 결과 자유당은 제1당이 되어 정권형성에 착수했지만, 그 목전에서 하토야마 이치로(鳩山一郎) 총재는 연합국총사령부에 의해 공직추방을 당했고, 이를 계기로 친미 노선을 견지하고 있던 요시

3) 內田健三, "保守三党の成立と變容," 坂本義和/R. E. ウォード(編), 『日本占領の研究』(東京: 東京大學出版會, 1987), p. 208.
4) 議會政治研究會政党年鑑編集部, 『政党年鑑』(東京: ニュース社, 1947), pp. 145-148.
5) 위의 책, pp. 120-130.

다 시게루(吉田茂)가 정권을 장악하여 전후 정치를 주도하게 되었다.[6]

요시다 정권은 연합국총사령부의 비군사화 정책에 따라 1889년에 제정된 제국헌법의 개정에 착수하여 1946년 11월 3일 교전권의 부인과 군대의 불보유를 규정한 '평화헌법'을 제정했다. 이것은 일본인 스스로의 민주주의에 대한 자각과 메이지 헌법체제의 철저한 부정에 입각해서 일본의 주도로 제정된 것이 아니라 연합국총사령부에 의해 외삽적으로 강요된 정치적 타협의 부산물이었다.[7]

이러한 평화헌법의 기반 위에서 요시다는 안보문제를 미국과의 동맹관계에 의존하여 해결하고 경제 우선주의 노선을 선택했다. 이러한 '요시다 노선'은 전후 일본의 정치와 외교를 주도하는 '전통적 보수주의'였고 경무장과 경제 중심을 핵심 내용으로 하고 있었다. 당시 요시다는 관료를 중용하여 '요시다 학교'라고 불리는 관료출신 정치인 집단을 형성했는데 이들이 '55년 체제'[8] 하에서 고도 경제성장을 추진하는 핵심세력이 되었다. 반면, 공직추방 해제 후 정계에 복귀한 하토야마와 기시 노부스케(岸信介)는 요시다의 친미·경제노선에 반발하며 헌법개정, 재군비, 그리고 정치 우선주의를 주장하면서 요시다 세력과 격렬히 대립했다. 하지만 1955년 10월 좌·우 양파로 분열되어 있던 사회당의 통합을 계기로 요시다의 자유당과 하토야마의 민주당은 합당하여 자유민주당을 창당했다.

자민당 창당 후 정권을 장악한 하토야마 총리는 1956년 3월 헌법 제9조의 개정을 발의할 수 있는 의석을 확보하기 위한 수단으로 소선거구제의 도입을 시도했지만, 당내뿐만 아니라 야당의 반대에 직면하여 실패했다.[9] 이어 등장한 이시바시 단잔(石橋湛山) 정권을 거쳐 기시 정권

---

6) 增田弘, 『公職追放: 三大政治パージの研究』(東京: 東京大學出版會, 1998), pp. 25-66.

7) 渡辺治, 『政治改革と憲法改正』(東京: 青木書店, 1994), p. 219.

8) 田中愛治, "国民意識における55年体制の変容と崩壊", 『政治学年報』(東京: 岩波書店, 1996), pp. 32-33.

9) 李起完, "戦後日本における選挙制度と政党システムに関する再検討," 『法学新報』

에서는 미일안보조약 개정을 시도하여 '안보투쟁'을 야기했다. 미일안보조약개정 반대운동에 위기감을 느꼈던 기시 총리는 1960년 5월 19일 경찰대를 동원하여 사회당 의원을 끌어낸 후, 중의원 본회의에서 자민당 단독으로 신 안보조약을 강행・처리했다. 의회주의를 무시하고 안보개정을 실현하려는 기시 정권의 태도에 국민의 분노가 폭발했다. 결국 이에 대한 책임을 지고 기시 정권은 붕괴했다.[10]

기시 정권이 붕괴된 후 성립한 이케다 하야토(池田勇人) 정권은 개헌에 대해 소극적인 입장을 보이면서 '소득배증계획'으로 상징되는 비군사적・비국가주의적 정치목표를 설정하고 야당과의 합의에 기초한 관용과 인내라는 정치수법을 도입했다. 즉 이것은 지금까지의 이데올로기적 논쟁에 기초한 대립형 정치에서 경제적 쟁점을 전면에 내세운 대립회피형의 이익정치로의 전환을 의미하는 것이었다.[11] 또한 헌법 제9조에 대한 해석개헌을 통해 평화헌법의 기본구조를 그대로 유지함과 동시에 미일안보체제 하의 대미협조를 기축으로 하면서 경제성장을 추구하는 정치노선이었다.

여기서 지적하고 싶은 것은 전후 일본에서 특수국가가 헌법 제9조라는 국내적 요인과 미일안보체제라는 국제적 요인에 의해 일방적으로 주조된 것이 아니라 그러한 제도적 틀 속에서 합목적적으로 행위 하는 정치세력의 역학관계도 그러한 성격규정에 중요한 영향을 미쳤다는 점이다. 1950년대 초반까지 요시다를 중심으로 한 정치세력이 정치의 주도권을 장악했던 결과, 일본국헌법과 미일안보체제 하에서 군사력을 미국에 의존하면서 경제성장을 추구하는 일본국가의 특수성이 형성될 수 있었다. 반면 하토야마와 기시 정권에서는 요시다 정권 하에서 주조된 특수국가의 변질을 시도하여 일소 국교회복과 안보조약의 개정을 실현했

第108巻 第1号(東京: 中央大学法学会, 2001), pp. 155-180.

10) 愛敬好二, "9條改定論の變遷と現在,"『論座』 2月号(東京: 朝日新聞社, 2004), pp. 22-23.

11) 小野耕二,『新版日本政治の転換点』(東京: 青木書店, 1998)/이기완(역),『일본현대정치사』(서울: 케이시, 2003), p. 143.

지만, 이케다 · 사토 에이사쿠(佐藤榮作) 정권이 재차 요시다 노선으로 회귀하여 동요하던 특수국가는 안정적으로 정착할 수 있었다.

<표 1> 정치세력의 역학관계와 안보

	정치세력의 역학관계	헌법문제	재군비 문제
보수세력	요시다 세력	호헌	재군비 억제
	하토야마 세력	개헌	재군비 확대·군대 창설
	아시다 세력	호헌	재군비 확대
혁신세력	사회당	호헌	재군비 반대

출처: 小野直樹, 『戰後日米關係の國際政治經濟分析』(東京: 慶應義塾大學出版會, 2002), p. 76.

이러한 특수국가는 경제성장을 국가의 목표로 설정하고 대기업을 중심으로 자본축적을 촉진 · 유도하는 다양한 정책을 계통적으로 전개하며 '기업국가'의 역할을 수행했다.[12] 즉 국가는 경제과정을 통제하고 경제성장을 촉진하면서 이를 통해 자민당 정권에 대한 지지를 확보하는 것으로 그 역할이 폄하되기에 이르렀다.

그 결과, 1960년대에서 1970년대 초반에 이르는 시기에 국민의식의 특징은 경제성장과 국민생활의 향상으로 국가에 대한 소속의식은 높아졌지만, 이것이 곧바로 '정치적 국가'에 대한 지지로 이어졌던 것은 아니다. 여기서 국가는 기업의 발전과 동의어인 경제성장을 목표로 하면서 안보 의존과 경무장 노선에 의해 그것을 추구하는 경제성장 국가였고 그 역할은 경제성장에 있어 자본축적을 촉진하는 기능으로 전락했던 것이다. 그럼에도 불구하고 전후 특수국가는 경제성장에 의해 안정적으로 유지될 수 있었다.

12) 形野清貴, "国家イデオロギー状況を読む," 金子道雄(編), 『現代日本の国家と社会』(京都: 法律文化社, 1996), p. 211.

2. 냉전과 미일안보체제

第2차 세계대전 후, 연합국총사령부의 비군사화 정책과 헌법 제9조에 의해 일본은 군대를 보유하지 않는 특수국가가 되었다. 그러나 일본을 단독 점령했던 미국은 동유럽에서 친소정권의 확대와 아시아 지역에서 중화인민공화국의 성립 및 한국전쟁의 발발 등을 계기로 일본의 재군비를 추진하기 시작하여 요시다 정권에 경찰예비대의 창설과 해상보안청의 확대를 명령했다. 1951년 샌프란시스코 강화회의에서 대일 평화조약이 체결되던 날, 일본은 미국과 미일안보조약을 체결하고 주일미군의 주둔 및 기지사용권을 전면적으로 허용했다. 특히 이 안보조약에 의해 일본은 미국의 대소봉쇄전략에 편입되어 '종속적인 독립국가'로 출발하게 되었다.[13]

더욱이 1954년 3월에 조인된 MSA협정은 일본의 미국에 대한 종속·의존을 심화시켰다. 1951년 미국은 군사비의 지출을 삭감하면서 서방진영의 안전을 확보하기 위하여 피원조국의 방위노력을 명시한 상호안전보장법(MSA)을 제정했다. 이에 요시다 정권은 전후 경제부흥에 커다란 역할을 했던 '한국전쟁 특수'가 종결될 기미를 보이자, 경제적 효과를 고려하여 재군비에 대한 미국의 요청을 받아들이게 되었다.[14] 이리하여 1950년 한국전쟁을 계기로 창설된 경찰예비대는 강화조약과 미일안보조약에 의해 보안대로 개조되었고, MSA협정을 통해 자위대로 개편되었다. 미일 간 절충을 통해 창설된 자위대는 발족 당시부터 헌법 제9조와 관련하여 그 합법성이 의문시되었으며, 자위대 장비와 편성의 측면에서도 미군의 강력한 영향을 받게 되었다.[15] 이리하여 일본은 미일안보체제 하에서 외교의 자주적 선택권을 상실하고, 군사적으로는 근

---

13) 荒敬, "サンフランシスコ講和," 歴史學硏究會(編), 『日本同時代史: 占領政策の轉換と講和』(東京: 青木書店, 1990), pp. 188-189.

14) 川上高司, 『米國の對日政策』(東京: 同文舘出版社, 1996), pp. 41-42.

15) 形野清貴, 앞의 논문, p. 223.

대적 국민국가의 근간인 지휘·통제권을 결여한 특수국가로 전락하게 되었다.

이러한 특수국가는 경제성장에 의해 안정된 지배를 실현할 수 있었음에도 불구하고 강한 국가에 대한 충성과 통합을 이끌어낼 수 없었을 뿐만 아니라 국가이념으로 민족주의를 표방할 수 없었다. 와타나베 오사무(渡辺治)에 의하면 이 시기 국가는 "경제성장의 유리한 환경조성과 성장의 촉진을 통해 보수지배의 안정을 실현했지만, 대내외적으로 이중의 제약성을 노정하고 있었다"고 한다.[16] 결론적으로 전후 특수국가는 평화헌법과 미국의 경제지원 하에서 일본의 군사력을 주로 미일안보체제에 의존하며 경제의 성장과 발전노선을 추구했던 것이다.[17]

Ⅲ. 특수국가의 위기

1. 신보수주의 대두와 전후정치의 총결산

1960년대 이케다·사토 정권은 경제성장 우선정책을 통해 고도 경제성장을 달성하면서 그 이익배분 메커니즘에 따라 이익집단을 조직화하여 자민당 정권에 대한 지지를 안정적으로 획득하는데 성공했다. 이러한 정·관·재 삼각동맹에 의한 이익유도정치는 정당정치의 공동화를 초래하고 정치의 기능을 단순히 이익배분에 집중시키는 역할을 했다.[18]

그러나 1960년대 말 고도 경제성장이 종언을 고하기 시작하자, 보수지배체제는 안정의 시대로부터 혼미의 시대로 진입하여 갔다. 고도 경

16) 渡辺治, "現代日本國家の特殊な構造," 東京大學社會科學研究所(編), 『現代日本社會』(東京: 東京大學出版部, 1991), pp. 209-210.

17) 內田健三·早野透·曾根泰教,『大政變』(東京: 東洋經濟新報社, 1994), p. 11.

18) 福岡政行, "解說　田中角榮と戰後政治," 早野透, 『田中角榮と戰後の精神』(東京: 朝日文庫, 1995).

제성장을 추진하는 속에서 발생한 복지 및 환경오염 문제에 대한 자민당 정부의 미온적인 대응으로 복지 및 환경오염 반대운동이 각지에서 발생했고, 이러한 운동은 생활관련 사회자본의 확충을 요구하는 시민운동과 연계되면서 자민당 정권에 대한 지지 철회로 이어졌다.[19] 특히 혁신자치체의 출현은 보수지배체제의 안정을 크게 동요시키는 요인이 되었다.

<그림 1> 「정·관·재」 상호관계

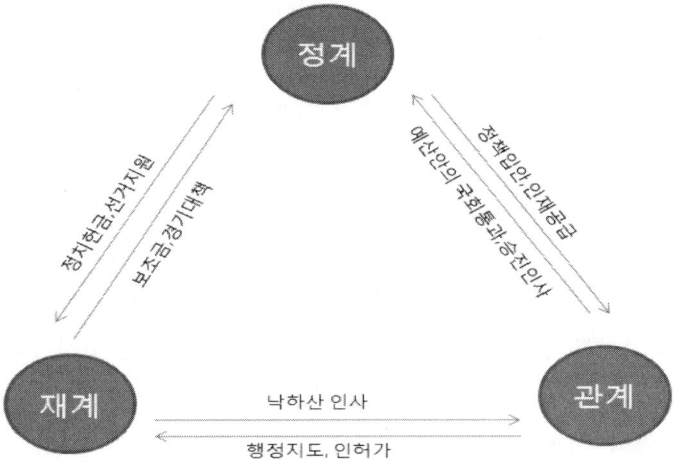

출처: 中野実, 『日本の政治力学』(東京: 日本放送出版会, 1993), p. 139.

이러한 상황 속에서 등장한 다나카 가쿠에이(田中角榮) 정권은 '열도개조론'을 통해 고도 경제성장을 재차 실현하여 동요하는 자민당 정권에 대한 지지를 만회하려고 시도했지만, 역으로 토지투기에 의한 지가상승과 적극재정에 의한 물가상승만을 초래했다. 그 결과, 다나카 정권의 지지율이 급속히 하락하고 1972년 12월에 실시된 총선거에서 자민당의 후퇴와 공산당의 약진이라는 선거결과를 낳게 되었다. 광란물가와

19) 이기완(역), 앞의 책, p. 158.

정권에 대한 지지율이 하락하는 가운데 다나카 정권은 1974년 7월 참의원 선거를 맞이했다. 보수지배체제의 안정을 위하여 다나카 총리는 기업으로부터 막대한 정치자금을 확보하여 금권선거 및 기업동원선거를 시도했지만, 오히려 자민당의 의석수를 감소시켜 보혁 백중상황을 초래했다.

이러한 와중에 폭로된 록히드 의혹 사건은 보수지배체제의 동요를 한층 가중시켜 1976년 6월 고노 요헤이(河野洋平)를 중심으로 하는 자민당 국회의원 6명의 탈당과 7월 다나카 전 총리의 체포로 이어졌다. 이러한 정치・경제적 동요 속에서 실시된 1976년 중의원 선거에서 자민당은 공인 추천 후보 가운데 249명만이 당선되어 과반수 의석을 확보하는데 실패했다.

더욱이 사토 정권이 붕괴된 후 다나카-후쿠다 전쟁(角福戰爭)으로 촉발된 자민당 내부의 정치적 투쟁은 미키 다케오(三木武夫) 하야공작을 거쳐 후쿠다-오히라(福田赳夫一大平正芳)의 40일 투쟁으로 절정에 이르렀다. 이를 계기로 안정된 보수지배체제에 의해 유지되어온 전후 특수국가는 새로운 전환을 모색하지 않을 수 없었다. 더욱이 이러한 자민당 내 정치적 투쟁은 이 시기 특수국가가 국제국가로 나아가기 위한 새로운 외교전략의 구축과 국가체제의 개혁을 방해하는 커다란 저해요인이 되었다.

이러한 상황 속에서 1970년대 고도 경제성장의 종언과 오일쇼크로 인한 불황 타개와 보혁 백중에 의한 자민당 정권의 위기를 극복하기 위한 일환으로 신보수주의적 정치노선이 등장했다. 나카소네 야스히로(中曾根康弘) 총리의 '전후정치의 총결산'은 이러한 방향성을 지향하고 있었다. 나카소네 총리는 전후 안보를 미국과의 동맹관계에 의존하여 해결하고 경제 우선주의를 표방하는 요시다 노선에 도전하면서 기존 노선의 궤도 수정과 국제사회에서 능동적인 역할을 수행할 수 있는 새로운 국가형성을 모색했다.[20] 이를 위해 나카소네 총리는 역사인식, 미일동

20) 浅井基文, 『新保守主義』(東京: 柏書房, 1993), pp. 60-62.

맹, 방위예산 등 전후정치 하에서 금기시되어 왔던 문제들을 재검토하려고 했다.

<표 2> 자민당 내 정치세력의 입장 비교

구 분	자민당 내 보수본류	자민당 내 보수방류
정치세력	요시다/이케다/사토 계열 →가이후, 미야자와, 가토	하토야마/기시/고노 계열 →나카소네, 오자와, 고이즈미, 아베, 이시하라, 아소
국가성격	특수국가	보통국가
헌법문제	호헌/평화헌법	개헌/자주헌법
정치이념	국제 평화주의	민족주의
정책방향	경제 우선주의	정치 우선주의
안보정책	전수방위	군사대국
주변국외교	한국, 중국과의 우호협력	한국, 중국과의 갈등 불가피
미해결 쟁점	정치쟁점화 극력 자제	정치쟁점화 불가피

출처: 이기완, “일본 신보수주의,” 『시대정신』 제2호(서울: 교양사회, 2003), p. 53.

그러나 이러한 시도는 그 당시 55년 체제의 구조 하에서 곧바로 실현 가능하지 않았기 때문에 결국 실패로 끝났다. 왜냐하면 이는 55년 체제 하에서 주조된 기존의 정치질서 구조인 이익정치에 안주하려는 자민당 내 요시다·이케다·사토 계열의 보수 정치인들, 소위 보수본류 세력과 야당들이 새로운 정치방식으로의 이행에 격렬히 반대했기 때문이다. <표 2>에서 보여지는 바와 같이 국가의 기본정책 설정을 둘러싸고 자민당 내 보수본류와 보수방류(신보수주의) 사이에는 큰 입장 차이가 있었다.

보수방류 세력들에 따르면 자민당과 사회당의 보혁 대결구도인 55년 체제는, 대내적으로는 냉전이라는 국제체제의 산물로 전후 일본에 부와 평등을 가져오는데 기여했지만 정·관·재 유착에 의한 이익유도정치를 초래했고, 대외적으로는 미국의 정치·안보 우산 하에서 고도 경제성장을 달성하는데 공헌했지만 세계정치의 무대에서 일본을 정치 소국으로 전락시키는 결함을 가지고 있었다는 것이다. 따라서 이들의 목표는 대내적으로는 정치개혁을 통해 국제공헌과 헌법개정에 장애가 되는 급진적 좌익세력을 해체하는 것이고,[21] 대외적으로는 전후의 패전의식에서 탈피하여 세계 제2위의 경제력을 바탕으로 군사력을 강화하고 국제정치에 적극 개입함으로써 국제문제에 능동적으로 대처할 수 있는 보통국가를 건설하는 것이다. 따라서 이들은 정치개혁을 단순한 스캔들 방지책이 아니라 국가개조를 위한 중핵적 전략방편으로 간주하고 정당체계의 재편성을 추진하게 되었던 것이다.[22]

결국 1980년대 나카소네 총리에 의해 추진되었지만 실패로 끝났던 신보수주의적 방향성, 즉 특수국가의 결함을 해체하려는 시도는 1990년대 들어 오자와 이치로(小澤一郎)의 보통국가론으로 재차 등장하게 된다.

2. 국제체제의 변화와 미일관계

전후 특수국가는 냉전체제 하에서 미국의 강대한 달러와 미일안보조약에 의존하며 경제의 성장과 발전노선을 추구했다. 그러나 1971년 두 번의 닉슨 쇼크에 의해 일본은 커다란 위기에 직면하게 되었다. 1971년 7월 15일 닉슨(R. Nixon) 대통령의 중국 방문 발표는 그때까지 미국의 극동전략에 따라 중국 적대정책을 취해 왔던 일본에게 커다란 충격을 주었다. 특히 중국정책에 있어 미일 양국 간에는 긴밀한 연락을 취하면서 정책적 협력을 도모한다는 '약속'이 있었다. 그리하여 일본은 미국이 일본을 배제한 채 중국과의 관계개선을 도모하지는 않을 것이라는 순진

---

21) 長谷川慶太郎・鷲田小弥太,『21世紀の世界をさぐる: マルクス主義を越えて』(東京: 学習研究社, 1992), p. 47.

22) 大嶽秀夫, "自民党若手改革派と小澤グループ: 政治改革を目指した二つの政治勢力,"『レヴァイアサン』第17巻(東京: 木鐸社, 1995), p. 19.

한 입장을 가지고 있었기 때문에 미국의 대중접근은 일본 외교정책의 파탄을 의미하는 일대 사건이었다.[23]

또한 1971년 8월 16일에 발표된 닉슨 대통령의 신경제정책은 전후 국제통화체제의 근간인 브레턴우즈체제의 붕괴 및 일본경제에 커다란 영향을 미치게 되었다. 전후 미국은 일본 경제의 안정과 부흥을 위해 1달러=360엔의 단일환율을 적용했고 이 체제 속에서 일본은 고도 경제성장을 달성할 수 있었다. 이 닉슨 성명으로 국제통화 불안이 일거에 확산되었고 1971년 말 스미소니언 협정(Smithsonian Agreements)으로 일본은 16.88% 절상하여 1달러 308엔으로 이행하게 되었다. 이로 인해 수출관련 중소기업이 커다란 타격을 입게 되었고 사토 정권은 엔고에 의한 불황을 방지하기 위하여 엄청난 건설국채를 발행하여 공공사업을 추진했다. 그러나 이러한 조치에도 불구하고 인플레의 확산과 실업률의 증가가 계속되어 경제위기에 직면하게 되었다.[24] 또한 1973년 가을에 발발한 제4차 중동전쟁을 계기로 발생한 제1차 석유위기는 광란물가로 불릴 정도로 물가폭등을 초래했고 일본경제는 전후 처음으로 -0.2%라는 마이너스 성장을 기록하게 되었다.

하지만 일본은 수출확대정책, 적극재정과 금융완화정책, 공채발행, 그리고 감량경영 등을 통해 위기를 극복할 수 있었다. 그 결과, 1970년대 중반 일본경제는 세계경제에서 차지하는 지위상승으로 구미 제국과 심각한 경제마찰을 초래했다. 왜냐하면 전후 자본주의 세계질서를 지지하고 일본의 경제성장에 유리한 조건을 보장해 주던 미국의 헤게모니가 동요하면서 세계 경제 질서가 불안정한 시대로 진입했기 때문이다.

미국은 일본에 대해 요시다 노선의 수정과 방위비 분담 및 시장개방 등을 요구하기 시작했다. 더욱이 오일쇼크 이후 자원의 안정적 확보가 경제발전의 사활적 문제로 부상하고 1970년대 후반부터 동아시아를 중

23) 西川吉光, 『日本政治外交史論(下)』(京都: 晃洋書房, 2002), p. 128.
24) アーミン·H. マイヤー/淺尾道子(譯), 『東京回想』(東京: 朝日新聞社, 1976), pp. 137-150.

심으로 자본의 해외진출이 본격화되면서 해외진출 자본의 이익을 보장할 수 있는 국가체제 형성의 필요성이 대두되었다.[25] 그러나 이러한 대외적 요청에 대해 특수국가는 충분히 대응할 수 있는 능력을 결여하고 있었다.

1970년대 후반 동서관계의 긴장을 계기로 미국의 요청에 따라 일본은 미일방위협력지침을 체결하고 아시아의 안보문제를 진지하게 검토하기 시작했다. 그러나 평화헌법과 자위대가 미군에 크게 의존하는 구조에 의해 대외정책의 수정에는 많은 한계를 가질 수밖에 없었다.[26] 또한 그 동안 미국이 떠맡아 온 동아시아 안보질서를 일본이 일정정도 분담하는 것에 대한 주변국들의 반발도 경제대국 일본이 새로운 국가전략의 구축과 국제사회의 바람직한 역할모색을 방해하는 요인이 되었다.

Ⅳ. 보통국가로의 변환

1. 정치세력의 역학관계 변화

1) 정치세력의 재편성

1988년 자민당 거물정치인과 야당 지도자, 재계, 관계 등 많은 사람들이 관여한 리쿠르트 사건과 이후 제네콘 오직 및 도쿄 사카와규빈 사건으로 대표되는 부정・부패 사건의 폭로 속에서 자민당 지배체제는 국민으로부터 급격히 지지를 상실하고 있었다.[27]

이러한 상황에서 호소카와 모리히로(細川護熙) 전 구마모토현 지사가 신보수주의적 정치노선을 표방하면서 1992년 일본신당을 창당했고,

---

25) 形野清貴, 앞의 논문, p. 214.

26) 大嶽秀夫, 『日本の防衛と國內政治』(東京: 三一書房, 1983), p. 288.

27) 日本經濟新聞社(編), 『宴の惡魔』(東京: 日本經濟新聞社, 1991); 朝日新聞政治部·社會部, 『權力の代償』(東京: 朝日新聞社, 1993).

그 해 7월에 실시된 참의원 선거에서 커다란 돌풍을 일으켰다. 정치개혁에 대한 국민의 기대감이 고조되는 가운데 1993년 6월 미야자와 기이치(宮澤喜一) 정권이 정치개혁을 단념하자, 이를 계기로 자민당 내에서 신보수주의 정치노선을 주장해 온 의원들이 탈당하여 신생당과 신당사키가케를 창당했다.[28] 이러한 움직임 속에서 치러진 1993년 7월 총선거에서 자민당은 과반수 의석 확보에 실패하여 자민당 일당지배체제는 종말을 맞이하게 되었다.

이 선거 결과에 의해 초래된 정당구도의 유동화 속에서 호소카와·오자와 등으로 대표되는 신보수주의 정치세력은 헌법개정 및 국제공헌에 장애가 되는 호헌·평화를 극복하기 위한 방편으로 사회당을 정권에 참여시키는데 성공했다.[29] 또한 1994년 6월 자민당 내 신보수주의 정치세력은 사회당의 급진적 좌익부분을 해체하려는 의도에서 사회당에 총리를 양보하는 모험을 감행했고, 그 대가로 사회당의 정책노선을 현실노선으로 궤도 수정시킴으로써 보수주의적 정치환경을 조성하는데 성공했다.

또한 신보수주의 정치세력은 국내외 정세변화에 신속히 대응하기 위한 강력한 정권의 필요성과 정당체계를 보수양당제로 개편하기 위한 전략에서 기존의 중선거구제를 폐지하고 소선거구 비례대표 병립제를 도입했다. 이에 대해 호소카와·하타 스토무(羽田孜) 정권에 참여했던 정당들이 새로운 선거제도를 염두에 두고 1994년 12월 신진당을 창당했다. 하지만 신진당은 신보수주의 노선을 둘러싼 당내 대립과 자민당의 신보수주의 정책에 의한 신진당의 전략적 입지의 약화 속에서 1997년 12월 해체되었다.

신진당의 해체로 초래된 야당세력의 커다란 재편과정은 1998년 민주

---

28) 森田実, 『政界大亂』(東京: 東洋経済新報社, 1993); 朝日新聞政治部, 『政界再編』(東京: 朝日新聞社, 1993).

29) 이기완, "1990년대 일본정치의 변동과 사회당," 『국제정치논총』 제43권 3호(서울: 한국국제정치학회, 2003), pp. 275-292.

당의 창당과 2003년 9월 민주당에 의한 자유당의 합병으로 일단락되었다. 이 과정에서 전후, 호헌 · 평화를 대변하는 혁신세력의 상징으로, 55년 체제 하에서 자민당에 대한 대항정당으로, 그리고 1990년대 정당정치의 변동을 초래한 주역으로 일본정치의 중심에서 커다란 역할을 했던 사회당(사민당)은 중 · 참 양원선거에서 의석수의 급격한 감소로 정당정치에 별다른 영향력을 행사할 수 없는 군소정당으로 전락하고 말았다.

<그림 2> 정당 간 합종연횡과 민주당의 창당

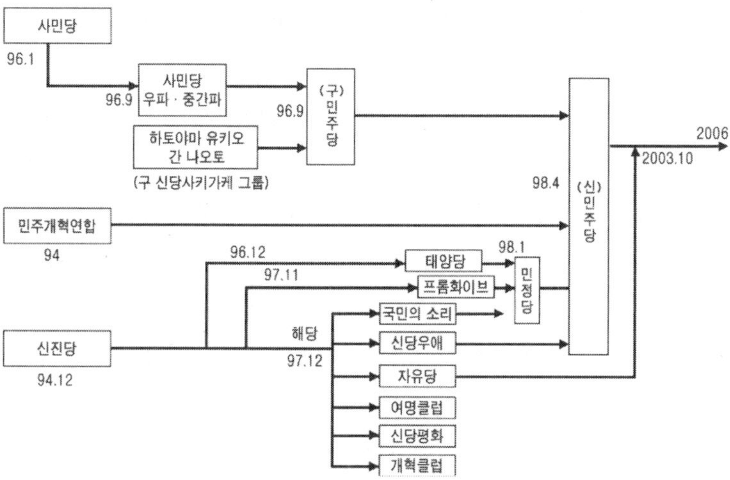

이리하여 일본의 정치세력은 표면적으로는 여당인 자민당, 공명당과 야당인 민주당, 사민당, 공산당 등으로 다당화되어 있는 듯이 보였지만, 실은 자민당과 민주당의 양당제로 수렴되어 가고 있다고 말할 수 있다. 특히 여기서 지적해야 할 중요한 것은 자민 · 민주 양당 모두 전후 특수국가의 결함을 지적하면서 보통국가로의 전환의 필요성을 역설하는 정치노선을 주장하고 있어 정치 · 군사 대국화를 추진할 수 있는 국내 정치환경이 정비되었다는 것이다.

<그림 3> 정치세력의 역학관계 변화

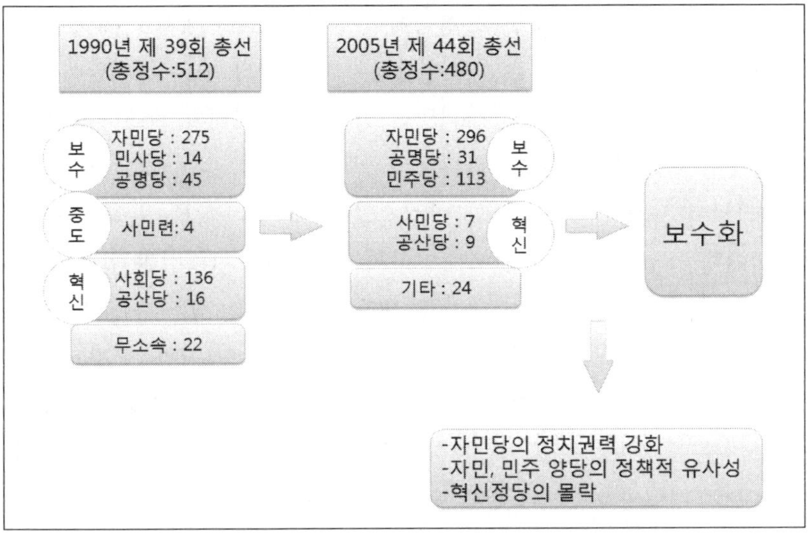

2) 사회당의 몰락

사회당은 1960년대 후반부터 시작된 당의 정체 속에서 단독으로 정권탈환의 전망을 상실했지만, 일본정치의 대립축을 형성한 기본노선의 전환문제를 계속 방치했다. 전후에서 1950년대, 60년대 초까지 호헌·평화의 쟁점은 계급의식이 빈약했던 노동운동과 취약한 지지 기반을 가졌던 사회당을 매개하는 접착제 역할을 했다. 하지만 1960년대 들어 자민당 정부가 대결에서 관용으로 정책을 전환함에 따라 호헌·평화 쟁점의 절박성이 점차 상실되어 갔다.[30] 이러한 상황에서 사회당은 안보 및 자위대를 현실에 존재하는 사실로 인정하자는 입장을 표명하기에 이르렀다. 즉 안보, 자위대의 필요성과 정당성을 인정할 수는 없지만, 그 존재의 사실은 인정할 수밖에 없다는 자가당착의 입장을 표명했다.[31]

---

30) 宮崎隆次, "55年體制の崩壞と連合政治," 『エコノミスト』(東京: 毎日新聞社, 1993), pp. 38-40.

31) 原彬久, 『戰後史のなかの日本社會党』(東京: 中央公論新社, 2000), p. 319.

이러한 가운데 발생한 냉전 종식은 평화 세력의 대변자임을 자임해 왔던 사회당의 입지를 한층 더 어렵게 만들었고, 55년 체제 하에서 일본 정치를 분단시켰던 보혁 진영의 이데올로기 대립의 중요성을 상대적으로 약화시켰다. 이 과정에서 사회당은 안보 및 자위대와 관련하여 기존의 입장을 조금씩 포기하여 갔다.

이리하여 사회당은 호소카와 연립정권 참여 과정에서는 논의 동결이라는 애매한 입장과 무라야마 도미이치(村山富市) 연립정권 참여 과정에서는 기본노선 포기라는 기존 입장과는 정반대의 입장을 표명했다. 구체적으로 보면 사회당은 호소카와 연립정권에 참여하는 조건으로 "헌법의 이념 및 정신을 존중하고 외교·방위 등 국가 기본정책에 대해서 지금까지(자민당 정권)의 정책을 계승한다"고 하는 입장을 표명하여 자위대 및 미일안보조약의 합법성을 암묵적으로 인정했다. 또한 무라야마 연립정권에서 무라야마 총리(사회당 위원장)는 7월 20일 중의원 본회의에서 "미일안보체제는 아태 지역의 안정요인으로 미국의 존재를 확인하고, 이 지역의 평화와 번영을 촉진하기 위하여 불가피하며, 자위대는 자위를 위한 필요 최소한도의 실력조직으로 헌법이 인정한 것이다"는 입장을 천명하여 미일안보조약 및 자위대에 관한 기존의 입장을 완전히 전환했다. 결국 사회당은 연립정권 참여 과정에서 현실적인 단기정책을 둘러싼 정당정치와 이념적인 기본노선에 관한 정치철학의 긴장상태를 해결하지 못하고 스스로 당 정체성의 상실을 초래했다.

<표 3> 사회당의 무원칙적인 노선전환

구분	정권 참여		외교·안보정책	
	비자민 연립정권 (호소카와)	자·사·사키 연립정권 (무라야마)	논의 동결 (호소카와)	기본노선포기 (무라야마)
우파 중간파	찬성·주도	반대	주도	찬성
좌파	반대/독자세력	찬성·주도	반대/기본노선견지	주도

이러한 와중에서 1996년 1월 사회당 내 극좌파가 사회당을 탈당하여 신사회당을 결성하자, 사회당은 1월 19일 당명을 사회민주당으로 바꾸었다. 그러나 사회당 내 신당운동 추진파 의원 48명이 탈당하여 민주당에 입당했고, 1996년 10월 22일 제41회 총선거에서 사민당은 70석에서 15석으로 전락했다. 이에 사민당은 1998년 6월 정책 불일치를 이유로 자민 · 사민 · 사키가케 3당 연립정권을 해소하고 야당으로 돌아섰다. 사민당은 호소카와 · 무라야마 양 연립정권 시기에 구 사회당이 추진한 외교 · 안보정책들을 대폭 수정하여 호헌 · 평화 정당으로서의 이미지 부활을 통해 당세 회복을 시도했지만, 당의 간판인 도이 다카코(土井たか子) 전 당수의 낙선과 계속적인 선거 부진으로 정당으로서의 존립 그 자체도 위협받는 상황에 직면하게 되었다.

2. 특수국가의 내적 기반 해체

1) 헌법개정 논의의 본격화

전후 일본의 보수주의 정치인들은 외부의 무력공격에 대해 자위권의 행사를 부정한 헌법 제9조와 같은 규정이 민족국가인 일본의 주권을 제약하는 족쇄로 여겨 이를 자주적 헌법으로 개정할 것을 주장해 왔다. 이러한 노선을 계승했던 자민당은 당헌에 "국민정서에 의거해 현행 헌법을 자주적으로 개정한다"고 명문화하여, 이의 개정을 당의 공식입장으로 채택했다.[32] 특히 자민당 내에서 헌법개정 논의는 주로 하토야마 · 기시 · 고노 계열의 정치인을 중심으로 주창되었지만, 자민당 내 호헌세력 및 사회 · 공산 양당의 반대로 커다란 반향을 불러일으키지 못했다. 이는 자민당 내 요시다 계열의 정치인들이 평화헌법을 옹호하면서 경제 우선주의 노선을 채택했기 때문에 자민당 내에서 개헌 논의는 그다지 활발하게 진행되지 못했다.

---

32) 自由民主党, 『資料編 自由民主党史』(東京: 自由民主党, 1987), pp. 8-9.

또한 전후 줄곧 보수정당에 대한 대항정당으로서 혁신세력의 대변자임을 자임해 온 사회당은 호헌·평화를 당의 핵심정책으로 표방하여 전쟁의 쓰라린 경험을 체험한 국민들로부터 상당한 지지를 받았다. 그 결과 개헌 반대 세력인 사회당이 중·참 양원에서 3분의 1의석을 차지함에 따라 개헌 논의는 수면 밑에서 소극적인 형태로 진행될 수밖에 없었다.

그러나 1980년대에 들어오면서 신보수주의 정치세력은 헌법을 개정해서 자위대의 해외파병이 가능한 국가체제 형성을 요구하기 시작했다. 특히 이들은 외삽된 헌법 제9조에 의해 일본은 보통국가가 될 수 없기 때문에 보통국가가 되기 위해서는 헌법을 개정해야 한다고 주장했다. 당시 나카소네 총리는 전후정치의 총결산을 내걸고 헌법개정 및 자위대의 해외출동을 시도했지만, 이를 실현하지는 못했다.

이러한 나카소네 총리의 구상이 커다란 성과를 거두지 못한 것에 대해 와타나베(渡辺治)는 두 가지 요인을 지적하고 있다.[33] 첫째로, 이러한 구상이 미일안보체제의 강화를 통해 일본의 군사화를 추구했다는 점에서 '전후성'을 가지고 있었지만, 동시에 군국주의 이미지를 농후하게 띠고 있었다. 이 때문에 이러한 정책구상은 전쟁을 경험한 국민들에게 전전 군국주의의 악몽으로 다가왔으며, 아시아 주변국의 반발을 초래했다. 둘째로, 일본의 군사화에 대한 지배세력의 일치된 견해가 존재하지 않았을 뿐만 아니라 오히려 당시 주류세력은 군사 소국주의를 지향하고 있었다.[34] 결국 1980년대 개헌 논의는 '전후 정치의 억지력'을 극복할 수 없었다고 말할 수 있다.

이러한 전후정치의 억지력을 해체하는 계기가 되었던 것은 1989년 냉전체제의 붕괴와 1991년 걸프전쟁의 발발이었다. 특히 1991년 걸프전쟁 발발을 계기로 일본의 국제공헌 방식을 둘러싸고 자민당 내의 대립

---

33) 渡辺治, "日米新ガイドラインの日本側のねらい," 山内敏弘(編), 『日米新ガイドラインと周辺事態法』(京都: 法律文化社, 1999), pp. 24-26.

34) 毎日新聞·上西朗夫, 『ＧＮＰ1%枠』(東京: 角川文庫, 1978).

은 한층 격화되었다. 즉 요시다・이케다・사토 계열로 대표되는 보수본류 세력은 경제원조에 한정한 국제공헌의 입장을 취했던 반면, 하토야마・기시 계열의 보수방류 세력은 인적공헌과 대일본주의를 주장했다. 1990년대 신보수주의의 지도자였던 오자와는 "과거 50년을 전후 시대로 규정하면서, 이 시기에 대미 종속주의를 지키고 인접국가에 대해서는 항상 침략에 대해 속죄의식을 가지고, 무장이 금지된 평화헌법을 준수하는 위치에 있었기 때문에 일본은 결코 '보통의 국가'가 아니다"고 주장했다.[35] 이 때문에 그는 일본이 특수국가에서 보통국가로 전환하고 국제평화활동을 원활히 수행하기 위해서는 자위대의 해외파견을 금지하고 있는 헌법 제9조를 폐지해야 한다고 주장했던 것이다.

결국 1990년대 개헌론의 대두는 국제공헌 및 유엔협력을 전면에 내걸고 헌법을 일국 평화주의로 비난하는 것에 의해 해석개헌 노선을 새로운 단계로 끌어올리게 되었다. 즉 1980년대까지 미일안보조약 및 자위대 체제의 헌법 논쟁은 미일안보조약 및 자위대 그 자체의 합헌성을 중심으로 전개되었고, 정부는 전수방위론에 의거하여 합헌성을 주장하여 왔다. 그러나 1990년대의 헌법 논쟁은 자위대 해외파병의 합헌성에 초점이 맞추어졌고 정부는 무력행사를 목적으로 하지 않는 것은 헌법이 금지하는 '파병'이 아니고 '파견'으로 허용해야 한다고 주장했다.

평화헌법 시행 50주년을 맞이하는 1997년 5월에 자민당, 신진당, 민주당, 태양당, 사키가케의 중・참 양원의 국회의원 350여명은 헌법조사위원회설치 추진의원연맹을 결성하여 초당파적 차원에서 헌법개정 문제를 논의하기 시작했고, 그 중심 흐름은 '9조 2항 삭제론'과 '9조 3항 추가론'으로 전개되었다. 전자에 의하면 "침략전쟁을 부정하는 9조 1항은 유지되어야 하지만, 자위전쟁 용인과 국제안전보장상의 공동행동에의 참여 등을 위하여 2항을 삭제해야 한다"고 주장했던 반면, 후자는 "기존의 헌법 제9조에 3항을 추가하여 국제평화조약을 신설하는 것"이

35) 이기완, 『전환기의 일본정치와 연립정권』(서울: 케이시, 2002), p. 81.

바람직하다고 주장했다. 한편, 기존의 호헌세력들도 '자위대의 존재'와 관련하여 입장—자위대 위헌론과 자위대 합헌론—차이를 보이고 있었다. 전자는 자위대가 위헌이기 때문에 헌법을 개정할 필요가 없고 헌법 제9조를 완전하게 실시하는 것이 중요하다고 주장했던 반면, 후자는 자위를 위한 필요 최소한도의 군사력을 보유하는 것은 가능하며 자위대의 존재는 위헌이 아니며 자위대는 대다수 국민들로부터 인지되고 있기 때문에 헌법 제9조를 개정할 필요는 없다는 것이다.[36]

이처럼 헌법개정을 둘러싸고 각 정치세력이 이견을 보이는 가운데 2000년 1월에 중의원과 참의원에 "일본국헌법에 대해 광범위하고도 종합적인 조사를 행할 목적"으로 헌법조사회가 설치되었고, 이에 대응하여 각 정당들도 개헌에 대한 당의 입장을 정리했다. 2005년 10월 28일 자민당은 집단적 자위권의 행사를 명문화한 신헌법 초안을 발표했다. 또한 연립여당인 공명당은 2002년 11월 당 대회에서 '가헌(加憲)'이라는 표현을 사용했지만, 사실상 개헌의 입장을 명확히 했고, 2004년 당 대회에서는 헌법 제9조에 대해 자위대 존재의 명기와 국제공헌을 가헌 논의의 대상으로 검토할 것을 확인했다. 한편 야당 제1당인 민주당은 개헌을 당의 방침으로 표방하고 있지는 않지만, 개헌에 적극적인 의원들이 당의 주도권을 장악하고 있다.

이러한 상황에서 2007년 5월 14일 아베 신조(安倍晋三) 총리가 주도한 국민투표법안이 참의원을 통과했다. 국민투표법의 제정을 통해 개헌이 성립되려면 중의원과 참의원에서 각각 3분의 2 이상의 찬성을 얻은 뒤, 국민투표에서 투표자 과반수의 찬성을 얻어야 한다. 현재 자민·공명 연립여당은 중의원에서 480석 중 337석을 확보하고 있지만, 참의원에선 242석 중 103석으로 과반수에도 미치지 못하고 있다.

---

36) 豊秀一, "改憲論の底流にあるもの," 『論座』 2月号(東京: 朝日新聞社), p. 49.

<그림 4> 참의원의 정당별 세력관계:
제15회(1989, 왼쪽)와 제21회(2007, 오른쪽)

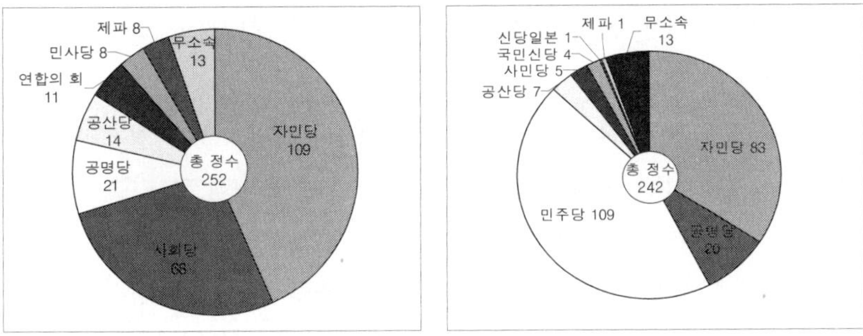

그러나 개헌안이 참의원을 통과하는데 커다란 어려움은 없을 것으로 예측된다. 이는 자민당의 개헌안에 반기를 드는 강력한 반대정당이 존재하지 않으며, 비록 민주당이 참의원에서 109석을 확보한 제1야당으로 존재한다고 하더라도 당내에는 개헌에 적극적인 의원들이 소극적인 의원보다 훨씬 많아 자민당이 주도하는 개헌안이 민주당에 의해 부결될 가능성이 낮기 때문이다. 이 때문에 일본은 국제공헌이라는 명분 하에 어떠한 형태로든지—삭제, 수정, 추가조항 삽입—헌법 제9조를 개정할 것이고, 이를 통해 이전보다 훨씬 더 능동적으로 국제문제에 개입할 것이다.

2) 군국주의의 상징 부활

헌법개정 논의와 더불어 보통국가로의 전환을 위한 것이 히노마루·기미가요의 법제화 움직임일 것이다. 일본국회는 1999년 7월 22일 중의원에 이어 8월 9일 참의원에서 히노마루를 국기로, 기미가요를 국가로 규정한 국기·국가 법안을 성립시켰다. 이로써 전후 일본 사회의 중요한 정치·사회적 쟁점이 되어온 일장기인 히노마루와 천황의 찬가인 기미가요가 공식적으로 법제화되었다.

전후 일본 사회에서 히노마루와 기미가요는 전전 군국주의의 상징으로 간주되어 일본의 국기·국가로서 적합한가 하는 문제를 둘러싸고 논란이 계속되어 왔다. 이로 인해 55년 체제 하에서 하노마루·기미가요의 법제화를 둘러싼 논쟁은 자민당 내 대립뿐만 아니라 자민당과 혁신정당의 대결을 초래했다.

55년 체제 하의 자민당 정권에서 히노마루·기미가요의 법제화 움직임은 세 번—1961년 이케다 내각, 1974년 다나카 내각, 그리고 1993년 자민당 국회의원에 의한 국기법안의 준비—있었지만, 법제화 논의는 야당과 매스컴의 반발뿐만 아니라 자민당 내 파벌 간 이견조정의 실패로 인해 암묵적으로만 진행되었지 법안으로 국회에 제출된 적은 없었다. 특히 전후 혁신세력의 대변자인 사회·공산 양당은 군국주의 및 침략전쟁의 이미지와 결부된 히노마루·기미가요를 법적 근거가 없음에도 불구하고 국기·국가로 인정하려는 것은 전전으로의 회귀를 추구하는 보수세력의 정치적 의도라고 주장하면서, 공적인 행사에서 히노마루의 게양과 기미가요의 제창에 반대했다. 이러한 혁신세력의 입장에 대해 대부분의 국민들도 지지를 표명하여 히노마루의 게양과 기마가요의 제창은 일종의 사회적 금기로 간주되어 왔다.

특히 교육현장인 학교에서 히노마루의 게양 및 기미가요의 제창을 둘러싼 갈등은 문부성과 일본교직원노동조합(일교조) 사이에서 격렬하게 진행되었다. 정부는 1958년에 규정된 '학습지도요령'을 통해 학교 공식행사 때 히노마루·기미가요의 게양 및 제창을 의무화했지만, 일교조는 결성 당시부터 히노마루·기미가요에 대해 반대 입장을 명확히 했다.[37)]

그러나 1990년대에 들어 냉전종식과 자민당 정권의 붕괴로 촉발된 정당재편성 과정에서 사회당과 그 지지기반인 일교조도 기존의 방침을 변경하기 시작했다. 이러한 와중에 1994년 7월 무라야마 총리는 "히노마루·국기, 기미가요·국가라는 인식은 국민 속에 정착되어 있으므로

---

37) 田中伸尚,『日の丸·君が代の戦後史』(東京: 岩波書店, 2000), p. 203.

이것을 존중해야 한다"는 입장을 천명했고, 공산당도 "국민적 합의에 기초한 법제화를 용인한다"는 새로운 입장을 표명하기에 이르렀다. 또한 일교조 역시 1995년에 발표한 행동방향에서 더 이상 히노마루·기미가요의 문제를 쟁점화하지 않겠다는 입장을 공식적으로 개진했다.

이와 같이 히노마루·기미가요에 대한 법제화 논의가 진행되는 가운데 1999년 2월 28일 히로시마 현립 세라(世羅) 고등학교의 이시카와 도시히로(石川敏浩) 교장이 자살하는 사건이 발생했다. 이 사건은 졸업식 행사 때 히노마루·기미가요의 완전 실시를 요구하는 문부성의 방침과 이에 반대하는 교사들 사이에서 진퇴양난에 빠져 있던 교장의 고민에서 발생했다. 이를 계기로 오부치 게이조(小渕惠三) 정권은 히노마루·기미가요의 법제화에 착수하여 연립여당인 공명당과의 의견조율을 통해 6월 11일 법안을 국회에 제출했다. 이 법안은 7월 22일 중의원과 8월 9일 참의원에서 가결되어 성립되었다. 이로써 전후, 과거사에 대한 반성과 참회 및 군국주의의 상징에 대한 부정이라는 의미를 지니고 있던 히노마루·기미가요가 법제화되었다.

3. 군사력의 정비와 역할 확대

평화헌법과 미일안보체제 하에서 형성된 특수국가는 해외파병의 금지, 집단적 자위권 행사의 금지, 그리고 보유병기의 제한이라는 헌법상의 제약을 받았다. 또한 호헌·평화 운동의 고양 속에서 특수국가는 비핵 3원칙, 무기 수출 금지 3원칙, 군사비의 GNP 1% 이내 규정, 그리고 징병제의 금지 등의 제한도 받았다. 더욱이 미일안보조약에 대해 특수국가는 자위대의 위헌 문제를 회피하기 위하여 전수방위를 원칙으로 표방하고 '극동조항'에 의한 위험성에 대해서는 극동의 지역한정과 사전협의제로 비판을 회피하여 왔다. 이 때문에 일본은 자국 유사시와 주변유사시에 대비한 법적인 제도를 갖추고 있지 못했다.

그러나 1985년 이후 세계 정치경제의 기본 구도가 급속히 붕괴되면서 일본의 냉전 질서에 기초한 일종의 '사고 정지의 외교'는 파탄 국면에 직면하게 되었다. 55년 체제 하에서 일본의 대외정책이 탈냉전 이후 변화된 국제사회에서 사고 정지 외교의 모순을 처음으로 드러냈던 것은 걸프전쟁이었다. 일본은 126억 달러의 재정적 지원을 하고도 인적 공헌을 하지 않은 관계로 미국을 비롯한 세계 다른 국가들로부터 호의적인 반응을 얻지 못했다. 즉 걸프전쟁은 국제공헌의 방식-인적 공헌 또는 물적 공헌-이라는 새로운 문제를 일본에 제기하는 계기가 되었다.

그 당시 신보수주의 정치세력은 걸프전쟁에 대한 서투른 대응에 강한 불만을 품고 국가체제 변혁의 필요성을 제기했다.[38] 이를 계기로 신보수주의 정치세력은 적극적으로 국제공헌을 수행하기 위하여 1992년 6월 유엔평화유지활동 등 협력법안(PKO 법안)을 성립시켜 자위대 해외파병의 길을 열었다. PKO 법안의 국회통과는 전후 평화헌법에서 금기시한 자위대의 해외파병 불가 원칙에 수정을 가한 최초의 사건인 동시에 55년 체제 하에서 호헌·평화를 주창하던 혁신세력에 대해 정치·군사 대국화를 지향하는 신보수주의 세력의 승리를 의미하는 것이었다.

더욱이 냉전종식에 의해 초래된 국제정치의 변화는 냉전체제 하에서 소련의 위협에 공동 대처하기 위해 체결되었던 미일안보체제에 근본적인 의문을 제기했다. 이를 계기로 대미 자주노선과 대일본주의를 지향하는 신보수주의 세력은 미일안보체제에 대한 전면적인 재조정을 주장했지만, 야당뿐만 아니라 자민당 내 친미노선을 주장하는 세력들의 반대와 주변국들의 경계심을 최소화하면서 정치·군사 대국화를 위한 전략적 일보 후퇴로 미일안보체제의 근간을 유지하면서 일본의 역할을 강화해 나간다는 전략을 채택하게 되었다.

이리하여 신보수주의 세력은 일본 주변지역 유사시에 대비하여 1996년 4월 미일안보공동선언과 1997년 9월 미일신방위협력지침 개정안(신가이드라인)을 책정했다. 여기서는 평상시 협력, 일본에 대한 무력공격시 협력, 일본의 주변지역사태 시 협력의 세 항목을 규정하고 있으며 그

38) 小澤一郎, 『日本改造計劃』(東京: 講談社, 1993), pp. 33-37.

핵심은 주변사태에서의 군사협력에 있었다. 여기서 주목할 점은 주변지역의 개념으로 일본정부가 지리적 개념이 아닌 '사태의 성질'에 착안하여 자신의 안전에 직접적 영향을 미치는 지역으로 규정하고 있다는 것이다.[39] 또한 이것은 일본의 방위정책을 전수방위에서 지역분쟁에 개입하는 '외부적 개입'으로 전환하는 동시에 미일동맹관계에도 커다란 변화를 초래했다.[40]

첫째, 방위협력의 중점이 일본에 대한 직접 침공에서 일본주변 유사사태의 대처로 전환되었다는 것이다. 1978년의 가이드라인이 소련의 위협에 대비한 미일 공동작전에 중점을 두었던 반면 신가이드라인은 일본주변 유사사태에 대한 대처를 목적으로 하고 있었다. 둘째, 방위협력 대상지역이 광역화되었다는 것이다. 1978년의 가이드라인은 활동범위를 일본 영역 및 극동으로 한정했던 반면 신가이드라인에서의 활동범위는 일본 영역을 포함한 아태 지역으로 확대되었다. 셋째, 방위협력의 내용이 1978년 가이드라인에서는 일본주변에서 유사사태가 발생할 경우 일본은 미국에게 기지 및 편의를 제공하는 정도였지만, 신가이드라인에서는 기지제공은 물론 병참지원, 지뢰제거, 감시, 구조 등으로 일본의 역할이 크게 확대되었다.

이와 더불어 일본은 유사사태 발생 시 미군에 대한 후방지원을 수행하기 위해 1999년 5월에 '주변사태안전확보법'(주변사태법)을 제정했다. 이 법에서는 자위대가 출동하기 위해서는 국회의 사전승인을 받도록 되어 있으나 긴급 시에는 사후승인도 예외적으로 인정하고 있었다. 또한 미국에 대한 후방지원 과정에서 자위관 본인과 여타 대원의 생명 및 신체에 위협을 받을 경우에 한정하여 무기를 사용할 수 있도록 규정했다. 그러나 PKO 법안, 신가이드라인, 그리고 주변사태법에도 불구하고 자위대의 해외파병과 미군의 후방지원에는 헌법 제9조에 의해 여전히 제

39) Dennis Van Vranken Hickey, *The Armies of East Asia: China, Taiwan, Japan and the Koreas* (Boulder: Lynne Rienner, 2001), pp. 55-56 & 95-96.

40) 이서항, "일본의 해양전략과 미·일동맹," 이홍표(편), 『일본의 해양전략과 21세기 동북아 안보』(서울: 한국해양전략연구소, 2002), pp. 182-183.

약이 가해지고 있었다.

이러한 제약 요인을 일거에 해결할 수 있는 전기를 제공한 것은 2001년에 발생한 9·11테러사건이었다. 이를 계기로 일본은 미국의 대 테러전 후방지원을 원활히 수행한다는 명목 하에 '테러대책특별조치법'과 PKO협력법 개정안을 통과시켰다. 전자는 미국에 대한 후방지원을 위해 자위대가 출동할 경우 국회의 사전승인이 아니라 파병한 날로부터 20일 이내에 국회의 승인을 받도록 규정하고 있으며 자위대의 활동범위를 후방지역의 지원으로 명시하지 않은 채 '전투가 일어나지 않고 있는 지역'으로 모호하게 규정하고 있었다.[41] 후자는 1992년 제정된 PKO 법안이 자위대의 활동범위를 건설, 수송, 난민지원 등으로 한정하고 있어 진정한 국제평화주의 활동을 수행할 수 없다는 점을 구실로 자위대의 활동범위 확대와 파견, 무기사용 요건의 완화 등을 명시하고 있었다.

<그림 5> 자위대의 해외활동 확대

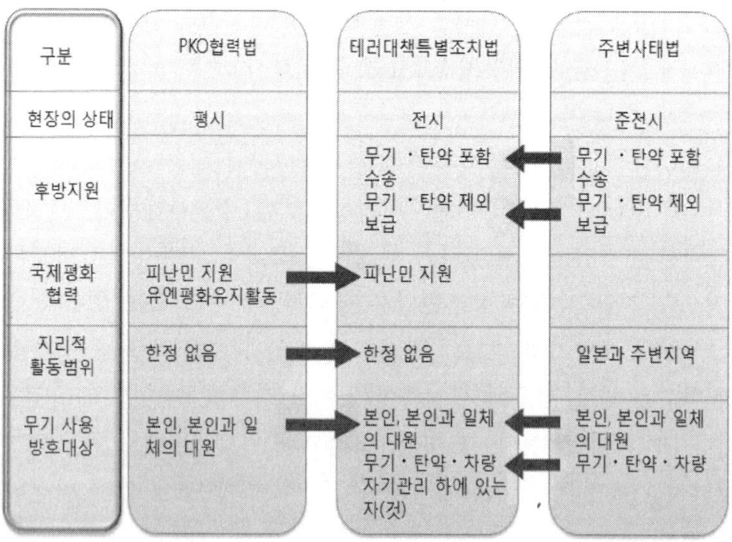

출처: 『朝日新聞』 2001년 10월 29일.

41) 조성렬, "21세기 일본의 군사개혁에 관한 평가와 전망," 『평화연구』 제10호(서울: 고려대학교 평화연구소, 2002), p. 65.

결국 일본은 이 법안들에 근거하여 아프가니스탄을 상대로 한 대 테러전을 지원하기 위해 전함을 파견했다. 이는 전후 56년 간 금지되어 온 자위대의 전쟁참여라는 점에서 전후 평화헌법에서 제한해 온 자위대의 해외 군사활동의 본격적인 시작을 의미하는 것으로 일본 군사정책의 일대 전환을 의미하는 것이었다.

더욱이 2002년 4월 일본은 '전쟁을 할 수 있는 보통국가'로의 전환을 위해 유사법제를 정비하기 시작했다. 이 법은 일본에 대해 외부로부터의 전쟁이 발발하거나 발발할 우려가 있을 경우, 정부가 물적・인적 자원을 용이하게 동원하기 위한 것으로 국민의 재산권 및 인권을 침해할 소지가 있어 그 동안 야당 및 자민당 내 일부 호헌세력의 반대에 직면하여 법제의 정비가 이루어지지 못했다.

그러나 1998년 북한의 대포동 미사일 발사, 2000년 12월 북한공작선 격침 사건, 그리고 2002년 북한 핵개발 문제 등은 유사법제의 제정을 갈망하던 정치세력에게 좋은 미끼를 제공하여, 2003년 6월 6일 '무력공격사태대처법', '자위대법개정안', '안전보장회의설치법개정안' 등을 골자로 한 유사관련 3법안이 국회를 통과했다. 유사관련 3법안의 가결은 일본의 군국주의 부활 가능성을 내포하는 것으로 평가할 수 있다. 또한 이 법은 1990년대 탈냉전이라는 국제정치환경의 변화로 인해 초래된 지역분쟁의 발발 가능성 속에서 정비된 주변사태법과 함께 일본 군사력의 적용 범위를 평화헌법의 틀 내에서 크게 확대시켰다고 볼 수 있다.

V. 결 론

지금까지 살펴본 바와 같이 일본국가의 변환은 헌법개정과 미일안보체제의 변화에 따른 군사대국화라는 두 축을 중심으로 전개되고 있으며 그 밑바탕에는 신보수주의와 민족주의가 강렬하게 흐르고 있음을 알 수 있다. 1990년대 이래 신보수주의 정치세력은 국민 정서적인 측면에서 히노마루·기미가요의 법제화, 제도적인 측면에서 헌법개정의 추진, 그리고 대외정책에서 자위대의 역할 확대 및 관련법제의 정비 등을 통해 전후 특수국가를 보통국가로 전환시키고 있다.

이러한 움직임은 1990년대 국가개조를 위한 전략방편으로 추진된 정치개혁을 통해 신보수주의 정치세력이 정치의 주도권을 장악함으로써 한층 가속화되고 있으며, 그 귀결이 고이즈미·아베 정권의 성립이었다. 고이즈미와 아베 정권은 내적으로는 자민족의 역사와 문화를 중시하는 애국주의 교육을 중시하고, 대외적으로는 미일동맹의 군사적 측면을 강조하면서 이를 위해 집단적 자위권의 행사와 자위대의 해외파병의 필요성을 주장했다. 특히 아베 총리는 미일동맹관계에서 일본이 미국과 대등한 관계를 유지하기 위해서는 특수국가의 족쇄인 집단적 자위권의 행사를 금지하는 헌법 제9조를 개정해야 한다고 주장했다.[42] 이러한 동향은 제1야당인 민주당 내 최고 실력자 오자와가 추진하는 보통국가론 및 국제공헌론과 일맥상통하는 측면이 강하다. 이 때문에 오자와의 외교노선은 정도의 차이는 있지만, 상당 정도 자민당의 외교정책으로 흡수되어 추진되고 있다고 해도 과언이 아닐 것이다. 심지어 일부의 신보수주의 정치세력은 일본이 참된 보통국가가 되기 위해서는 일본이 미일동맹에 의존하지 않고 독자적인 방위력을 정비하는 동시에 핵무기를 보유해야 한다고 주장한다.[43]

이 때문에 보통국가로의 전환의 기로에 선 일본은 이전보다 훨씬 더 능동적으로 국제문제에 개입할 것으로 전망된다. 1990년대 초반까지만 해도 과거 군국주의에 대한 아시아 주변국들의 반발과 자민당 내 호헌세력 및 야당들의 반발을 고려하여 미일안보체제의 틀 내에서 정치적 발언권과 군사적 역할을 강화하려는 소극적인 입장을 보였지만, 최근에

---

42) 安倍晋三,『美しい国へ』(東京: 文芸春秋, 2006), pp. 116-118.
43) 櫻井よしこ・葛西敬之・中西輝政, “大軍拡中国と対峙する日,”『Voice』 2月号 (京都: PHP研究所, 2007), p. 80.

는 일본의 자주적인 역할을 강조하면서 의존적인 미일관계를 넘어 대등한 미일관계뿐만 아니라 탈미 노선의 경향마저 보여지고 있다.

이러한 추세는 국내 정치적으로는 신보수주의 정치세력이 정국의 주도권을 계속 장악할 수 있는지의 문제와 더불어 대외적으로는 일본에 대한 미국의 안보공약이 얼마나 오랫동안 유지될 것인지에 따라 달라질 전망이다. 일본은 미국과의 동맹관계 및 동북아 안보질서의 변동을 고려하면서 정치·군사 대국화의 속도를 조절할 것이지만, 궁극적으로는 자주적 안보정책의 기치 아래 대일본주의 노선을 추구할 것이다. 이러한 움직임은 필연적으로 미국, 중국, 러시아 그리고 남북한 등의 군비경쟁 및 패권경쟁을 불러일으켜 동북아 안보질서의 불안정을 촉발할 것이다. 결국 특수국가에서 보통국가로의 일본국가의 변환은 미·중·일 3국 관계와 동아시아 지역안보와 평화에 부정적인 영향을 미칠 것이다.

제2장

일본의 대한인식과 한일관계

제2장 일본의 대한인식과 한일관계

Ⅰ. 서론

전후 일본의 대한인식은 정치적 이슈와 시기에 따라 상당한 차이를 보여 왔다. 1945년 이래 한국에 대해 종주국 의식과 우월의식을 가지고 멸시적인 태도를 보였던 일본의 한국관은 1988년 서울 올림픽을 전후하여 일시적으로 호전되었고 1998년 김대중 대통령과 오부치 게이조(小渕惠三) 총리의 공동선언을 계기로 우호적으로 변화하기 시작했다. 이것은 일본 총리부의 여론조사 보고서에 명확히 나타나고 있다. 일본 총리부 여론조사 보고서에 따르면, "한국에 대해 친근감을 느낀다"고 응답한 사람의 비율이 1998년 46.2%에서 2007년 54.8%로 증가했던 반면, "한국에 대해 친근감을 느끼지 않는다"고 회답한 사람의 비율은 1998년 49.7%에서 2007년 42.8%로 줄어들었다.[1]

---

* 이 장은 "한국의 반일감정과 일본의 선택"(『신진보리포트』 제6호)과 "1945년 이후 일본의 대한인식과 대한정책"(『국제관계연구』 제14권 제1호)에 실린 논문을 보완한 것이다.

1) 출입국외국인정책본부,『출입국통계연보』(각 년도 참조).

<그림 1> 일본인의 한국에 대한 친근감

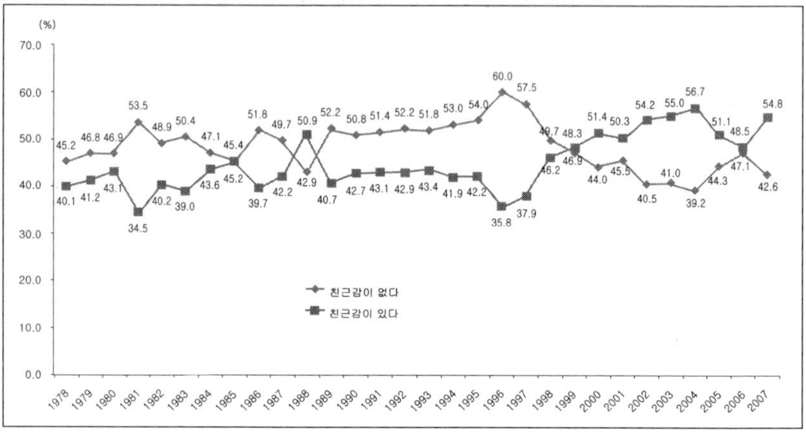

출처: http://www8.cao.go.jp/survey/index.html(2008.8.7검색);
『外交に関する世論調査』(2007년 10월 조사).

이러한 동향은 그 당시 일본 내 한류열풍과 맞물리면서 발생했던 것이다. 한류열풍은 일본인의 한국에 대한 관심을 고양시키는 동시에 한국 내 드라마 촬영지에 일본인 방문객이 쇄도하는 '한국 러시 현상'을 가져왔다. 이리하여 일본인 방문객 수는 1990년 142만 명에서 1998년 195만 명으로 증가했으며 2001년에는 238만 명으로 급증했다.[2] 이러한 움직임에 편승하여 그 동안 미미한 수준에 있던 양국 자치단체 간 교류도 급격히 증가했다. 그 결과 2001년 7월 일본의 자치단체가 자매결연을 맺고 있는 해외도시 중 미국, 중국, 호주에 이어 한국이 4위를 차지했다.

그런데 문제는 일본인의 한국에 대한 친근감이 과거에 비해 상당히 호전된 데 비해서, 일본 및 일본인의 대한인식은 크게 호전되고 있지 않다는 점이다. 이것은 1990년대 이래 급격히 진행된 일본사회의 우경화와 보수화 속에서 냉전기 반공의 유착관계 속에서 수면 아래에 있던 한

2) 内閣府大臣官房政府広報室, 『外交に関する世論調査』(東京: 内閣府大臣官房政府広報室, 2007.10).

일 간 역사 및 영토문제가 외교정책에 본격적으로 투사되면서 갈등을 증폭시켰던 것에 기인한다. 다시 말하자면, 독도 영유권 문제 · 과거사 인식의 문제 · 야스쿠니신사 참배 문제로 대표되는 미해결의 정치적 쟁점들을 둘러싼 양국 간의 외교적 이슈가 문화적 교류를 통해 형성된 호의적인 대한인식을 혐한(嫌韓)감정으로 변질시켰던 것이다. 그리고 이러한 쟁점들에 의해 촉발된 한국 내 격앙된 반일시위와 한국 측의 비난을 외교적 내정간섭으로 치부하는 일본정부의 입장을 매스미디어가 그대로 방송하거나 왜곡 보도함으로써 사회 전반에 부정적인 대한인식을 불러일으켰던 것이다.

또한 이것은 지금까지 일본 및 일본인의 관심이 한국이라는 국가 또는 양국 간 역사가 아니라 문화적, 생활적인 측면에 관심이 집중되고 있던 것에 기인한다.[3] 이 때문에 한국에 대해 느끼는 지리적, 문화적 친근감과 역사적, 정치적 토대에 기초한 대한인식 사이에는 커다란 괴리가 발생하지 않을 수 없었던 것이다.

이러한 동향 속에서 일본인의 대한인식은 이중적인 경향을 보이고 있다. 일본인은 한편으로 한국문화에 동경하는 마음을 표시하면서도 다른 한편으로 보수 정치인들의 입장과 유사하게 종래의 역사인식에 사로잡혀 근본적으로 '대립의 실타래'를 풀려는 노력을 그다지 기울이지 않고 있으며, 경우에 따라서는 한국인에 대한 우월의식과 멸시적인 태도를 노골적으로 표출하기도 한다.[4] 이런 부정적인 대한인식이 일본정부의 타산적인 외교 행태와 일본인의 의식 및 행동양식을 지배하고 있다. 이 때문에 한일관계는 과거보다 한 차원 높은 단계로 발전하지 못한 채 상호부정과 상호경멸의 악순환을 되풀이하고 있다.

이 장은 1945년부터 현재에 이르기까지 일본의 대한인식이 어떻게

---

3) 寺沢正晴, "戦後日本人の韓国観," 山本武利(編), 『日韓新時代』(東京: 同文館出版, 1994), p. 144.
4) 이기완, "한국의 반일감정과 일본의 선택," 『신진보리포트』 제6호(서울: 신진보연대, 2007), pp. 264-265.

변질되어 어떤 형태로 지속되고 있으며, 그것이 근원적으로 변화하지 않는 원인은 무엇이며, 어디에서 기원하는 것인지를 분석하는데 있다. 이하 제2장에서는 일본 대외인식의 기원인 아시아관의 내용을 살펴보고, 제3장과 제4장에서는 1945년 이후 일본의 대한인식이 어떤 형태로 지속되고 변화하여 왔는지를 설명하며, 제5장에서는 일본 대한인식의 지속요인을 검토한다. 제6장에서는 미해결의 갈등 이슈인 독도 영유권 문제와 야스쿠니신사 참배 문제를 둘러싼 한일 간 입장 차이를 분석하고, 제7장에서는 한국의 대일인식을 설명하며, 마지막으로 제8장에서는 결론을 도출한다.

Ⅱ. 일본의 대외인식 논리

근세 동아시아 국제질서는 중화체제를 근간으로 하고 있었으며 일본 역시 에도 막부 전기까지는 자국의 문화와 사상의 규범을 중국에서 찾으려는 경향이 강했다. 이것은 유교적인 규범의 세계가 당시에는 실제 세계 그 자체였기 때문에 민족국가 간 대등한 관계가 형성될 수 없는 위계적인 질서체제였다.[5] 그러나 이러한 전통적인 세계관은 18세기 후반 난학(蘭學)의 수용과 양학(洋學)의 발달, 그리고 서구 세력의 극동진출 등에 의해 점차로 해체되었고, 1840년 아편전쟁에서의 청국의 패배로 붕괴되기 시작했다. 아편전쟁의 교훈을 통해 당시 사꾸마 조오잔(佐久間象山)을 비롯한 일본의 정치인들은 전통적인 관념의 세계에서 이적(夷狄) 또는 사교(邪教)로 폄하되던 서구 제국의 실체를 직시하게 되면서 일본의 현실에 대한 위기의식을 느끼게 되었다. 이러한 상황에서 1852년 페리 제독의 개항 요구는 일본의 대외정책을 쇄국정책에 의한

5) Suisheng Zhao, *Power Competition in East Asia* (London: Macmillan, 1997), p. 16.

폐쇄주의에서 국제주의로 전환시키는 결정적인 전환점이 되는 동시에 대외인식의 구조인 아시아관을 형성하는 계기가 되었다.

이와 같이 일본의 아시아관은 새로운 서구관 및 서구동점(西歐東漸)과 밀접히 관련되어 있으며, 시기에 따라 그 내용도 상당히 다르다. 우선에도 막부 말기와 메이지 초기에 형성된 것이 '아시아 연대론'이었다. 이것은 대내외적인 충격—아편전쟁에서의 청국의 패배, 영·불에 의한 태평천국의 난 진압, 흑선의 내항, 미국의 개항 요구, 그리고 시모노세키 전쟁의 발발—에 의한 서구 열강에 대한 공포 속에서 형성되었다.[6]

이러한 아시아 연대론의 핵심은 지리적, 문화적으로 아시아에 속해 있는 일본과 청국이 협력하여 서구 열강에 대한 대응책을 강구해야 한다는 것이다. 즉 일본과 청국은 서구 열강에 대해 공통의 이해관계를 가진 국가라는 것이다. 오코이 쇼난(横井小楠)은 "중국은 일본과는 입술과 이 같은 사이의 관계이다"고 주장하여 일본과 중국이 하나의 운명체로 연결되어 있음을 명확히 했다.[7] 1871년 청일수호조약은 서구 열강의 동양진출이라는 공통의 위기의식에 의해 체결된 아시아 연대론의 구체적인 결실이었다. 이러한 아시아 연대론은 1882년 조선에서 발생한 임오군란을 계기로 균열을 맞이하기 시작했다. 즉 조선 문제를 둘러싸고 청국과 일본 사이에 격렬한 주도권 다툼이 발생했다.

이러한 아시아 연대론과 병행하여 일본 내에서는 아시아 멸시관도 형성되었다. 이는 메이지정부의 급진적인 정책에 의해 근대화에 성공했다는 자부심과 더불어 고루한 관념에만 집착하는 청국의 후진성에 대한 비난에서 비롯되었던 것이다. 다카스기 신사쿠(高杉晋作)를 중심으로 한 정치인들은 공허한 관념에서 벗어나지 못한 채 여전히 서구 열강을 오랑캐로 간주하면서 서구의 문물을 배우려고 하지 않는 청국의 태도를 고루한 것이라고 비판했다. 특히 그는 청국의 쇠퇴를 "구습만을 답습하

---

6) 松本三之介, "アジア観の形成とその特質," 차기벽(편역), 『일본현대사의 구조』(서울: 한길사, 1980), p. 136.

7) 위의 논문, p. 137.

면서 서구 열강에 맞설 대응책을 모색하지 않은 결과"라고 비난했다.[8)]

이런 일본의 아시아 멸시관은 이후 아시아 맹주론으로 변질되었다. 후쿠자와 유기치(福澤諭吉)는 "서구 열강의 침략을 막으려면 맹주가 필요한데, 일본만이 그러한 맹주의 역할을 수행할 수 있는 반면, 구습에 빠져 있는 중국과 조선은 아니다"고 주장했다.[9)] 또한 오자키 유키오(尾崎行雄)는 "중국은 고루한 나라로 낡은 것에 빠져있다고 하면서 일본만이 아시아의 맹주가 되어 중국을 지도할 수 있는 국가"라고 주장했다.[10)]

이러한 주장의 이면에는 두 가지 의도가 내포되어 있다. 첫째로, 서구 열강의 아시아 침탈이 자행되는 상황에서 일본만이 이러한 위기를 정확히 인식하고 대응했다는 우월감과 더불어 구습에 빠져 헤매는 청국 및 조선과의 차이를 강조함으로써 아시아 맹주로서의 일본의 위치와 사명을 정당화하려는 것이다. 둘째로, 아시아 맹주인 일본만이 반개(半開)상태[11)]에 있는 조선을 문명국으로 유도할 수 있으며, 종국적으로 조선을 청국의 지배로부터 해방시켜 일본의 영향력 하에 두려는 것이다.[12)] 이러한 일본의 아시아 맹주론은 부국강병을 기치로 양무운동을 전개했던 청국이 1884년 베트남 문제를 둘러싸고 프랑스와 벌린 청불전쟁에서의 패배로 한층 강화되었다.

이리하여 일본의 대외정책은 초기의 대외적인 공포에 대한 반사작용에서 형성된 아시아 연대론에서 일본이 동양문명의 으뜸이라는 우월성에 기초한 아시아 맹주론, 즉 메이지정부에 의해 추진된 부국강병 정책의 성공과 청국의 후진성이 맞물리면서 주변국에 대한 대등한 의식이

---

8) 위의 논문, p. 138.

9) 위의 논문, p. 143; 慶応義塾(編), 『福沢諭吉全集第8巻』(東京: 岩波書店, 1970), p. 30.

10) 위의 논문, p. 143; 尾崎咢堂全集編集委員会(編), 『尾崎咢堂全集第1巻』(東京: 公論社, 1966), p. 333.

11) 후쿠자와는 문명발전의 단계를 '문명, 반개(半開), 야만'의 셋으로 구분하고 중국과 조선이 반개의 단계에 있다고 주장했다. 琴秉洞, 『日本人の朝鮮観』(東京: 明石書店, 2006), p. 82.

12) 위의 책, p. 84.

아니라 상하관계라는 종적인 관계로 굴절된 아시아 멸시관으로 변질되어 표출되었던 것이다.

그러나 1880년대 중반에 접어들면서 이러한 논리와는 정반대의 탈아론(脫亞論)도 급격히 부상하게 되는데, 이것은 이웃나라의 개화를 기다려 아시아를 흥하게 할 시간적 여유가 없다는 현실 인식에 기초했던 것이다.[13] 후쿠자와가 역설한 탈아론의 주된 논점은 고루한 구 정부를 무너뜨렸던 일본이 아시아에서 제일 먼저 문명의 길에 들어설 수 있었던 반면, 문명의 기풍을 무리하게 거역하고 있는 청국과 조선이 서구 열강에 의한 분할을 자초하고 있기 때문에 청국과 조선을 무력으로 점령해야 한다고 것이다.[14] 즉 청국과 조선이 일본의 안전을 위협하기 이전에 일본이 먼저 미래의 어두운 그림자가 될 수 있는 이들 국가들을 선제 점령해야 한다는 제국주의적 침략 의도를 명확히 했던 것이다.

후쿠자와는 중국과 조선을 세계의 문화대세에 뒤떨어진 후진국으로 위치지우고, 서구 제국주의의 아시아 침탈로 인해 독립을 지키기 어려울 것이라고 예측했다. 또한 아시아 연대론은 일본의 안위를 위태롭게 하는 일이기 때문에 이런 외교노선에서 과감히 탈피하고 서구 세력과의 협력, 즉 미영 제국과의 협력에 기초한 국제주의를 모색해야 한다고 주장했다.[15]

이러한 탈아론은 일본의 침략적 팽창주의와 표리일체가 되어 제국주의적 아시아 침략을 뒷받침하는 이데올로기로 기능하게 되면서 조선과 만주에서의 주도권을 둘러싼 청일전쟁과 러일전쟁을 촉발시키는 이론적 토대가 되었다. 후쿠자와는 이러한 침략전쟁을 문명과 야만의 투쟁으로 묘사하면서 문명국인 일본이 야만국인 청국을 이기는 것은 당연하며, 문명국이 야만국을 점령·지배하는 것을 정의의 발현이라고 강

13) 芝原拓自(外), 『日本近代思想大系12 対外観』(東京: 岩波書店, 1988), pp. 313-314.
14) 慶応義塾(編), 앞의 책, p. 437; 松本三之介, 앞의 논문, p. 150.
15) 미야케 히데토시/하우봉(역), 『역사적으로 본 일본인의 한국관』(서울: 풀빛, 1990), p. 171.

변했다.[16]

이러한 논리에 입각하여 일본은 조선의 독립을 보장하기보다는 문명국인 일본에 의한 점령·보호야말로 조선 인민의 행복이라고 하는 '조선 지배론'을 주장하기에 이르렀던 것이다. 그 결과, 일본은 자국의 안전에 직접적인 위협이 될 수 있다는 미명 하에 1910년 8월 22일 강압적으로 조선을 합방하고 식민지화했다. 이 시기 일본의 대한인식은 기본적으로 조선에 대한 멸시감에 기초하고 있었으며, 이를 위해 동원한 이데올로기가 '일선동조론'(日鮮同祖論)[17]과 '조선정체론'이었다. 전자는 일본인과 조선인의 조상이 동일하다는 것으로 조선은 일본의 식민지가 아니라 일본의 일부분이며 조선인은 지배받는 민족이 아니라 일본 제국의 신민(臣民)으로 천황의 적자라는 것이다.[18] 또한 조선정체론은 "조선은 정체된 사회로 일부 권세가들이 세도정치를 전개하고 관직 획득을 위해 음모와 대립을 일삼아 왔기 때문에 일본의 메이지유신처럼 자기변혁이 불가능하여 외부의 충격 없이는 자력으로 발전할 수 없는 전근대 사회"라는 것이다.[19] 이 때문에 조선을 근대화하고 문명화하기 위해서는 일본의 조선 지배가 불가피하다는 것이다. 이러한 일선동조론과 조선정체론은 한일합방과 식민지 지배를 정당화하는 이론적 근거가 되었고, 그 이면에는 조선인에 대한 경시와 일본의 우월의식 등이 내재해 있었다.

그런데 1920년대 들어 중국의 이권을 둘러싼 미영 제국과 일본의 대립, 그리고 1920년대 말 세계적인 경제 대공항의 확산 속에서 일본은 기존의 구미 추수주의(追隨主義)적 외교노선에서 탈피하여 아시아주의로 회귀하게 되었다. 더 나아가 대동아 공영권을 건설한다는 목표 하에

16) 琴秉洞, 앞의 책, p. 85.
17) 上田正昭, "日鮮同祖論の系譜,"『三千里』第14号(東京: 三千里社, 1978).
18) 旗田巍,『日本人の朝鮮観』(東京: 勁草書房, 1969), pp. 6-7; 荒井利明,『日韓日朝関係の課題』(東京: 日中出版, 2005), pp. 104-105.
19) 西尾幹二(新しい歴史教科書をつくる会編),『国民の歴史』(東京: 扶桑社, 1999), p. 518.

1931년 만주사변에서부터 1937년 중일전쟁, 나아가 태평양전쟁을 일으켜 아시아 전역을 폭력적으로 지배하고 전쟁의 소용돌이로 내몰았던 것이다. 그러나 1945년 제2차 세계대전에서 일본의 패망으로 아시아주의에 입각한 일본의 대외인식은 그 이론적, 현실적 오류를 명확히 드러내면서 종말을 맞이하게 되었다.

Ⅲ. 냉전기 일본의 대한인식

1. 1945년부터 1965년까지의 시기

전후 일본의 대한인식은 기본적으로 조선에 대한 식민지 지배의 연장선상에서 1949년 12월 평화조약문제연구간사회에 의해 정리된 "할양지에 관한 경제적, 재정적 사항의 처리에 관한 진술"에 기초하여 표출되었다. 이 내용의 핵심은 일본의 조선 지배가 한국의 경제적, 사회적, 문화적 향상과 근대화에 공헌했다는 것이다.[20] 이러한 일본의 대한인식은 전후 초기부터 현재에 이르기까지 시기에 따라 형식적 내용을 달리하면서 끊임없이 되풀이되고 있으며 주요 정치인들의 망언과 역사인식의 근간을 이루고 있다. 이와 관련 하타다 다카시(旗田巍)에 의하면 전후 일본인의 망언의 이면에는 "일본이 식민지 지배를 위해 동원했던 왜곡된 조선 이미지인 조선정체론과 내생적 발전 불가론이 내재해 있다"고 주장했다.[21] 결국 이러한 부정적인 대한인식이 한일양국의 관계정상화에 약 14년이라는 장시간을 요구했던 것이다.

이러한 일본의 부정적인 대한인식은 1953년 10월 15일 국교정상화를 위한 제3차 회담에서 일본 측 수석대표였던 구보타 간이치로(久保田貫

20) 高崎宗司(a), 『検証日韓会談』(東京: 岩波書店, 1996), pp. 6-7.
21) 旗田巍, 『朝鮮と日本人』(東京: 勁草書房, 1983), pp. 20-21.

一郎)의 발언을 통해 공개 석상에서 처음으로 표출되었다.[22] 구보타 발언의 핵심 내용은 "36년 간 일본의 식민지 지배는 조선 민중에게 유익했다"는 것으로, 그 이면에는 일본이 과거 36년간 조선을 지배한 것에 대해 진지하게 사과하고 반성하기보다는 정당화하려는 인식이 짙게 깔려 있음을 알 수 있다.

그런데 문제의 심각성은 이러한 인식이 일부 정치인들에게만 국한되었던 것이 아니라 당시 대다수 정치인들의 공통된 생각이었다는 점이다. 이는 구보타 발언의 철회를 요구한 한국정부에 대해 오카자키 가쓰오(岡崎勝男) 외상의 발언—당연한 일을 당연하게 말했을 뿐이다—에서 명확히 나타났다. 또한 이러한 부정적인 대한인식은 일본정부 고위관리 및 정치인들 수준에서뿐만 아니라 여론 속에서도 그대로 표출되었다. 구보타 발언 직후 아사히신문(朝日新聞)과 요미우리신문(讀賣新聞)도 "한국 측의 태도에는 구보타의 정당한 언사를 구실로 삼아 한일회담 전반을 일방적으로 결렬시키려는 불순한 의도가 내포되어 있다"고 논평하면서 한국 측을 태도를 맹렬히 비난했다.[23]

구보타 발언에 의해 초래된 한일관계의 균열은 1952년 1월 18일에 이승만 대통령의 '대한민국 인접해양의 주권에 관한 대통령 선언'(이승만 라인)과 중첩되면서 한층 심화되었다. 특히 한국정부가 이승만 라인을 침범한 일본 어선의 나포를 강화하는 동시에 억류 일본인 어부의 불송환(不送還) 방침을 명확히 하면서 사태가 악화되자 일본 내에서 "비록 헌법 제9조에 의해 군대가 없어 약자의 입장에 있다 하더라도 불합리한 상대방의 주장에 굴복해서는 안 되며 한국정부의 무례에 대해 무력으로 응징해야 한다"는 '정한론'이 제기되기도 했다.[24] 이처럼 당시 우익 언

22) 高崎宗司(b), 『「妄言」の原形: 日本人の朝鮮観』(東京: 木犀社, 2002), pp. 231-233.
23) 姜尙中, 『日朝関係の克服』(東京: 集英社, 2003); 장은주, "1945년 이후 한일양국의 상호인식," 한일관계사연구논집편찬위원회(편), 『해방 후 한일관계의 쟁점과 전망』(서울: 경인문화사, 2005), p. 63.
24) 『時事新報』 1953년 10월 19일; 田中明, 『常識的朝鮮論のすすめ』(東京: 朝日新聞社, 1981), p. 64.

론은 시류에 편승하여 한국정부의 방침을 무모한 폭거라고 비판하면서 격렬한 '혐한 시위'를 부채질하는 동시에 일본인에게 한국에 대한 부정적인 인상을 심어주었다.[25]

당시 일본 정치인들은 한국 내의 부정적인 반일감정을 소련 공산주의의 위협과 동일한 것으로 간주하면서 한국을 위험한 이웃으로, 이승만 대통령의 지나친 독립의식을 갈등의 원천이라고 비판했다.[26] 심지어 1953년 9월 중의원 수산위원회에서 사회당 좌파의 아카지 도모조(赤路友藏)는 "이승만 라인에 의해 국권이 유린되고 수많은 어부들의 생존권이 위협을 받고 있는 상황에서 정부는 자국 영토의 방위를 위해 필요한 조치를 취하지 않는가"라고 주장했다.[27] 이러한 부정적인 대한인식은 당시 보수 정치인들 및 언론뿐만 아니라 사회주의 노선을 견지하면서 친북한 정책을 전개하던 사회·공산 양당을 비롯한 혁신세력 전반에 내재되어 있던 공통된 인식이었다.

더욱이 1951년 "일본인의 타국에 대한 호감-비호감"을 묻는 조사에서 한국에 대한 호감 2%—비호감 44%로 16개국 중에서 15위를 차지했던 것에서 명확히 알 수 있듯이, 대다수 일본인들도 전전의 군국주의적, 파행적 민족주의의 팽창 속에서 형성된 멸시적인 대한인식에 기초하여 한국 및 한국인을 바라보고 있었다.[28]

일본의 멸시적인 대한인식은 이후에도 그다지 개선되지 않았고 국교정상화를 위한 양국 정부의 합의가 최종단계에 이른 제7차 회담에서 일본 측 수석대표인 다카스기 신이치(高杉晋一)의 발언에서도 그대로 표출되었다. 다카스기는 1965년 1월 외무성 기자클럽에서 비공개를 전제로 "일본이 조선을 지배했다고 하는데 이것은 조선이 일본으로부터 떨

---

25) 加藤晴子, "戦後日韓関係史への一考察(下)," 『日本女子大学紀要(文学部)』 第28号(東京: 日本女子大学, 1979), pp. 20-22.
26) 鄭大均, 『韓国のイメージ』(東京: 中央公論新社, 1995), p. 75.
27) 위의 책, p. 77.
28) 山田照美(編), 『在日朝鮮人』(東京: 明石書店, 1991), p. 253.

어져 나갔기 때문이다. 아마 20년쯤 더 일본과 붙어 있었다면 그렇게는 안 되었을 것이다. 일본이 조선을 식민지화했던 것은 좋은 일을 한 것이다. 조선을 좋게 하기 위하여 노력했지만, 전쟁에서 패배했기 때문에 모든 노력이 수포로 돌아갔다"고 발언했다.[29]

이러한 발언의 이면에는 일본의 식민지 지배가 반드시 나쁜 측면만을 가지고 있던 것은 아니라고 하는 점을 강조하려는 의도가 있었던 것이다. 하지만 이것은 전전의 식민지 지배 시기 동화정책을 정당화하기 위한 수단으로 동원했던 일선동조론의 시각에서 한국을 이해하려는 것이었다. 다카스기의 발언을 전해 들었던 한국 측 수석대표였던 김동조는 한일회담이 무산될 것을 우려하여 일본 측에 다카스기의 발언을 취소하도록 요구했고, 이에 일본이 응하여 위기의 국면을 극복할 수 있었다.

2. 1965년부터 1980년대 말까지의 시기

1965년 한일 국교정상화 이후 일본의 혐한감정은 다소 완화되었지만,[30] 한국에 대한 멸시적인 발언은 끊이질 않았다. 전후 일본정치를 주도했던 요시다 시게루(吉田茂) 전 총리는 1966년 "일본이 조선인을 위하여 선정을 베풀음에도 불구하고 한국인이 일본인을 증오하는 것은 매우 유감스럽다"는 발언을 했다.[31] 이러한 부정적인 대한인식에도 불구하고 한일관계는 미국을 매개로 하여 호전되는 듯 했다.

그러나 1973년 8월에 일어난 이른바 '김대중 납치사건'에 의해 호전되던 일본의 대한인식은 급속히 악화되었고 한일관계도 극도로 경색되었다. 이것은 1971년 야당의 대통령 후보로 출마하여 근소한 표차로 패배했던 김대중이 도쿄 시내의 한 호텔에서 납치되어 한국으로 강제 연행된 사건이었다. 그런데 문제는 일본 당국의 조사과정에서 한국 중앙

29) 高崎宗司(b), 앞의 책, pp. 255-257.
30) 我妻洋·米山俊直, 『偏見の構造: 日本人の人種観』(東京: 日本放送出版協会, 1967).
31) 金東祚, 『韓日の和解』(東京: サイマル出版会, 1993), pp. 316-317.

정보부의 관여 의혹이 제기되고 일본이 이를 자국에 대한 주권침해 행위로 간주했다는 점이다.[32] 이 때문에 한국정부의 성의 있는 외교적 노력에도 불구하고 다나카 가쿠에이(田中角榮) 정권은 9월로 예정되어 있던 한일정기각료회담을 취소하고 경제원조와 차관을 일시적으로 중단시키는 부분적인 경제제재조치를 취했다.[33] 더욱이 이 사건은 일본에서 한국의 이미지를 실추시켰을 뿐만 아니라 한국 및 한국인에 대해 그다지 호의적이지 않던 일본인의 부정적인 대한인식을 한층 악화시켜 한국을 억압적인 독재국가로, 한국인을 야만적인 비문명인으로 멸시하는 혐한감정을 불러일으켰다. 그 결과 1973년 일본인의 혐한감정은 1972년에 비해 두 배 이상 증가했다.[34]

또한 1974년 재일 교포 문세광에 의한 박정희 대통령 부인 육영수 암살사건과 이에 대한 일본정부의 미온적인 입장 등이 맞물리면서 발생한 한국 내 격렬한 반일시위에 대해 일본정부는 한국정부가 국내정치의 난국 돌파 수단으로 이용하고 있다고 폄하하고 이를 언론 매체를 통해 여과 없이 자국 국민에게 전달함으로써 일본인의 혐한감정을 한층 부채질했다. 이러한 상황에서 다나카 총리는 1974년 1월 24일 중의원 본회의에서 "일본의 한국 지배가 한국의 정신적 발전에 도움이 되었다"고 언급하여 한국 내 반일시위에 기름을 부어 양국관계의 극심한 경색을 초래했다.

그런데 여기서 중요한 점은 지배세력의 부정적인 대한인식과 마찬가지로 혁신세력의 그것도 거의 비슷했다는 것이다. 사회 · 공산 양당으로 대변되는 혁신세력은 공산진영의 일원인 북한에 대한 이념적 친근감에

---

32) 기미야 다다시, "한일시민사회의 관계구축을 위한 조건," 하영선(편), 『한국과 일본』(서울: 나남, 1997), p. 247.

33) 張達重, "グローバル化と民族主義化の流れの中の日韓関係," 小此木正夫·張達重,『日韓共同研究叢書(14) 戦後日韓関係の展開』(東京: 慶應義塾大学出版会, 2005), p. 17.

34) Everlyn Colbert, "Japan and the Republic of Korea: Yesterday, Today and Tomorrow," *Asian Survey*, vol. 26, no. 3 (1986), p. 274.

서 북한과 대결관계에 있던 박정희 정권의 억압성과 비민주성만을 집중적으로 부각시키려고 했다. 이를 통해 혁신세력은 억압적인 박정희 정권에 대한 부정적인 이미지를 선전하고 확산시켜 자민당이 시도하는 한국과의 관계 강화 움직임을 차단하려고 했다. 이러한 혁신세력의 부정적인 한국관은 냉전이 종식되고 북한정권의 실상이 명확히 드러날 때까지 계속되었다. 결과적으로 이 당시 일본의 대한인식은 지배세력의 제국주의적, 국수주의적 시각과 혁신세력의 친북한 성향이 맞물리면서 한국인에 대한 차별과 경시, 그리고 무관심이 강화되었다고 말할 수 있다.[35)]

더욱이 1979년 말에 발생한 한국의 정국 불안은 일본의 대한인식에 이중적인 영향을 미쳤다. 1979년 10·26 사태와 12·12 하극상 쿠데타, 1980년 5·18 광주민주화 운동, 그리고 김대중에 대한 사형선고 등으로 이어진 일련의 정치과정은 한편으로 한국의 정치적 후진성과 전두환 독재체제에 대한 비판, 그리고 한국과의 관계 악화 등을 초래했지만, 다른 한편으로 독재정권에 대한 저항과 민주주의를 쟁취하기 위한 한국 국민의 열망 등이 일본 국내에 생생하게 보도되어 한국인을 재평가하는 계기가 되었다.

1980년대에 들어서도 일본의 대한인식은 1970년대에 비해 다소 호전되기는 했지만, 시기에 따라서는 커다란 후퇴를 보이기도 했다. 특히 이러한 후퇴는 일본 정치인들의 역사인식의 편협성에서 비롯되는 경향이 강했다. 1982년 마쓰노 유키야스(松野幸泰) 국토청장관은 "한국의 역사교과서에도 잘못이 있을 것이다. 예를 들면 한일합방에 대해 한국에서는 일본이 침략한 것으로 되어 있는 것 같은데, 한국의 당시 국내정세 등도 있어 어느 쪽이 옳은 지 알 수 없다. 일본으로서도 정확히 조사해야 한다고 생각한다"고 발언했다.[36)]

이런 마쓰노의 발언으로 인해 한일관계의 갈등이 심화되자 나카소네 야스히로(中曾根康弘) 총리는 한국과의 우호적인 관계를 고려하여 전향

35) 和田春樹, "三つの八 · 一五,"『北の友へ南の友へ』(東京: 御茶ノ水書房, 1987).
36)『朝日新聞』1982년 7월 24일.

적인 조치를 취함으로써 문제가 해결되었다. 이후 1983년 나카소네 총리의 한국 방문과 1984년 9월 전두환 대통령의 일본 방문 시, 쇼와 천황의 불행한 과거에 대한 유감 발언으로 일본의 대한인식과 한일관계가 극적으로 변화하는 듯 보였다.

그러나 일본의 대한인식 변화에 대한 낙관적인 기대는 1985년 8월 나카소네 총리의 야스쿠니신사 참배와 1986년 문부상의 역사왜곡 발언으로 일시적인 해프닝으로 막을 내렸다. 특히 1985년 7월 나카소네 총리는 외국에 있는 국립묘지를 예를 들면서 "어느 나라에도 국가를 위해 희생한 사람들을 위하여 국민이 감사를 드리는 장소가 있다. 그렇지 않다면 누가 국가를 위해 목숨을 바치겠는가"라고 말하여 야스쿠니신사 참배의 필요성을 강조했고, 그 해 8월 15일 전후 수상으로서는 처음으로 야스쿠니신사를 공식 참배했다.[37)]

이러한 나카소네 총리의 야스쿠니신사 참배에 대한 한국 내 반발과 관련, 일본의 보수 언론들은 이를 무리한 외교적 내정간섭으로 치부하면서 한국 내 대일비판을 평가 절하했다. 이것은 1970-80년대 한국의 경제발전이 자국의 자본과 기술에 의해 이루어졌다는 종주국 의식과 자부심, 그리고 객관성을 결여한 편협한 역사인식 등에서 비롯되었던 것이다. 더욱이 1970년대 후반부터 일본인의 한국 방문이 증가했음에도 불구하고 한국에 대한 일본인의 무관심이 근본적으로 변화했던 것은 아니다.[38)]

그런데 이러한 한국에 대한 무관심은 1986년 서울 아시안 게임, 1987년 6·29 민주화 선언에 의한 대통령 직선제 도입, 그리고 1988년 서울 올림픽 등을 계기로 크게 일변하여 164만명에 이르는 일본인이 한국을 방문했다. 1988년 이전까지만 해도 "한국에 대해 친근감이 없다"는 회답이 "한국에 대해 친근감을 가지고 있다"는 비율을 크게 상회했지만, 1988년 서울 올림픽을 전후하여 일시적으로나마 이러한 비율의 역전현

37) 藤原彰・荒川章二・林博史, 『日本現代史』(東京: 大月書店, 1995), p. 312.
38) 鄭大均, 앞의 책, p. 16.

상이 발생하기도 했다. 하지만 이러한 역전현상은 상호교류의 확대 속에서 발생한 상호인식의 차이로 인해 재차 원점으로 회귀하게 되었고, 이 과정에서 일본 및 일본인이 과거의 종주국 의식과 대국의식, 그리고 "세계 제일의 일본"에서 보여지는 경제발전의 자부심에 의거하여 한국 및 한국인을 바라봄으로써 오히려 갈등과 대립의 기회가 증가했다.[39]

Ⅳ. 탈냉전기 일본의 대한인식

1990년대 들어 일본의 대한인식은 55년 체제[40]의 붕괴와 이에 따른 정당재편성과 맞물려 소극적이고 제한적인 형태이긴 하지만, 과거에 비해 커다란 진전을 보이기 시작했다.[41] 그 첫 번째 단초가 되었던 것은 종군위안부 문제에 대한 미야자와 기이치(宮澤喜一) 정권의 입장이었다. 미야자와 정권은 종군위안부 문제와 관련하여 1993년 8월 '고노 담화'를 통해 일본군의 관여를 인정하고 사죄한다고 발표했다. 또한 1993년 8월에 성립한 비자민 연립정권[42]의 수반이던 호소카와 모리히로(細川護熙) 총리는 "과거의 식민지 지배와 관련, 창씨개명과 종군위안부 문제 등을 구체적으로 열거하면서 가해자로서 진심으로 반성하고 깊이 사죄한다"고 언급했다.[43] 이러한 입장은 기존 일본정부의 그것과는 상당히 다른 것이었다. 이러한 일본의 대한인식은 1994년 6월 30일 55년 체제의 대립 축을 이루었던 자민당과 사회당의 역사적 타협을 통해 성립한 무라야마 도미이치(村山富市) 연립정권에서 극적인 변화를 보였다. 무라야마 정권은 전후 50년이 되는 1995년에 전후 "50년의 국회결

---

39) 위의 책, p. 19.
40) 이기완, 『일본의 정당과 정당정치』(서울: 매봉, 2006), pp. 24-26.
41) 이원덕, "과거사 갈등과 한일관계," 이숙종(편), 『전환기의 한일관계』(성남: 세종연구소, 2002), pp. 83-84.
42) 이기완, 『전환기의 일본정치와 연립정권』(서울: 케이시, 2002).
43) 최상룡(외), 『한일관계의 쟁점』(서울: 집문당, 1998), p. 42.

의"—과거의 침략전쟁을 반성하고, 미래의 평화를 표명하는 결의—를 채택함으로써 새로운 역사인식의 지평을 열었다.[44)]

그러나 이 결의를 채결할 때 연립여당인 자민당 내에서도 불참자가 나왔을 뿐만 아니라 신진당 및 공산당도 반대하여 중의원 의원 과반수에 미치지 못하는 매우 특이한 국회결의가 되었고, 심지어 참의원에서는 보류되었다.[45)] 또한 무라야마 정부의 공식적 사죄표명에 반대하는 개인적, 집단적 반발 움직임이 있었다. 예를 들어 무라야마 정권의 에토 다카미(江藤隆美) 총무처장관처럼 "식민지 시대에 일본은 한국에 유익한 일도 했다"는 식으로 개인적 수준에서 망언을 하는가 하면,[46)] 민간의 우익단체들과 함께 '새로운 역사교과서를 만드는 모임'을 결성하여 침략전쟁론에 대한 반대 논리와 국가주의적 사상의 확산을 꾀하면서 새로운 우익적 교과서를 만드는데 동참하기도 했다.[47)]

그럼에도 1990년대 들어 개선되기 시작한 일본의 대한인식은 1998년 10월 김대중 대통령과 오부치 총리의 한일공동선언—21세기를 향한 새로운 한일 파트너쉽—을 계기로 새로운 전기를 맞이하는 듯 했다. 오부치 총리는 "과거의 한 시기 일본이 한국에 대한 식민지 지배로 한국인에게 상당한 피해와 고통을 주었다는 역사적 사실을 겸허히 받아들이며, 이에 대해 통절한 반성과 진심으로 사죄한다"고 언급했다.

한일공동선언을 계기로 비약적으로 발전하던 한일관계는 2002년 한일 월드컵 공동주최로 절정기를 맞이했다. 즉 한일 월드컵 공동주최는 과거 양국 간 정치적 이해관계에 의해 제한되어 온 인적, 문화적 교류의 장을 제공함으로써 일본인으로 하여금 한국에 대한 관심을 고양시키는 계기가 되었다. 월드컵 공동주최 이후 일본에서는 한국문화에 대한 관

---

44) 『日本経済新聞』 1995년 6월 10일.

45) 오노 고지/이기완(역), 『일본 현대 정치사』(서울: 케이시, 2003), p. 246.

46) 高崎宗司(b), 앞의 책, p. 276.

47) 俵義文, "'新しい歴史教科書をつくる会'右派人脈," 『世界』 6月号(東京: 岩波書店, 2001); 박명규, "1990년대 이후 일본 내셔널리즘 논의에 관한 연구," 한일관계사연구논집편찬위원회(편), 앞의 책, p. 386.

심이 확대되면서 "한국에 대해 친근감을 느낀다"고 응답한 사람의 비율이 "그렇지 않다"고 응답한 그것보다 15% 높게 나타났다. 더욱이 1998년 한일공동선언의 합의에 따라 이루어진 한국의 일본 대중문화 개방 방침과 일본의 한국 영화 및 드라마의 상연에 의해 양국관계는 새로운 전기를 맞이했고, 그 중에서도 한국의 영화 '쉬리'와 드라마 '겨울연가', '대장금' 등이 일본 내에서 인기리에 방영되면서 한류열풍, 특히 '욘사마' 열풍을 불러일으키는 계기가 되었다. 이러한 한류열풍은 일본인의 한국에 대한 관심을 고양시켜 한국 붐을 불러일으키는 데 커다란 역할을 했다.

그러나 우호적인 양국관계는 기대와는 달리 그다지 오래 지속되지 못했고, 더더욱 일본인의 한국에 대한 관심도 정치, 외교적 갈등에 의해 급격히 역전되는 경향을 보였다. 이런 현상은 과거에도 빈번히 반복된 것으로 양국관계에서 전혀 새삼스러운 것이 아니었다.

위에서 언급한 바 있듯이 1998년 한일공동선언을 계기로 형성된 우호적인 한일관계는 2001년 새로운 역사교과서를 만드는 모임이 집필한 '새 역사교과서'의 문부성 검정 통과와 고이즈미 준이치로(小泉純一郎) 총리의 야스쿠니신사 공식 참배에 의해 재차 '시지프스의 굴레'로 빠져들었다. 특히 고이즈미 총리는 "마음으로 전장에 갔던 사람들에게 애도의 뜻을 표명하고 재차 전쟁을 해서는 안 된다는 마음으로 참배하고 있다. 따라서 이것은 본래 마음의 문제로 타국이 간섭할 문제는 아니다"고 주장하면서 재임 기간 동안 매년 총리자격으로 야스쿠니신사를 공식 참배할 의사를 명확히 했고, 이후 이를 강행했다. 이러한 고이즈미 총리의 민족주의적 표현과 행동은 한편으로 1990년대 이래 강한 국가 및 강력한 지도자의 부활을 희구하는 사회적 분위기와 맞물려 국민적 지지를 받았다.[48)]

---

48) 이기완, "고이즈미식 포퓰리즘과 9.11 중의원 선거," 『아세아연구』 제49권 제1호(서울: 고려대학교 아세아문제연구소, 2006), p. 184; 読売新聞政治部, 『外交を喧嘩にした男』(東京: 新潮社, 2006), p. 247.

이러한 일본 내 동향에 의해 한일 간 현안문제들이 외교정책에 본격적으로 투영되기 시작하면서 양국 간 외교적 갈등은 한층 확대되고 심화되었다.49) 일본의 우익 정치인들은 교과서 문제나 야스쿠니신사 참배에 대한 한국 측의 반발을 오히려 자국에 대한 내정간섭으로 치부하면서 반발했다.50) 더 나아가 이런 문제들에 대해 일본 지배세력은 "일본은 억제하며 수동적으로 대응하고 있는데 한국정부가 국내정치 문제를 해결하기 위한 도구로 활용하고 있기 때문에 양국 국민의 감정문제로 확대되는 경향이 있다"고 주장하곤 했다. 이러한 일본 내 인식은 한국 측의 그것과는 상당한 차이를 보였다.

이러한 상황에서 한국과의 외교적 마찰을 초래할 수 있는 갈등요인에 대한 일본정부의 관리·통제능력은 과거에 비해 현저히 약화되고 있다.51) 이러한 현상은 1990년대 이후 일본사회의 보수 우경화와 민족주의의 경향 강화, 그리고 주요 정치인들의 세대교체 등에 의해 발생했으며, 그 중심에는 고이즈미와 이를 계승한 아베 신조(安倍晋三) 전 총리, 그리고 아소 다로(麻生太郎) 총리 등이 있다. 특히 아베 총리는 2007년 3월 16일 "정부가 발간한 자료에서 일본군이나 관헌에 의한 강제연행을 나타내는 기술은 발견할 수 없었다"고 주장하면서 '고노 담화'에서 인정했던 종군위안부의 강제성을 부인했다.52) 또한 아소 총리는 "일본의 식민지 통치 때 창씨개명은 조선인의 희망에 따라 이루어졌다"는 궤변을 늘어놓았다.

이러한 일본정부의 부정적인 대한인식에 못지않게 일반인의 대한인식도 크게 호전되지 않았다. 이것은 2000년 5월 6일 한 일본인이 인터넷

---

49) 이원덕, "세계화 시대의 일본 외교안보정책," 장달중(외), 『세계화와 일본의 구조전환』(서울: 서울대학교 출판부, 2002), pp. 133-145.

50) Chalmers Johnson, *Japan: Who Governs?* (New York: Norton, 1995), p. 260.

51) 권철현, "한일협력관계의 새로운 도약 모색,"『외교』제87호(서울: 한국외교협회, 2008), p. 14.

52) 『朝日新聞』 2007년 3월 17일.

상에서 한국인을 멸시하는 내용의 글과 함께 자국민의 반응을 묻는 설문조사에서 명확히 드러났다.[53] 여기서 일본의 네티즌들은 "일본이 조선의 신분제도를 철폐해 주고, 길을 넓혀 주었는데 한국은 왜 이러한 은혜를 모르느냐, 일본의 한참 아래에 있는 한국과 상대하는 것은 의미가 없다" 등의 한국 비하 발언을 서슴지 않았다.

그런데 문제는 일본 정치인들의 망언이나 편협한 역사인식이 한국에 전달되어 반일감정을 초래하고, 이 과정에서 역으로 한국 내 반일감정이 그대로 일본으로 전달되어 일반인의 혐한감정을 자극하는 양국민의 부정적 감정의 대응이라는 악순환을 초래하고 있다는 점이다. 즉 1990년대 이래 일본인의 한국에 대한 관심이 고조되고 있는, 즉 일본인의 한국에 대한 친근감과 한국과의 관계개선에 대한 기대 상승과는 별개로 역사인식을 둘러싼 양국 간 대립의 악순환이 오히려 일본인의 혐한감정을 자극하고 있다. 이것은 한국에 대한 일본인의 감정이 무관심에 기초하고 있던 1990년대 이전의 그것과는 사뭇 다르다고 할 수 있다.

Ⅴ. 일본 대한인식의 지속요인

1. 위계 질서적 국제관과 한국 멸시

일본은 국제사회에서 군사력이나 경제력 같은 어떤 일정한 기준에 의해 국가의 우열을 정하고, 이 우열관계에 입각하여 국가 간 관계를 서열화하는 경향이 강하다.[54] 이런 일본의 대외관은 필연적으로 강대국에 대해서는 추종의식을 나타내는 반면 약소국에 대해서는 경멸 내지 멸시적 태도를 보이는 이중적인 경향으로 표출된다. 이러한 국제관은 일본

53) http://www.cup.com/sps/question/quest1_12/cq_in378.html; 조규철, "한일 사회문화교류와 상호인식," 이숙종(편), 앞의 책, p. 113.

54) 김종헌(외), 『미·중·일 대외정책』(부산: PUFS, 1998), p. 195.

민족주의의 성립 및 발전과정에서 형성되고 변질되었으며, 일본의 대한 인식 역시 이러한 논리에 기초하여 전개되었다.

열강의 압력에 의해 개국을 강요받았던 일본은 부국강병과 근대화를 목표로 서구 제국주의 세력과의 대결은 물론 동아시아에 일본 중심의 패권 확립을 지향했다. 이것이 일본 민족주의를 아시아주의에 입각한 대국주의로 변질시키고 군사부문의 파행적 팽창을 초래하는 요인이 되었다.[55] 이것은 후쿠자와의 언급—몇 권의 화친조약은 한 상자의 탄약에 미치지 못한다. 대포 탄약은 도리를 주장하기 위해 준비된 것이 아니고, 없는 도리를 만드는 기계이다—에서 명확히 드러나고 있다.[56] 이런 논리는 메이지정부의 대외정책의 기본노선이 되었고, 더 나아가 메이지정부의 대 조선정책도 이 논리에 입각하여 전개되었다. 이리하여 일본 민족주의는 필연적으로 아시아 주변 국가로의 침략을 획책하는 군사적 성격을 띨 수밖에 없었으며, 1875년 운요호 사건을 빌미로 조선을 강제로 개국시키는 동시에 1894년 청일전쟁을 촉발시키는 요인이 되었다. 그리고 이 전쟁에서의 승리를 계기로 일본은 조선을 자신의 세력하에 두는데 성공하는 듯 했다.

그러나 일본의 의도는 러시아에 의해 난관에 직면했다. 당시 일본 대외정책의 핵심은 조선에서 청국세력의 침투에 대항하는 것이었기 때문에 러시아에 대한 구체적인 대응책을 마련할 여유가 없었다. 1895년 4월 일본이 시모노세키 조약에 의해 중국으로부터 할양받았던 요동반도를 러시아, 독일, 프랑스의 간섭으로 마지못해 중국에 반환하는 3국 간섭을 계기로 러일 양국은 본격적으로 대립하기 시작했다. 당시 일본은 군사력과 국제적인 제휴의 측면에서 러시아와의 대립을 무력으로 해결할 수 있는 처지가 아니었다. 이러한 상황을 잘 인식했던 일본의 지도

55) 中村政則・鈴木正幸, "近代天皇制国家の確立,"『大系日本国家史(5) 近代 (2)』(東京: 東京大学出版会, 1976), pp. 84-85.

56) 야가사키 히데노리,『일본의 평화사상 연구: 근대 일본의 대국주의와 소국주의』(충남: 선문대학교 출판부, 2004), p. 18.

자들은 조선 문제에 대해 현상의 급격한 변경을 막기 위해 러시아와의 잠정협정을 체결했는데, 그것이 1898년 4월 니시(西德二郎)·로젠 협정에 의한 만한교환(滿韓交換) 방침이었다.[57]

이후 일본은 영국과 1902년 영일동맹을 체결하여 러시아와의 일전을 준비하는 동시에 전쟁에서의 승기를 잡자 1905년 미국과 가쓰라·태프트 밀약을 통해, 당시 국제정치의 주도권을 장악하고 있던 미영 양국과의 협력 하에 자국의 권익을 확보하려고 했다. 이리하여 일본은 대한제국에 대한 보호감독권을 미영 제국으로부터 자의적으로 획득하는 동시에 열강의 간섭 없이 대한제국을 자신의 세력 하에 편입시킬 수 있었다. 그 결과 일본은 조선을 식민지화했고, 식민지 지배의 진전 속에서 일본 민족주의는 조선에 대한 혐오, 멸시, 위화감 등을 양산하는 이데올로기로 변질되었다. 이런 부정적인 대한인식은 제국주의적 민족주의의 성립 및 발전에 성공했다는 우월의식 속에서 주조되었던 것이다.

그러나 1945년 8월 15일 포츠담선언 수락으로 일본 민족주의는 강대한 세계 제국 미국에 패배하면서 굴욕적인 선택을 강요받고 소일본주의 노선으로 회귀하지 않을 수 없게 되었다. 하지만 1951년 미일안보조약을 통해 일본은 미국의 세계전략에 편입되어 주권국가의 근간인 군사력을 미국에 의존하는 경무장 및 군사 소국주의를 추구했고, 미국 시장에의 용이한 접근이 허용되어 제2차 세계대전에 의해 황폐화된 경제와 산업의 부흥을 도모하는 동시에 자국의 안전과 평화라는 실질적인 이익을 얻을 수 있었다. 이리하여 제2차 세계대전 패망 후 약 20여년 만에 세계 제2위의 경제대국, 세계 제1위의 정부개발원조(ODA: Official Development Assistance) 지원국으로 발돋움할 수 있었다.

이러한 정치, 경제적 상황에서 동아시아 국가들과의 관계 정상화를 위한 교두보로 한국과의 국교회복을 원하던 사토 에이사쿠(佐藤榮作) 정권은 1965년 근대화에 필요한 자금과 기술을 확보하려던 박정희 정권

57) 山室信一,『日露戦争の世紀』(東京: 岩波書店, 2005), pp. 79-82.

과 국교정상화를 실현했다. 이를 통해 한국은 일본으로부터 근대화에 긴요한 자금과 기술을 제공받았고, 1970년대 이후 양국의 경제적 유착관계가 형성·심화되었다. 이런 양국관계에 의해 일본의 대한인식은 식민지 통치 시기와 마찬가지로 "일본이 한국의 경제발전에 결정적인 역할을 했으며, 자국의 막대한 자본과 첨단기술로 양국 사이에는 경제발전과 산업기술에 있어 상당한 격차가 있으며, 이로 인해 한국경제는 불가피하게 자국 경제에 수직적 분업형태로만 존립 가능하다"는 우월의식과 종주국 의식으로 표출되었다.58) 이러한 우월의식을 가지고 있는 상태에서 한국에 대한 가해의식이 생겨날 수 없는 법이다.

결국 힘의 우열을 통해 국가 간의 관계를 인식하는 위계 질서적 국제관과 한국에 대한 우월의식은 한일양국의 정치적, 경제적, 문화적 교류가 상당히 확대되고 있는 최근까지도 일본인의 대한인식에 그대로 투사되어 나타나고 있다.

2. 편향된 역사인식

2007년 한일양국 간 상호방문객 수가 약 484만명을 넘어서고 경제적 상호의존관계가 급속히 심화되고 있음에도 정치적인 신뢰관계는 오히려 악화되는 정냉경열(政冷經熱) 현상마저 나타나고 있다. 이러한 현상이 발생하는 것은 일본이 역사적 사실을 결여한 왜곡된 역사인식에 기초하여 한국을 바라보고 있기 때문이다. 근래에 들어서도 일본에서는 조선에 대한 식민지 통치와 종군위안부 문제에 대해 유감의 뜻을 표시하는 것은 가능하지만, 이 이상으로 반성하는 것은 굴욕외교라는 인식이 여전히 강하며 그 반성의 정도도 대단히 미흡하다.

더욱이 일본 정치세력 중 상당수는 "한일합방에 대해 19세기 말 한반도 및 일본의 안전을 위한 불가피한 선택이었고, 결과적으로 한국의 경

58) 鄭大均, 앞의 책, pp. 13-21; 荒井利明, 앞의 책, pp. 103-105.

제적, 사회적, 문화적 향상과 근대화에 공헌했다"는 왜곡된 역사인식을 피력하고 있다. 즉 "일본의 안전과 만주의 권익을 방어하기 위해 조선의 합방이 필요했으며, 한일합방 후 설치된 조선총독부는 철도항만시설 정비, 토지개혁을 통해 조선의 근대화에 노력했다"는 것이다.[59] 이처럼 스스로 식민지 지배에 면죄부를 부여하는 침략사관은 1945년 이후 시기에 따라 형식적 내용을 달리하면서 끊임없이 주요 정치인들—구보타, 다카스기, 다나카, 나카소네, 이시하라, 고이즈미, 아베, 아소—의 망언으로 되풀이되었던 것이다. 그런데 문제는 보수 정치인들의 역사인식 수준과 혁신세력 및 일반시민들의 그것이 그다지 커다란 차이를 보이고 있지 않다는 점이다.

<표 1> 일본의 역사인식 현황

구 분	합방 과정	식민지 지배	야스쿠니신사참배
자민당	합법 정당론	합법 정당론	찬성 · 일부반대
사회당 · 공산당 · 진보세력	합법 정당론	합법 일부 부당론	반대 · 일부 찬성
호소카와 · 무라야마 총리	합법 정당론	합법 일부 부당론	반대
일반시민	합법 정당론	합법 정당론	찬성 · 반대 혼재

출처: 吉田裕, 『日本人の戦争観: 戦後史からの変容』(東京: 岩波書店, 1995), p. 216 참고·작성.

첫째로, 자민당 내 대다수 정치인들은 한일합방과 식민지 지배가 정당한 법적 절차를 통해 이루어졌기 때문에 정치·외교적으로 아무런 문제가 없으며, 한국에 대해 반성하고 사죄할 필요가 없다고 주장한다. 1995년 자민당의 와타나베 미치오(渡辺美智男) 의원은 "일본은 한국을 통치한 적은 있지만, 식민지 지배라는 말은 샌프란시스코 강화조약 등의 공문서에는 어디에도 쓰여져 있지 않다.{중략} 한일합방조약은 원만

59) 정정숙, "21세기 한일관계의 구상 시론," 『평화연구』 제11권 2호(서울: 고려대학교 평화연구소, 2003), pp. 100-101.

히 체결된 것으로 무력으로 이루어진 것은 아니다"고 언급했다.[60] 하지만 미야자와 전 총리, 가토 고이치(加藤紘一) 전 간사장, 고노 요헤이(河野洋平) 전 관방장관 등 일부 정치인들은 한국과의 관계를 고려하여 식민지 통치의 가혹성을 인정하고 이에 대해 유감을 표시하고 있다.

둘째로, 사회·공산 양당으로 대변되는 혁신정당과 일부의 지식인들은 한일합방과 식민지 지배를 분리하여 파악하고 있다. 한일합방에 대해서는 자민당 주류와 동일선상에 있다. 이는 1995년 10월 16일 무라야마 총리의 "한일합방조약 합법체결"이라는 발언에서 명확히 보여지고 있다. 하지만 식민지 지배에 대해서는 일본의 식민지 통치가 조선에서 가혹하게 행해져 한국민중에게 커다란 고통을 주었다는 점에 대해 사과하고 반성해야 한다는 입장이며, 그 귀결이 1995년 6월 9일 무라야마 사회당 수반 총리의 주도 하에 중의원 본회의에서 채택된 "역사를 교훈으로 평화에 대한 결의를 새롭게 하는 결의"였다.

셋째로, 일반시민들은 일본이 조선을 지배했다는 역사적 사실을 알고 있지만, 일본의 조선 식민지화 과정의 불법성과 식민지 통치의 무자비성에 대해서는 편향되고 개략적으로만 알고 있으며, 이로 인해 70%의 이상의 시민들은 자국이 저지른 식민지 통치의 과오를 정확히 인지하지 못하고 있다. 이것은 학교, 지역사회, 그리고 공공기관에서 한일관계의 특수성을 객관적으로 전달하기보다는 편협하게 가르치는 경우가 많고, 특히 역사교과서의 한국 기술 부분에서는 여전히 단편적, 일방적인 내용들이 많아 한국에 대한 개관적인 이해를 결여할 수밖에 없다.[61] 이 때문에 이들은 편향된 역사인식과 대한인식을 가질 수밖에 없으며 일본 정부의 부정적인 대한인식에 쉽게 동조하는 경향을 보인다. 이러한 경향은 아사히신문이 2004년 4월 18일에 실시한 고이즈미 총리의 야스쿠니신사 참배에 대한 여론조사에서 참배에 대해 긍정적인 답변(52%)이 부정적인 답변(39%)보다 상대적으로 높게 나타나고 있는 데에서 명확

60) 高崎宗司(b), 앞의 책, p. 310.

61) 鄭大均, 앞의 책, p. 16.

히 알 수 있다.

이처럼 일본은 보수·혁신세력을 불문하고 한일합방과 식민지 지배가 정당한 절차와 방식으로 이루어졌기 때문에 아무런 문제가 없으며, 이를 통해 조선이 근대화의 발판을 마련했다는 '종속적 발전론'의 입장을 피력하고 있다. 다만, 혁신세력과 일부의 지식인들만이 일본의 식민지 통치방식이 조선에서 가혹하게 이루어졌던 점을 인정하고 유감과 사죄의 입장을 표명하고 있을 뿐이다. 결국, 일본의 과거사 인식에는 침략과 식민지 통치에 대한 반성이나 사죄의식이 결여되어 있을 뿐만 아니라 오히려 일본의 조선 지배가 근대화와 개발에 커다란 역할을 했다는 정당화의 논리만이 내재해 있다. 이에 대해 한국 측은 한일합방의 불법성과 '내재적 발전론'을 들어 일본 측의 입장을 반박하고 있다.

여기서 주목할 점은 일본국민 대다수가 식민지 통치에 대해 반성하고 사죄하는 않는 것이 '일본의 패망'과 밀접히 관련되어 있다는 것이다. 1945년 8월 15일 쇼와 천황의 옥음방송(玉音放送)에서는 '항복' 내지 '패전'이라는 단어를 찾아볼 수 없었다. 이 때문에 대다수 일본국민들은 절대주의적 천황제가 일본 군국주의의 기원이라는 점을 냉철히 이해하지 못한 채, 포츠담선언을 받아들인 것만이 단지 분하고 비통할 뿐이라는 역사인식을 가지게 되었다.[62] 이러한 점은 전후, 일본공산당을 제외하고 어떠한 정당, 정치세력, 그리고 국민들도 천황제의 폐지에 반대했던 것에서 명확히 알 수 있다. 또한 1982년 일본은 8월 15일을 "전몰자를 추도하고 평화를 기념하는 날"로 지정했다. 이를 통해 일본은 공습과 원폭으로 인해 참담한 피해를 당한 일본이라는 피해의식을 부각시켜 가해의식을 은폐하려고 했다. 이러한 상황에서 일본인들이 한국 및 한국인에 대해 가해의식을 가지는 것은 대단히 어려운 일이다.

결국, 일본의 희박한 역사인식과 편향성으로 인해 한국에서는 일본에 대한 불신이 팽배해 있고 이것이 한일관계의 근본적인 관계변화를 저해

62) 歴史学研究会(編), 『日本同時代史 (1)』(東京: 青木書店, 1990), pp. 50-56.

하는 제약요인이 되고 있다. 이 때문에 한일관계의 신뢰회복은 일본의 과거사에 대한 반성과 올바른 역사인식 여하에 따라 좌우될 수 있다고 해도 과언이 아니다.

Ⅵ. 한일 간 미해결의 갈등 이슈

전후 한국의 대일외교에 있어 초미의 관심사가 되었던 것은 아마도 독도 영유권 문제와 야스쿠니신사 참배 문제일 것이다. 이러한 쟁점들은 한일 간 심각한 외교적 갈등과 국민적 감정대립을 초래하는 중대한 사안임에도 불구하고 이에 대해서는 양국 간에 커다란 입장 차이가 여전히 존재하고 있다. 이러한 쟁점들이 외교적 쟁점으로 부각하면 양국관계는 일시에 냉각되면서 한국 내 반일감정과 일본 내 혐한감정을 불러일으켜 적대적인 감정과 상호경시의 자조적인 체념을 양산하곤 한다.

1. 독도 영유권 문제

1945년 이래 한일양국은 각각 독도가 역사적으로도 국제법적으로도 자국의 영토임을 주장하면서 첨예하게 대립하기도 했고, 경우에 따라서는 양국의 외교적 관계를 고려하여 적당한 선에서 미봉적으로 정치적 타협을 시도하기도 했다. 이와 관련 한일양국에서는 독도가 자국의 영토라고 주장하는 다수의 논문과 서적, 그리고 정부의 입장 등이 발표되었고, 이에 대해서는 양국 간에 커다란 입장 차이가 존재하고 있다. 하지만 지금까지의 연구 성과와 자료들을 통해 독도가 한국의 고유영토라는 것은 명확하며, 일본이 독도를 자국의 영토라고 주장하게 되는 정치과정 및 그 논리의 허구성에 대한 상당한 이해를 도모할 수 있었다. 독도문제와 관련하여 한일양국이 대립하는 핵심 쟁점은 크게 두 가지로 요약될 수 있다.

<표 2> 독도 관련 한일 간 주요 쟁점

국제법상 선점요건		한국 주장	일본 주장
무주지		•무주지 아님 •한국의 고유영토 •일본의 편입조치는 일본영토가 아님 반증	•무주지 아님 •일본의 고유영토 •자국 고유영토의 편입조치
국가 의사표시	국가 행위	•독도를 일본영토에 편입시킴	•각의결정으로 무주지 영토편입
	통고 의무	•비밀리 진행, 통고 없었음	•통고의무는 국제법상 의무사항 아님 •독도에 대한 타국과 쟁의관계가 없었기에 통고 상례 해당 안 됨
실효적 지배		•일본의 한국 식민지 과정에서 이루어진 영토탈취행위 •당시 한국은 외교권이 박탈된 상태로 항의가 불가한 상태	•1905년 편입조치 이후 독도 실제 조사 및 어로 면허 발급 •한국 측 항의 없었음

출처: 박경일(편), 『동북아 안보의 도화선은 어디에 있는가?』(서울: 한국해양전략연구소, 2003), p. 103.

첫째로, 1905년 시마네현의 독도편입조치를 둘러싼 입장의 차이이다. 일본은 1905년 2월 22일 시마네현 고시(告示) 제40호에 의해 독도가 시마네현의 관할 하에 편입되었기 때문에 자국의 영토라고 주장하고 있다. 이에 대해 한국은 국제법적으로 선점의 대상이 되는 지역은 '무주지'이지만 독도는 지증왕 13년(512년)에 신라에 귀속된 이래 한국의 영토였기 때문에 일본 측이 주장하는 국제법상, 영토를 취득하는 방법의 하나인 무주지 선점의 대상이 되지 않고, 선점의 의사는 대외적으로 공표하는 것이 원칙이지만 일본은 이를 대외적으로 표시한 바 없으며, 더더욱 시마네현 고시 제40호는 국가 고시가 아닌 지방관청의 고시이므로 불법행위인 것이라고 주장한다.[63] 또한 한국은 일본이 1905년 현고시를 통해 독도를 일본영토로 편입시킨 조치는 몇 명의 일본정부 고위 관리들이 용의주도하게 계획하고 시행한 정치적 사기행위이며 대한제국의 외교권을 강탈한 상황에서 이루어진 불법적인 영토탈취 행위라고 반박하고 있다.[64]

둘째로, 1946년 연합국총사령관 지령(SCAPIN)과 1951년 샌프란시스코 강화조약의 내용을 둘러싼 해석의 차이이다. 일본은 1946년 1월 SCAPIN 제677호 제3항에서 일본영토에서 제외되는 섬으로 울릉도, 제주도와 함께 명시적으로 나열되었던 독도가 1951년 9월 샌프란시스코 강화조약에서 언급되어 있지 않다는 점을 들어 독도를 자국의 영토라고 주장하고 있다.[65] 이에 대해 한국은 세 가지 점을 들어 일본 측의 입장을 반박하고 있다. 첫째, 샌프란시스코 강화조약에 나열된 도서는 글자 그대로 '대표적인 도서'에 국한된 것이고 독도와 같이 작은 섬의 명칭까지 낱낱이 나열하는 방식을 취하고 있지는 않았다. 둘째, 샌프란시스코 강화조약 제2조가 SCAPIN 제677호 제3항보다 우선한다는 규정은 어디에서도 찾아볼 수 없으며 독도를 실질적으로 지배하고 있던 당사국인 한국정부가 강화회의에 참석하지 못한 상황에서 이루어진 것이므로 이는 무효이다. 셋째, SCAPIN 제677호에서 언급된 독도가 샌프란시스코 강화회의에서 누락되었던 것은 미국에 대한 일본의 치밀한 공작과 미국의 전략적 고려에 기인하고 있다.[66]

이러한 두 가지 사실은 일본의 독도 영토 공언이 역사적 사실의 근거 결핍과 냉전기 미국을 대상으로 독도가 자국의 영토라는 국제적 인식을 강화하기 위한 일본의 공작정치, 그리고 미국의 일본 편들기에서 비롯되었던 것이다.

그러나 일본은 이러한 한국 측의 주장을 인정하지 않고 있으며, 최근

63) 유철종, 『동아시아 국제관계와 영토분쟁』(서울: 삼우사, 2006), pp. 135-138.
64) 김영구, 『독도문제의 진실』(서울: 법영사, 2003), pp. 259-260.
65) 김학준, 『독도는 우리땅』(서울: 해맞이, 2003), pp. 189-191.
66) 호사카 유지, "독도 영유권에 대한 본질적 대응," 『시대의 논리』(서울: 교양사회, 2004), p. 15.

국제적 지위를 이용하여 미국 및 일부 국가들을 대상으로 독도가 자국의 영토라는 국제적인 인식을 강화하기 위한 공작정치를 활발히 전개하고 있다. 또한 일본은 '외교청서'에서 독도문제를 거론하면서 독도문제에 대한 강경 입장과 독도 고유영토설을 주장하고 있다. 2004년 1월 고이즈미 총리는 '다케시마는 일본 영토'라는 발언을 하는가 하면 2005년 2월 23일에 시마네현은 '다케시마의 날' 조례안을 상정하여 다케시마의 날을 제정하기도 했다. 시마네현의 다케시마의 날 조례 제정과 관련하여 이의 철회를 요구하는 한국에 대해 일본은 중앙정부가 지방자치단체의 일에 간섭할 수 없으며 오히려 독도문제를 국제사법재판소에 회부하여 국제 판결에 의해 독도문제를 해결하자는 '1954년 입장'을 되풀이하고 있다.

일본은 1954년 이래 줄곧 한국정부에 독도문제를 국제사법재판소에 제소하여 해결하자는 입장을 보여 왔는데, 그 이면에는 고도의 정치 전략이 숨겨져 있다. 1952년 1월 18일 '인접해양의 주권에 관한 대통령 선언'(이승만 라인 선언)을 계기로 한국이 독도에 대한 실효적 지배를 강화하자, 일본은 독도에 대한 발언권을 조금이라도 확보하기 위한 수단으로 이를 제기했지만, 한국정부에 의해 일축되었다. 이후 독도문제를 국제적인 이슈로 만들려는 일본 측의 주장에 한국정부가 소극적으로 대처할 것이라는 점을 간파한 일본정부는 막대한 자금을 동원하여 국제사회에 독도가 자국의 영토라는 인식을 확산시키고 국제사법재판소에의 회부를 반복적으로 주장함으로써 독도가 한일 간 분쟁지역이라는 인식을 강화하려는데 그 목적이 있다.

더욱이 근래에 들어 일본이 독도에 대한 영유권을 본격적으로 제기하고 있는 이유는 장기적인 측면에서는 독도를 국제문제로 정치 쟁점화하여 '분쟁 지역화' 또는 '일본 영토화'하려는 것이고, 단기적인 측면에서는 독도문제를 일본 민족주의의 부활과 군사력 강화의 기회로 활용하려는데 있다. 즉 일본은 독도 영유권 분쟁을 통해 패전 이후 유지되어 온 군사 소국주의에 대한 불만을 해소하고 장기불황에 의해 초래된 국민들의 좌절을 한국과의 갈등을 통해 '일본국가'에 대한 충성으로 전환시켜 국론 통일을 이끌어내기 위한 수단으로 독도 영유권 분쟁을 제기하고 있다고 볼 수 있다.[67] 또한 이러한 주장의 배후에는 일본 정치지형의 변화와 보수 우경화가 깔려 있다. 따라서 독도문제만 놓고 보면 일본의 급격한 도발로 보일 수 있으나, 이것은 정치세력의 역학관계 변화와 보수 우경화에 따라 진행되고 있는 것이다. 이 때문에 독도문제는 어떠한 형태로든 일본에 의해 끊임없이 제기될 것이며 이는 필연적으로 한국과의 외교적 갈등을 증폭시킬 것이다.

2. 야스쿠니신사 참배 문제

한일 간 역사인식 갈등의 한 가운데 위치하고 있는 핵심 쟁점은 야스쿠니신사 참배 문제일 것이다. 메이지 천황의 명에 의해 1869년에 설립된 야스쿠니신사는 전전 육·해군성의 관할 하에서 침략전쟁과 밀접한 관계를 가진 국영신사인 동시에 천황의 명에 의해 행해진 전쟁에서 순국한 전사자들을 제신(祭神)으로 간주, 안치하고 있는 장소이다.[68]

전후 야스쿠니신사는 연합국총사령부에 의해 추진된 국가신도 해체작업과 일련의 제도개혁을 통해 민간의 종교법인으로 전락했다. 이후 일본 유족회는 국가와 야스쿠니신사의 관계를 연계시키려는 야스쿠니신사 국가호지 운동을 전개했고, 자민당과 정부에 압력을 행사함으로써 이를 정치화하려고 했다. 그 결과 자민당은 야스쿠니신사 국가호지를 목표로 한 법안을 결정, 1969년부터 1974년까지 국회에 계속 제출했다. 하지만 이 법안은 국내의 반대에 부딪쳐 제대로 상정되지 못한 채 폐안

67) 이기완, "일본 '독도 영유권' 주장의 본질과 전망," 『경남신문』 2008년 7월 17일.

68) www.yasukuni.or.jp 일본이 치른 전쟁 가운데 내전으로 사망하여 제신이 된 경우는 메이지 정부 수립 전후의 사망자 7,751명과 세이난 전쟁(西南戰爭)의 6,971명이고, 그 나머지 245만여 명은 일본의 침략전쟁 과정에서 사망한 군인·군속들이다. 특히 중일전쟁기에 19만여 명, 태평양전쟁기에 213만여 명이 전사하여 합사되었다.

이 되었다. 이를 계기로 이들은 야스쿠니신사 국가호지를 사실상 단념하는 대신 천황과 총리의 공식 참배를 요구하기 시작했다.

<표 3>에서 알 수 있듯이 전후 일본 총리들은 춘계·추계대제 때, 야스쿠니신사에 참배해 왔다. 이때까지만 해도 야스쿠니신사 문제는 국가와 특정종교의 관계를 규정한 정교분리를 근본으로 하는 국내문제였다. 그러나 1975년 미키 다케오(三木武夫) 총리에 의한 8월 15일 야스쿠니신사 참배, 1978년 10월 17일 야스쿠니신사에 의한 14명의 A급 전범 합사, 그리고 1979년 4월 야스쿠니신사에 의한 A급 전범 합사 사실보도 등을 계기로 야스쿠니신사 문제는 기존의 정교분리를 축으로 논의되어진 국내문제에서 침략전쟁의 역사와 관련된 국제문제로 비화되기 시작했다.[69]

<표 3> 재임 중 야스쿠니신사에 참배한 총리

총리	참배 연월일과 회수
요시다 시게루(吉田茂)	① 51.10.18, ② 52.10.17, ③ 53.4.23
기시 노부스케(岸信介)	① 57.4.25, ② 58.10.21
이케다 하야토(池田勇人)	① 60.10.18, ② 61.6.18*, ③ 61.11.15*, ④ 62.11.4*, ⑤ 63.9.22*
사토 에이사쿠(佐藤栄作)	① 65.4.21, ② 66.4.21, ③ 67.4.22, ④ 68.4.23, ⑤ 69.4.22, ⑥ 69.10.18, ⑦ 70.4.22, ⑧ 70.10.17, ⑨ 71.4.22, ⑩ 71.10.18, ⑪ 72.4.22
다나카 가쿠에이(田中角栄)	① 72.7.8*, ② 72.10.17, ③ 73.4.23, ④ 73.10.18, ⑤ 74.4.23, ⑥ 74.10.19
미키 다케오(三木武夫)	① 75.4.22, ② 75.8.15, ③ 76.10.18

69) 『朝日新聞』 1979년 4월 19일; 秦郁彦, "靖国神社「鎮霊社」のミステリー," 『現代史の対決』(東京: 文藝春秋, 2005).

총리	참배 연월일과 회수
후쿠다 다케오 (福田赳夫)	① 77.4.21, ② 78.4.21, ③ 78.8.15, ④ 78.10.18
오히라 마사요시 (大平正芳)	① 79.4.21, ② 79.10.18, ③ 80.4.21
스즈키 젠코 (鈴木善幸)	① 80.8.15, ② 80.10.18, ③ 81.4.21, ④ 81.8.15, ⑤ 81.10.17, ⑥ 82.4.21, ⑦82.8.15, ⑧ 82.10.18
나카소네 야스히로 (中曽根康弘)	① 83.4.21, ② 83.8.15, ③ 83.10.18, ④ 84.1.5*, ⑤ 84.4.21, ⑥ 84.8.15, ⑦ 84.10.18, ⑧ 85.1.5*, ⑨ 85.4.22, ⑩ 85.8.15
하시모토 류타로 (橋本竜太郎)	① 96.7.29*
고이즈미 준이치로 (小泉純一郎)	① 01.8.13*, ② 02.4.21, ③ 03.1.14*, ④ 04.1.1*, ⑤ 05.10.17, ⑥ 06.8.15

*표시는 특별한 날이 아닌 날 참배, 8월 15일: 종전기념일, 4월과 10월: 야스쿠니신사 춘계·추계 대제 기간

출처: 一谷和郎, "靖国神社参拝問題," 家近亮子(編), 『岐路に立つ日中関係』(京都: 晃洋書房, 2007), p. 40.

더욱이 1980년 11월 총리 및 각료들이 '국무대신 자격'으로 야스쿠니신사에 참배하는 것이 헌법 제20조 제3항에 저촉될 소지가 있다는 입장을 취했던 일본정부는 1985년 8월 14일 이러한 기존의 입장을 번복하여 야스쿠니신사 공식 참배를 합헌으로 인정하는 내용을 발표했다. 이에 따라 8월 15일 나카소네 총리는 전후 총리로서는 처음으로 총리대신의 자격으로 야스쿠니신사에 공식 참배했다.[70] 이러한 일본의 움직임에 한국 측이 강력히 반발하자 나카소네 총리는 야스쿠니신사에 대한 공식 참배를 중지할 것임을 국내외에 천명하지 않을 수 없었다.

야스쿠니신사 참배에 대한 일본 측 입장은 크게 세 가지로 요약될 수 있다. 첫째로, 다른 국가의 추도 의식에 일본이 이의를 제기하지 않듯이 다른 국가 또한 일본의 추도 시설에 대해 간섭해서는 안 된다는 것이다.

70) 『朝日新聞』 1985년 8월 15일.

둘째로, 야스쿠니신사 참배 문제는 일본의 "전통과 문화·도의에 관계된 순수한 국내문제이다"는 것이다.[71] 셋째로, 공식 참배를 합헌으로 간주하는 정부 입장에는 어떠한 변화도 없으며, 단지 주변국의 국민감정을 배려하여 총리대신의 공식 참배를 연기하고 있다는 것이다.[72]

이러한 논리에 입각하여 1996년 7월 하시모토 총리는 1985년 나카소네 총리 이후 중단된 야스쿠니신사를 공사 구분을 명확히 하지 않은 채 참배했다. 또한 2001년 자민당 총재로 선출된 고이즈미는 4월 24일 기자회견에서 "국가를 위해 전사한 전몰자들에 대해 참배하는 것은 당연한 일이다"고 언급한 이후, 매년 총리자격으로 야스쿠니신사 공식 참배를 강행했다. 고이즈미 총리의 야스쿠니신사 참배는 1985년 나카소네 총리의 그것과 비교하면 다음 두 가지 점에서 커다란 차이가 있다.

첫째로, 고이즈미 총리의 야스쿠니신사 참배에 대한 국민 여론이 그다지 부정적이지 않다는 것이다. 2004년 4월 아사히신문이 실시한 여론조사에 의하면, 고이즈미 총리의 야스쿠니신사 참배에 대해 긍정적인 답변(42%)이 부정적인 답변(39%)보다 높으며, 자민당 지지층과 20대의 젊은 층에서 고이즈미 총리의 야스쿠니신사 참배에 대해 찬성하는 경향이 상대적으로 높게 나타나고 있다.[73] 이는 일반 국민들의 보수적인 성향 강화와 민족주의적 열망, 고이즈미 총리의 정치적 언술, 그리고 보수우익의 막대한 자금과 조직을 동원한 참배의 당위성 확산 등에 기인하는 측면이 강하다고 볼 수 있다.[74]

둘째로, 고이즈미 총리는 한국의 비판에도 아랑곳하지 않은 채 임기동안 야스쿠니신사 참배를 강행했다는 것이다. 1985년 나카소네 총리는

---

71) 坂垣正, 『靖国公式参拝の総括』(東京: 展轉社, 2000), p. 18; 김성보, "야스쿠니신사의 과거와 현재," 한일관계사연구논집편찬위원회(편), 앞의 책, p. 346.

72) 一谷和郎, "靖国神社参拝問題," 家近亮子(編), 『岐路に立つ日中関係』(京都: 晃洋書房, 2007), pp. 45-48.

73) 『朝日新聞』 2004년 4월 19일.

74) 진창수, "고이즈미 총리는 왜 야스쿠니신사를 계속 참배하나?," 『정세와 정책』 94호(성남: 세종연구소, 2004), pp. 16-17.

주변국의 반대를 고려하여 야스쿠니신사 참배를 일회성의 행사로 끝냈던 데 비해 고이즈미 총리는 2002년부터 8월 15일 전후로 참배하는 것을 피하면서 집권 5년 동안 계속해서 야스쿠니신사를 참배했다.

이러한 일본 측의 행동에 대해 한국은 납득할 수 없다는 입장이다. 한국은 "A급 전범이 합사되어 있는 야스쿠니신사에 일국의 지도자가 참배하는 것은 받아들일 수 없다. 총리의 행동은 국가의사의 표명이다"고 언급해 고이즈미 총리의 야스쿠니신사 참배를 강하게 비판했다. 또한 한국은 야스쿠니신사가 단순한 종교시설이라면 야스쿠니신사에 대한 일본정부 각료들의 공적인 참배에 아무런 이의를 제기하지 않을 것이라고 주장했다.

그런데 문제는 이 야스쿠니신사에 태평양 전쟁을 주도했던 도조 히데키(東條英機)를 비롯한 A급 전범들의 위패가 안치되어 있으며, 그들이 제신으로 간주되고 있다는 것이다. 따라서 야스쿠니신사는 곧 일본 침략전쟁의 역사와 맥을 같이하고 있으며, 야스쿠니신사 참배는 침략전쟁의 미화와 주변국 침략에 대한 무반성을 의미하기 때문에 한국은 일본 각료들의 공적인 야스쿠니신사 참배에 반대한다는 것이다.[75]

이러한 한국 측의 강경 입장과 외교관계를 고려하여 아베 신조(安倍晋三) 전 총리와 아소 다로(麻生太郎) 총리는 야스쿠니신사에 직접 참배하기보다는 춘계대제 내지 추계대제 기간에 개인 부담으로 '마사카키'라고 불리는 공물을 보내는 방식을 통해 참배 효과를 거두면서 동시에 주변국과의 마찰을 피하려는 이중 전략을 취했다. 이에 대해 한국 측은 "과거 침략전쟁을 미화하고 전쟁 범죄자를 합사한 야스쿠니신사에 일본 총리가 공물을 보내는데 대해 역사인식 정립 차원에서 매우 유감스럽게 생각한다"고 비판했다. 이러한 공물 봉납에 대해 일본에서도 "공물 봉납은 총리대신이란 직함으로 행하는 종교적 행위"이기 때문에 정교분리를 규정한 헌법에 위배된다는 주장이 제기되고 있다.

---

75) 정정숙, 앞의 논문, p. 102.

이처럼 야스쿠니 문제는 정교분리 원칙에 관계된 일본 국내의 헌법 문제인 동시에 한국을 비롯한 아시아 전쟁 피해국으로부터 비판이 제기되는 역사인식의 국제문제인 것이다.

Ⅶ. 한국의 대일인식

한국 및 한국인의 대일인식(일본관)은 기본적으로 '일본 혐오감'에 기초하고 있다. 이러한 한국의 일본관은 일본의 불법적인 한일합방과 식민지 지배, 황민화 정책, 전시 징용과 징병, 종군위안부 등 역사적인 사실에 토대를 두고 있다. 즉, 이러한 한국인의 일본관은 일본의 식민지 지배 하에서 태동하여 반제민족해방운동의 이념적 기초를 제공했고, 식민지 해방 투쟁 속에서 확대·강화되었다.

1945년 제2차 세계대전에서 일본의 패망으로 전후 일시적으로 수면 하에 있던 한국인의 반일 민족주의는 1965년 한일 국교정상화 과정에서 박정희 정권의 굴욕적인 저자세 외교와 1974년 재일교포 문세광에 의한 대통령 부인 육영수 암살사건과 이에 대한 일본정부의 미온적인 입장, 그리고 1970년대 일본의 대한반도 정책 변화 등이 맞물리면서 폭발했다. 또한 이러한 반일 민족주의는 일본이 과거사를 반성하고 사죄하기보다는 경제적 지원이라는 명목 하에 이를 적당히 얼버무리려는 지극히 타산적인 외교적 입장에 기초하여 한국과 한국인에 대한 차별의식을 노골적으로 표출하는 것에 의해 확대되었다. 더욱이 일본 정치인들의 망언과 실언의 반복, 희박한 역사인식과 역사왜곡의 정당화 시도, 야스쿠니신사 참배강행, 독도 영유권 주장, 그리고 위계적인 국제관에 의한 한국 멸시 등이 맞물리면서 증폭·강화되어 왔다. 그리하여 한일 간 국교가 정상화된 지 약 40여년이 경과했고, 연간 300만 명 이상이 왕래하고, 정부간, 비정부간 교류가 상당히 활성화되는 상황에서 한국인의 일본관은 크게 호전되지 않았다.

그러나 위에서 언급한 내용과는 정반대의 한국인의 일본관도 존재하고 있다. 이것은 일본이 1960년대 고도 경제성장을 통해 제2의 경제대국으로 부상하자 기존의 일본에 대한 혐오감과 무관심이 갑자기 일본에 대한 경외와 일본문화에 대한 동경으로 나타났던 것이다. 정대균에 의하면, 한국인의 일본에 대한 이미지는 반일과 친일, 적의와 경의가 교차하는 이중적인 성격을 지닌다고 한다.[76] 하지만 이러한 일본에 대한 관념은 일본 측의 식민지 지배 정당화 태도와 망언들이 한국인의 대일인식을 악화시키는 상황에서 그대로 표출되기에는 커다란 한계가 있었다.

최근, 한국의 일본관은 과거처럼 일본을 전적으로 부정하고 거부하는 '반일 우선주의'가 아니라, 일본을 이해하고 극복하기 위한 지일(知日) 내지 극일(克日)과 더불어 동북아 평화공존체제 구축의 주요 파트너로 간주하려는 움직임도 나타나고 있다. 이것은 한국이 역사의 하중에 의해 무조건적으로 반일감정을 가지고 반일적 태도와 행동을 취하는 것이 아니라는 것을 반증한다. 문제는 일본 정치인들의 편협한 역사인식과 궤변이 한국 내에서 형성되기 시작한 호의적인 일본관을 일시에 무너뜨리고 냉소적인 대일인식을 초래하는 요인을 제공하고 있다는 것이다.

Ⅷ. 결 론

지금까지 살펴본 바와 같이 일본의 대한인식은 기본적으로 '우월한 일본'과 '열등한 한국'이라는 이분법적 논리에 기초하여 전개되고 있으며, 일본인의 위계 질서적 국제관과 왜곡된 역사인식 및 약한 가해의식에 의해 크게 개선되지 않고 있음을 알 수 있다. 이것은 일본이 한일합방의 부당성과 가해성의 문제를 겸허히 받아들이기 보다는 19세기 후반

76) 鄭大均, 『日本のイメージ』(東京: 中央公論社, 1998), p. 19.

제국주의적 국제관계에 따른 불가피한 결과라고 인식하면서 일본 제국주의의 정당성을 주장하고 조선의 후진성을 강조하는데 그 원인이 있다. 이러한 일본의 대한의식은 전후 68년이라는 긴 시간의 흐름 속에서 시기에 따라 약간의 변화 움직임을 보이기도 했지만, '조선 멸시'라는 그 본질은 여전히 계속되고 있으며, 오히려 최근에는 일본 정치사회의 우경화와 보수화 속에서 강화되는 양상마저 보이고 있다.

이 때문에 일본 정치인들의 과거사 망언과 왜곡된 역사인식에서 노골적으로 보여지는 부정적인 대한인식은 특정 정치인들의 일시적, 우발적인 인기 영합주의적 전략에 의한 것이 아니라, 긴 역사 속에서 일본의 대한인식과 일본인의 의식구조 속에 형성된, 특히 메이지시기에 국가권력에 의해 조작되고 한일합방과 식민지 지배로 강화된, 한국에 대한 멸시와 우월의식의 무의식적 의식의 발로로서 내부적 논리에 의해서 체계적으로 전개되어 온 역사적, 정치적 동학의 결과라고 말할 수 있다. 따라서 일본의 대한인식은 정치세력 및 일본인에 따라 다소간의 차이를 보이고 있지만, 근본적인 변화가 발생하지 않았던 것이다.

이러한 일본의 대한인식은 국가의 규범성과 자국 행동의 정당성을 부여하는 역사인식 문제와 밀접히 관련되어 있으며, 과거 지향적이며 서열 중시적인 경향을 우선시하는 일본의 역사관과 국제관에 의해 한층 강화된 결과이기도 하다. 또한 이것은 제국주의적 침탈을 정당화하고 민족주의적 담론을 통해 국민적 지지를 동원하려는 정치세력과 이에 적당히 순응하고 얼버무리려는 지극히 자의적인 행동양식을 가진 국민들의 감정이 맞물려 주조되어버린 변질된 역사인식의 결과라고 말하지 않을 수 없다.

더욱이 최근 일본의 보수 정치인들에 의해 제기되는 무리한 주장 속에서 일본의 대한인식은 과거보다 오히려 악화되는 경향을 보이고 있다. 이것은 냉전기 반공의 유착에 의해 역사인식 문제나 미해결 정치쟁점들이 양국 간 외교적 쟁점이 되지 못하는 상황에서 한국인에 대한 '미안한 마음'이 있었지만, 탈냉전기에 들어 한·미·일 반공연대의 끈이 약화되고 미해결 문제들이 한일 간에 뜨거운 외교적 쟁점으로 부각하면서 일본인의 폐쇄적 민족주의를 자극하여 오히려 한국에 대한 멸시 내지 혐한감정이 높아지고 있기 때문이다.[77)]

이처럼 일본인의 대한인식이 외교적 이슈에 의해 우호적—비우호적 양 극단을 반복적으로 넘나드는 것은 일본인의 관심이 일정한 시기의 불행했던 과거사에 대한 역사인식 위에서 출발한 것이 아니라 지리적으로 인접한 국가의 문화 또는 생활양식에 대한 관심 증가에서 비롯되었던 것에 기인한다.

이 때문에 일본의 대한인식은 이중적인 양상으로 표출되고 있으며, 일본이 역사적 진실을 겸허히 받아들이고 한국을 진정한 동반자로 자각하기 시작할 때 비로소 해결 가능할 것이다. 또한 이것은 지난한 과제인 동시에 매우 긴 시간을 요하는 작업이다. 여기서 중요한 점은 이런 과정이 성공적으로 이루어지기 위해서는 양국 간 상호이해와 배려가 절실히 필요하며, 특히 한국 및 한국인의 감정을 자극하지 않는 일본의 신중한 처신이 절실히 요구된다. 이것은 일본이라는 국가 또는 정치인들이 한국과의 관계를 어떻게 설정하느냐에 따라 일반 시민들의 대한인식에도 상당한 영향을 미칠 것이기 때문이다. 따라서 양국관계가 아무리 비정부간 차원에서 다양한 접촉과 교류가 활성화된다 하더라도 국가 또는 정치 수준에서 근본적인 변화가 일어나지 않는다면 일본의 대한인식 변화는 제한적일 수밖에 없을 것이다.

---

77) 김영작, “동북아 국제질서의 재편과 한일협력의 방향,” 현대일본학회(편), 『21세기 한일관계』(서울: 법문사, 1997).

제3장

일본의 군사화와 북일관계

-북한의 미사일 문제를 중심으로-

Ⅰ. 서론

Ⅱ. 분석방법

Ⅲ. 대포동 1호 발사와 북일관계

Ⅳ. 대포동 2호 발사와 북일관계

Ⅴ. 장거리 로켓 발사와 북일관계

Ⅵ. 결 론

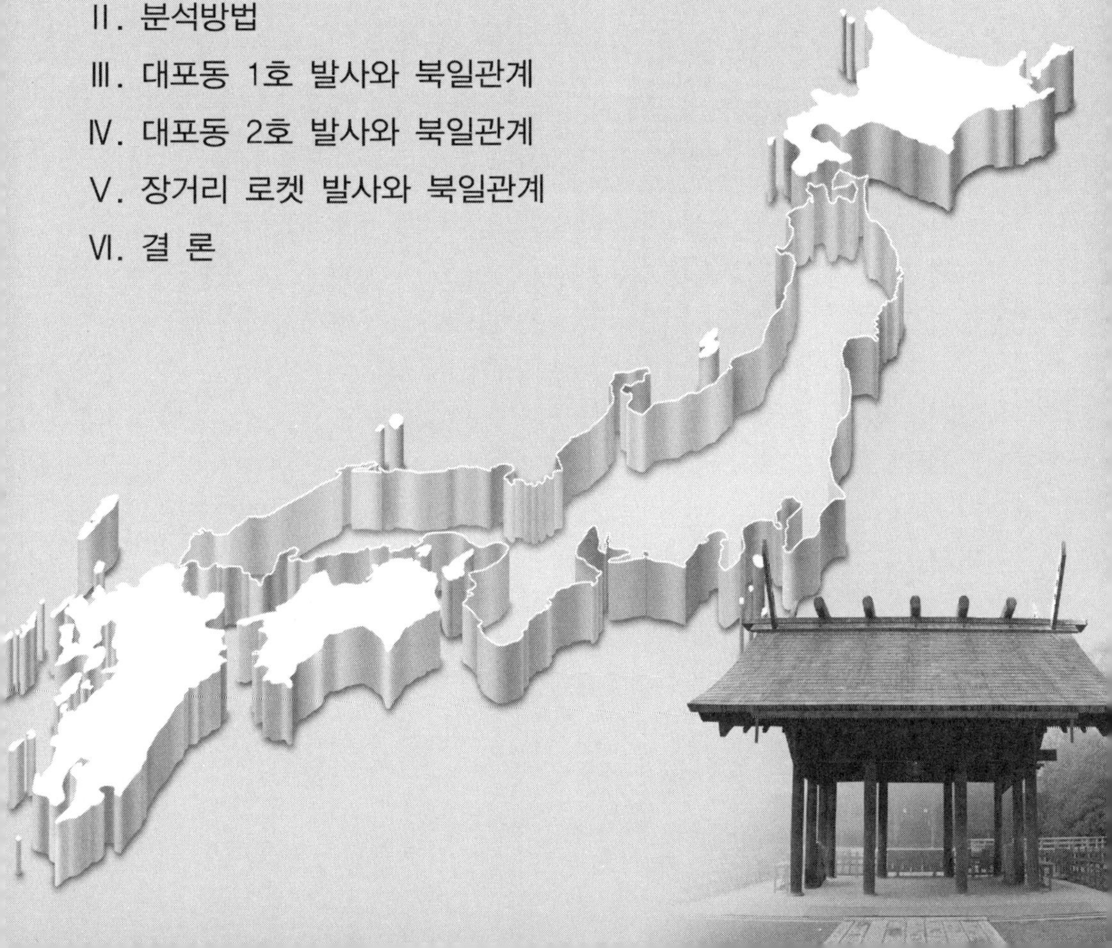

제3장 일본의 군사화와 북일관계 -북한의 미사일 문제를 중심으로-

Ⅰ. 서론

1990년대 이래 북일 정치안보관계에 있어 초미의 관심사가 되고 있는 것은 아마도 '북한의 미사일 문제'일 것이다. 북한은 1980년대 이란으로부터 수입한 스커드 미사일을 변형하여 사정거리 300km의 스커드 B와 사정거리 500-600km의 스커드 C를 개발하여 실전배치했고, 1993년에는 사정거리 1,000km의 노동 미사일을 발사, 실전에 배치했다. 일본은 노동 미사일 발사 당시, 한반도에 대한 중국의 영향력을 견제하기 위한 카드로 북한과의 관계 개선을 고려하고 있었기 때문에 이 문제는 북일 간 중대한 이슈로 부각되지 못했다.

그러나 1993년 북한의 핵실험을 계기로 일본은 북한을 자국의 안보를 직접 위협하는 중요한 요소로 고려하기 시작했고, 이러한 인식을 한층 고조시킨 것이 바로 1998년 8월 31일 자국을 일시적으로 패닉상태에 빠지게 했던 대포동 1호 발사였다. 일본은 자국의 영토 전역이 북한의 미사일 사정거리 안에 놓이게 된 점에 우려를 표명하면서 이 문제를 19세기 중반 메이지유신의 단초를 가져온 페리 제독의 흑선 출현에 버금가는 '제2의 흑선'에 비유했다.[1] 흑선의 출현은 쇄국정책을 통해 일본의 안보를 지킬 수 있다던 도쿠가와 막부의 외교정책을 국제주의로 전환시키는 동시에 이러한 국가위기를 타개하기 위해서는 새로운 국가형성이

1) 『朝日新聞』 1999년 2월 28일.

필요하다는 인식을 불러일으키는 계기가 되었다. 이처럼 북한의 미사일 발사는 일본에게는 제2의 흑선에 비유될 정도로 심대한 안보 위협으로 간주되었고, 2006년 7월 5일 대포동 2호와 2009년 4월 5일 장거리 로켓 발사는 이를 결정적인 것으로 만들었다.

결국 이러한 일련의 미사일 발사는 일본에게 이제는 자국이 북한의 미사일 위협에 직접적으로 노출되는 상황에 직면하게 되었다는 인식을 불러일으키는 동시에 전후 평화헌법과 미일동맹체제 하에서 형성된 '특수국가'의 한계를 체감시키는 계기가 되었다.[2] 이 과정에서 일본은 북한의 미사일 문제를 최대한 이용하여 대내적으로는 그 동안 호헌·평화세력과 주변국들의 반대로 추진할 수 없었던 전후 특수국가의 족쇄를 해체하고, 대외적으로는 일본의 군사대국화에 대한 주변국들의 우려를 불식시키는 수단으로 활용했다. 이것은 1999년 자민당의 나카다니 겐(中谷元, 2001년 고이즈미 내각에서 방위청장관 역임) 의원의 발언—대포동 사건은 위기관리 차원에서 50년에 한번 찾아올만한 호기—에서 명확히 알 수 있다.[3] 즉 냉전종결과 소연방의 붕괴로 명확한 적이 사라진 상황에서 자국의 정치·군사대국화 추진과 이를 위한 제도 보완과 군사력의 유지 및 강화의 근거를 '북한 위협'에서 찾았던 것이다.

더욱이 일본은 북한의 미사일 문제에 대한 위협을 과대 포장하고 일반 국민들의 안보 불안을 한층 고조시키면서 국내 정치적으로 가장 뜨거운 정치 이슈들을 처리했다. 법·제도적 차원에서는 1998년 대포동 1호 발사 이후 미일신방위협력지침인 신가이드라인 체제를 지원하기 위한 주변사태안전확보법(주변사태법)의 제정과 헌법조사회의 설치, 그리고 2006년 대포동 2호 발사 이후 2007년 헌법개정을 위한 국민투표법 제정, 그리고 2009년 장거리 로켓 발사 직후 집단적 자위권 해석변경 검

---

2) 岩見隆夫, "政界再編を目論む金丸人脈,"『中央公論』 9月号(東京: 中央公論社, 1991), pp. 68-77.

3) 신지호, "탈냉전기 일본 안보정책의 변화에 대한 고찰,"『한국과 국제정치』 제18권 제2호(서울: 경남대학교 극동문제연구소, 2002), p. 68.

토 등을 들 수 있다. 군사적 차원에서는 1998년 대포동 1호 발사 이후 전역미사일방어체제(TMD)의 조기 구축 필요성과 이후 MD 보강, 자위대 전력 확대, 그리고 미일동맹관계의 강화 등으로 그 내용이 확대되었다. 그리고 정서적 차원에서는 북한의 미사일 문제와 일본인 납치문제가 중첩되면서 일반 국민들로 하여금 안보 현실에 대한 막연한 불안의식을 확산시키는 동시에 북한 체제의 비민주성을 부각시켜 '강한 국가'에 대한 동경과 보수우경화를 가속화시키는 계기로 삼았다.

이 장은 1990년대 중반부터 현재에 이르기까지 북한의 미사일 문제가 북일관계와 일본의 외교안보정책에 어떠한 영향을 미쳤으며, 이 과정에서 일본의 대응이 어떻게 변화해 왔던 것인가?, 그리고 그것이 일본의 군사대국화 경향 강화에 어떻게 기여해왔는지의 문제를 분석하는데 있다.

Ⅱ. 분석방법

1998년 이후 3차에 걸친 북한의 미사일 발사가 일본의 정치사회와 외교안보정책에 미친 변화와 그것이 일본의 군사대국화를 촉진시키는 수단이 되었다는 점을 분석하기 위해 여기서는 단일적인 차원이 아닌 세 가지 측면에서 다각적으로 문제에 접근해갈 것이다. 이러한 다층적 분석을 통해 북한의 미사일 발사가 일본의 군사대국화에 미치는 촉진요인에 대한 평면적 이해가 아닌 입체적 이해를 도모하고자 한다. 이 장에서 다루어지는 주된 내용은 아래의 <그림 1>과 같다.

첫째, 북한의 미사일 발사가 일본의 법・제도적 차원에 미친 변화와의 관련성에 관한 것이다. 다시 말하자면 북한의 미사일 발사는 1990년대에 들어 일본의 보수 정치인들에 의해 끊임없이 제기되어 왔던 전후 특수국가를 보통국가로 전환시키는데 있어 가장 중요한 현안인 헌법개정의 동향에 어떠한 영향을 미쳤던 것인가?, 또한 그것이 군사대국화 노선을 강화하는데 얼마나 합법적인 명분을 주었던 것인가? 등을 검토할 것이다.

둘째, 북한의 미사일 발사와 일본 정치사회의 보수우경화와의 관련성에 관한 것이다. 북한의 미사일 발사에 의해 초래된 안보 위협은 국민여론의 보수화 확산 경향에 어떤 영향을 미쳤는가?, 또한 북한의 미사일 발사는 보수적이고 반동적인 민족주의의 대두와 군사대국화 움직임에 어떠한 정치적 의미를 가졌던 것인가? 등의 문제를 규명할 것이다.

셋째, 북한의 미사일 발사와 군사력 증강과의 관련성에 관한 것이다. 북한의 미사일 발사는 일본의 군사력 증강에 어떠한 의미를 지니고 있는가?, 또한 그것이 자위대의 상비군 체제로의 전환과 군비 강화 획책에 어떠한 영향을 미쳤던 것인가 등의 문제를 분석할 것이다.

<그림 1> 이론적 분석틀

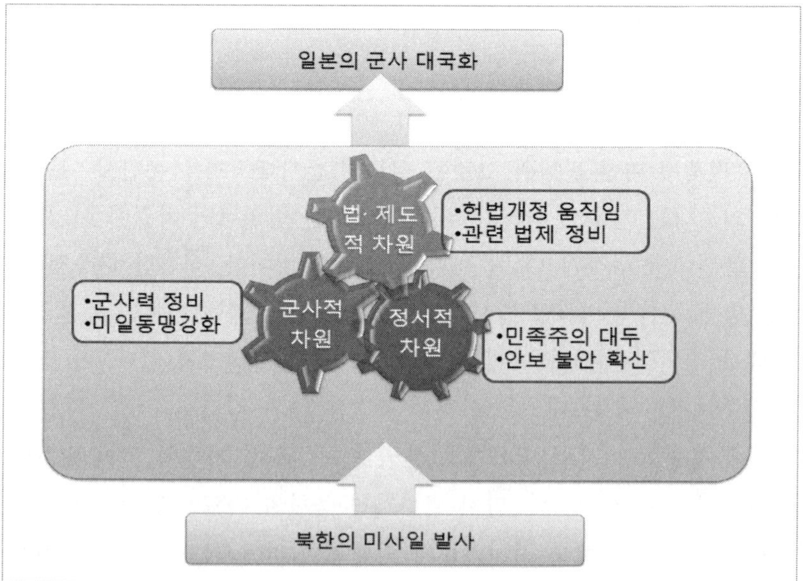

Ⅲ. 대포동 1호 발사와 북일관계

1. 1998년 8월까지의 북일관계

냉전기 한국·미국과의 공식적인 관계만을 유지하면서 북한과의 관계개선에 소극적인 자세를 취해 왔던 일본은 냉전 종식에 따른 국제체제의 구조변화, 동북아 안보환경의 변화, 그리고 한국의 북방정책 성공 등을 계기로 동북아에서 정치적 영향력을 강화하기 위한 외교적 카드로 대북관계 정상화를 추진하려고 했다.[4] 그 단초가 되었던 것은 1990년 9월 28일 조선노동당·자민당·사회당 사이에 체결된 '3당 공동선언'이었다. 이것은 자민당의 가네마루 신(金丸信) 부총재와 사회당의 다나베 마코토(田辺誠) 의원이 인솔하는 방북단이 김일성 주석과의 회담을 통해 도출되었다. 이 선언에서 북일 양국은 조속한 시일 내에 수교협상을 진행하기로 했다. 이것은 지금까지 일본사회당과 조선노동당 간 정당 차원의 교류에 머물러 있던 북일관계가 정부 수준으로 확대되었다는 것을 의미한다.

3당 공동선언에 입각하여 북일 양국은 1991년 1월 3일 제1차 본 회담 개최 이래 1992년 11월 5일까지 8차례의 회담을 진행했지만, 커다란 진전을 보지 못했다. 이것은 의제 설정과 주요 쟁점을 둘러싼 양국 간 입장 차이에 기인했던 것이다. 북한은 '과거 청산'이 국교 정상화의 전제조건이라고 주장했던 반면 일본은 북한의 핵 의혹 해소와 제3차 회담 때부터 본격적으로 제기되었던 납치문제의 해결 없이는 북한과의 관계 정상화가 불가능하다는 입장을 취했다.[5] 이에 대해 북한은 일본인 납치 의혹에 대해서는 애초 존재하지도 않으며 일본당국이 과거 청산을 피하

4) 홍성후, "북핵문제와 일본의 대한반도 정책," 『국제정치연구』 제10집 제1호(대구: 동아시아 국제정치학회, 2007), p. 126.

5) 김영춘, 『일본의 군사위협 인식과 군사력 강화』(서울: 통일연구원, 2001), pp. 11-12.

기 위해 조작해 낸 '정치적 모략극'에 불과하며,[6] 핵개발 의혹에 대해서는 기본적으로 북미 간에 해결해야 할 문제로 일본이 이 문제를 제기하는 것은 일본이 자국의 핵무장화를 추진하기 위한 명분 쌓기의 구실이라고 반박했다.[7]

<표 1> 북일 국교정상화 현안 관련 양국의 주장

현안		북한 측 주장	일본 측 주장
기본인식	사죄	일본국 및 일본국 총리대신에 의한 구두 및 문서에 의한 사죄	과거 식민지 지배에 대해 반성과 유감 표명
	보상	전전 교전국으로서의 보상 재산 청구권에 의한 물질적 보상 전후 45년간의 피해와 손실에 대한 보상	배상 또는 보상 개념은 불가능 경제적 제문제 재산 청구권으로 처리
역사인식		한일합방조약 등 구조약 무효 조선과 일본 전쟁상태에 있었음	구조약은 합법적으로 체결·유효 그러나 지금은 무효 일본으로부터 조선이 분리 독립
핵 문제		북미 간 문제로 일본이 관여할 문제 아님	북한은 무조건 핵사찰을 받아야 함(국교 정상화의 전제조건)
일본인 납치문제		정치적 모략극	생사 확인 요구(전제조건)
국교정상화 방법		외교관계 수립에 합의한 후 보상 문제 협의·해결	전체 일괄적으로 해결한 후 정상화

출처: 신정화, "북일관계의 역사,"『역사비평』61호(서울: 역사비평사, 2002), p. 71.

6) 신정화(a), "북일관계: 북한 협상론과 북한 위협론,"『정세와 정책』제74호(성남: 세종연구소, 2002), p. 15.

7) 오일환, "탈냉전 이후 북일관계와 그 진전을 위한 한국의 대응,"『아태 쟁점과 연구』제2권 4호(서울: 한양대학교 아태지역연구센터, 2007), p. 11.

이처럼 주요 쟁점에 대한 북일 양국의 뚜렷한 입장 차이와 함께 1992년 말부터 남북관계의 경색과 북한의 핵개발 의혹, 그리고 제1차 북핵위기의 발생으로 북미관계가 냉각국면으로 접어들면서 일본도 미일 공조체제에 입각하여 대북 강경책으로 선회하지 않을 수 없게 되었다. 이 때문에 북일관계는 더 이상 진전을 보지 못했다.

이러한 대외적 변수뿐만 아니라 일본 국내정치 동학의 커다란 변화, 즉 1993년에 발생한 '55년 체제'의 붕괴에 따른 정당재편성과 연립정권 하에서 어떤 정치세력도 북일 회담을 재개할 만한 정치적 지도력을 발휘할 수 없었다. 특히 연립정권 하 정책결정시스템의 중층화와 정당 간 정책 조정의 어려움으로 인해 북일 회담의 주도권이 정치인에서 외무성 관료로 넘어가게 되었고, 외무성의 대미관계 중시자세로 중단되고 말았다.

1994년 9월 제네바 기본합의에 따라 북미 간 핵 문제 해결을 위한 단초가 마련되자 북일 간 대화 재개를 위한 환경이 조성되었다. 이리하여 1995년 3월 무라야마 도미이치(村山富市) 연립정권을 구성하고 있던 자민당의 와타나베 미치오(渡辺美智男), 사회당의 구보 와타루(久保亘), 신당사키가케의 하토야마 유키오(鳩山由紀夫) 등으로 구성된 방북단과 조선노동당 사이에 북일 국교정상화 협상 재개를 위한 '4당 합의서'가 채택되었다.

그러나 1996년 1월 무라야마 연립내각에서 하시모토 류타로(橋本龍太郎) 연립내각으로 정권이 바뀌면서 북일관계는 소강상태로 접어들기 시작했다. 이것은 하시모토 총리의 '보수성'과 일본을 둘러싼 안보환경의 변화 등이 맞물리면서 발생했던 것이다. 즉 1995년 중국의 핵실험과 1996년 3월 타이완 해협의 위기는 일본으로 하여금 대미관계에 있어 커다란 외교적 부담을 초래할 수 있는 북한과의 국교정상화를 서두르기보다는 자국의 안전을 확실히 하기 위해서는 미국과의 동맹관계를 우선시하는 것이 필요하다는 인식을 가져왔던 것이다. 1996년 4월 하시모토 총리와 클린턴(Bill Clinton) 대통령의 정상회담에서 미일 양국은 미일 안보조약을 기반으로 하는 미일동맹이 21세기 아태 지역의 안정과 번영을 위한 초석이라는 점을 재확인하는 미일안보공동선언을 발표했다.[8] 이에 기초하여 1997년 9월 일본이 미국과 신가이드라인을 체결하자, 북한은 이를 "한반도 유사시 북한 체제를 전복시키기 위한 책략이다"고 강력히 반발했다.

이러한 대외적 변수와 함께 납치의혹 문제는 북일관계의 진전에 큰 걸림돌이 되었다. 1997년 10월 경 일본 경시청은 북한 공작원에 의해 11명에 이르는 일본인들이 북한으로 납치되었을 개연성이 높다고 발표했다. 이 발표를 계기로 상당수 일본인들은 북한에 의한 일본인 납치문제를 기정사실화했고, 이 문제에 대한 북한의 해명 및 사죄 없이 식량지원과 북한과의 국교 정상화는 있을 수 없다고 주장했다. 이러한 시민사회의 여론을 빌미로 일본은 인도적 차원의 식량지원과 일본인 납치문제를 연계하는 상호주의 전략(tit-for-tat strategy)을 구사하기 시작했다.[9] 이 때문에 12월에 열린 제2차 북일 적십자 회담에서 일본 측은 이에 대한 조사를 북한 측에 요구했지만, 북한 측이 이를 거절하면서 양국 관계는 답보상태에 빠졌다.

2. 대포동 1호 발사와 일본의 대응

북한은 1998년 8월 31일 일본을 향해 어떠한 사전 통보도 없이 대포동 미사일을 발사했다. 북한은 3단식 로켓에 의한 인공위성의 발사라고 주장했지만, 이 사건은 일본에게 북한의 미사일 위협을 실감시키는 계기가 되었다. 일본이 북한의 미사일 위협을 느끼기 시작했던 것은 1993년 5월 사정거리 1,000km의 노동 1호 발사에 성공한 직후였다. 당시 이 문제는 일본 정당정치의 재편성 속에서 북한이 미사일 개발 중이지만

8) 平和・安全保障硏究所(編), 『アジアの安全保障 1997~1998』(東京: 朝雲新聞社, 1997), pp. 144-149.

9) 신정화(b), "일본의 대북정책-대화에서 제재로," 전현준(외), 『10.9 한반도와 핵』(서울: 이룸, 2006), pp. 156-157.

발사 단계까지는 상당한 시일이 소요될 것이라는 판단 하에 본격적으로 논의되지 못했다. 노동 1호 발사 후 일본은 북한의 미사일 문제에 공포를 갖기 시작했고, 이러한 불안을 한층 증폭시킨 것이 1998년 대포동 1호의 발사였다. 북한의 대포동 미사일 발사는 일본으로 하여금 자국 안보에 대한 불안감을 불러일으키는 동시에 북한의 미사일 공격 가능성에 대비한 대응조치를 강구케 하는 계기가 되었다.[10]

이 때문에 북한의 미사일 발사를 기화로 일본의 대북정책은 협상 중시의 유화노선에서 견제중심의 강경노선으로 변화하기 시작했다. 오부치 게이조(小渕惠三) 총리는 9월 1일 안보회의 간담회에서 "북한의 미사일 발사는 일본의 안보에 직접 관련된 지극히 우려되는 사태로 엄격히 대응할 필요가 있다"며 강경 대응 방침을 결정했다.[11] 이에 따라 일본정부는 한반도에너지개발기구(KEDO)에 대한 협력의 일시 동결, 식량지원의 보류, 직항 전세기의 운행 중단 등의 조치를 취했다. 또한 일본은 북한의 미사일 문제를 유엔 총회와 유엔 안보리에 상정하여 이를 국제문제로 비화시키는 동시에 북한에 대한 제재 결의를 채택하려고 했다. 하지만 이것은 중국의 반대로 실현되지 못했다.[12] 더욱이 북한의 미사일 문제는 탄도미사일의 공격을 탐지하여 요격하는 능력을 갖추고 있지 않던 일본으로 하여금 독자적인 정찰위성의 보유와 미국이 일본에 대해 요구하고 있던 전역 미사일방어(MD)체제의 조기 구축 필요성을 대두시키는 구실을 제공했다. 그 결과 미사일 방어시스템 및 4기의 정찰위성의 도입이 결정되었고, 5척의 이지스함과 4대의 공중급유기를 실전 배치할 수 있었다.

미사일 발사를 계기로 촉발된 일본의 대북 강경정책은 북한 공작선의 영해 침범사건으로 한층 강화되었다. 1999년 3월 23일 노도(能登)반

10) 박철희, "북일관계의 이중성과 동북아 국제관계의 미학," 『외교』 제71호(서울: 한국외교협회, 2004.10), p. 49.
11) 신정화(b), 앞의 논문, p. 158.
12) 당시 유엔 안보리결의안 대신에 어업의 위험과 주변국가의 신뢰저하를 염려하는 의장성명이 채택되었다.

도에서 발견된 북한의 공작선 2척은 해상보안청의 정선명령을 무시하고 도주하는 사건이 발생했다.

이러한 일련의 북한의 미사일 발사와 공작선 문제는 군사대응태세를 강화하는 각종 법제 성립을 위한 빌미로 적극 활용되었다. 1998년 4월 28일 하시모토 정권에 의해 국회에 제출되었지만, 사민당의 연립 이탈과 정당재편성에 의해 본격적으로 논의되지 못했던 주변사태법이 1999년 5월 가결되었다.[13] 일본의 사회・공산 양당과 북한・중국 등에 의해 '전쟁협력법'으로 규정되었던 주변사태법이 제정되었던 것은 표면적으로는 정치세력의 역학관계 변화에 의한 것이지만, 그 이면에는 북한의 핵 및 미사일에 의해 초래된 안보 위협 확산에 따른 국민의 보수화가 있었다.

이러한 상황 하에서 일본의 보수 정치인들은 전후 국제사회에서 일본을 평화국가로 인식시키는데 결정적인 역할을 했던 평화헌법이 탈냉전 이후 중국 위협론과 북한 위협론이 상존하는 동아시아 국제체제에서 자국의 안보 불안을 초래할 수 있는 요인으로 간주하면서 헌법개정의 필요성을 본격적으로 제기했다. 그 결과 2000년 1월에 중의원과 참의원에 헌법조사회가 설치되었다.

Ⅳ. 대포동 2호 발사와 북일관계

1. 2006년 7월 이전의 북일관계

미사일 발사로 촉발된 북일 양국의 갈등은 1999년 8월 10일 북한의 대일 관계개선 3원칙의 발표 후 점차로 완화되기 시작했다. 북한이 제

13) マイケルグリーン・坂元一哉, "冷戦後の日米同盟," 船橋洋一(編), 『同盟の比較研究』(東京: 日本評論社, 2001), p. 37.

시한 3원칙은 첫째 일본의 북한에 대한 압살정책 포기, 둘째 식민 통치에 대한 일본의 사죄와 적절한 보상, 셋째 무력을 통한 대응 중지 등을 핵심 내용으로 하고 있었다.[14] 이러한 성명은 한편으로는 북한이 일본에 대해 강경노선을 견지하는 것처럼 보였지만, 다른 한편으로는 일본이 과거 청산에 성의 있는 자세를 보이면 기꺼이 양국관계를 개선할 용의가 있다는 이중적 의미를 담고 있었다. 이것은 북한의 외교적 특수성을 고려하면 일본과 관계개선을 위한 대화 재개를 희망한다는 암시적 메시지의 또 다른 표현이었다.[15]

이러한 북한 측 동향에 발맞추어 일본도 미사일 발사 이후 취해 왔던 대북 강경조치들을 해제하기 시작했고, 그 귀결이 1999년 12월 3일 무라야마 전 총리를 단장으로 하는 초당파 의원단의 방북이었다. 초당파 의원단과 조선노동당 간 회담에서 양측은 첫째 국교정상화 교섭의 조기 재개, 둘째 양국 적십자 간 협력을 통한 인도적 문제의 해결, 셋째 상호교류와 왕래의 강화 등에 합의했다. 이러한 합의에 입각하여 1999년 12월 14일 일본은 식량지원 중단조치를 해제하고, 2000년 3월에 북한에 쌀 10만 톤을 무상 지원한다고 발표했다. 인도적 차원에서의 지원이지만, 납치문제를 조속히 해결하고 수교교섭을 재개하기 위한 일환이었다는 점은 말할 필요도 없다.[16]

2000년 4월에는 1992년 이래 중단되었던 국교정상화 교섭, 즉 제9차 국교정상화 회담이 평양에서 재개되었다. 이 회담에서 일본은 납치의혹의 해소와 미사일 개발·배치의 포기를 요구했지만, 북한은 납치의혹을 전면 부정하면서 납치라는 용어를 사용하면 회담을 계속하지 않겠다는 입장을 보였다. 이후에도 이 문제를 둘러싼 양국의 입장 차이를 좁히지 못해 2000년 10월 30~30일에 열린 11차 국교정상화 회담 이후 북일관계

14) 김용복, "한일회담의 경험과 북일수교회담의 전망," 『동북아연구』 제11권(서울: 경남대학교 극동문제연구소, 2006), p. 183.

15) 신정화(c), "북일관계의 발전과정과 현안," 『북한연구학회보』 제4권 1호(서울: 북한연구학회, 2000), p. 237.

16) 북한적십자사는 "행방불명자는 존재하지 않는다"고 회답했다.

는 재차 교착상태에 빠졌다.

여기서 중요한 점은 일본이 한편으로 북한의 미사일 발사를 자국 안보의 심각한 위협요인으로 간주하여 미일안보체제를 강화하고 식량지원을 중단하는 초강경 대응조치를 취하면서도, 다른 한편으로 일본인 납치문제를 해결하고 한반도 문제에의 개입 교두보를 마련하기 위해서는 북한과의 국교정상화가 필수적이라고 판단하여 북한과의 관계개선을 적극적으로 추진하려고 했다는 것이다.

<표 2> 제9-11차 북일 국교정상화 협상 내용

구분	일시/장소	내용
제9차	2000.4/평양	북한: 과거문제와 관련 4항목 요구
		일본: 보상문제는 청구권으로 처리, 납치문제 논의
제10차	2000.8/도쿄	북한: 과거청산이 최우선 과제
		일본: 경제협력방식에 의한 과거청산
제11차	2000.10/베이징	북한: 사죄와 보상 문제의 최우선 처리
		일본: 경제협력방식에 의한 과거청산, 국교정상화와 납치문제 일괄 해결

출처: 신정화, "북일관계의 역사,"『역사비평』61호(서울: 역사비평사, 2002), p. 77.

2000년 10월에 중단되었던 북일관계는 2002년 9월 17일에 개최된 고이즈미 준이치로(小泉純一郎) 총리와 김정일 국방위원장 간 정상회담으로 커다란 변화를 맞이했다. 이러한 극적인 변화는 북일 양국의 정치적 상황과 밀접히 관련되어 있었다. 2001년 4월 '반 자민과 반 파벌 정치'를 표방하여 국민들로부터 높은 지지를 받고 자민당 총재에 당선되었던 고이즈미 총리는 한편으로 구조개혁정책의 후퇴와 다나카 마키코(田中眞紀子) 외상의 경질로 급격히 하락하는 내각 지지율을 만회하고, 다른 한편으로 북한이 심각한 경제적 현실 때문에 일본 측이 납치문제와 관련

하여 강경 입장에서 요구하더라도 거절하기 어렵다고 판단하여 북한 방문을 강행했던 것이다.[17]

다른 한편, 북한은 2001년 9·11 테러 이후 부시 행정부가 북한을 '악의 축' 국가로 규정하고 미국식 국제주의(American Internationalism)에 기초하여 대북 압박을 가중시키자, 이를 완화하고 경제적 빈곤을 탈피하기 위한 외교적 카드로 일본과의 정상회담에 응했던 것이다.

고이즈미·김정일 정상회담에서는 납치·공작선의 활동 재발 방지, 미사일 발사 실험 동결 연장, 그리고 북일 국교정상화 교섭의 개시" 등의 내용을 담은 '북일 평양 선언'이 발표되었다. 김정일 국방위원장은 미사일 발사실험과 관련 2003년 이후에도 계속 유예하겠다는 입장을 명확히 했지만, 미사일 개발을 포기한다거나 일본 쪽으로 발사하지 않겠다는 약속을 하지 않았기 때문에 일본의 안보 불안이 해소된 것은 아니었다.[18] 또한 납치문제와 관련 "특수기관의 일부가 맹동주의·영웅주의에 집착해 일본인을 납치했던 사실"을 인정·사과하고 재발 방지를 약속했다. 이로써 1990년 제3차 국교정상화 회담 이래 양국 간 관계 정상화에 있어 커다란 걸림돌로 작용해 온 미사일 문제와 납치문제가 일단락되는 듯했다.

그러나 납치자 13명 중 5명이 생존해 있고 8명이 사망했다는 충격적인 소식이 일본 국내에 전해지면서 북한체제의 비도덕성을 비판하는 여론이 급등했고, 방송매체를 중심으로 '북한 때리기'가 연일 계속되었다. 이리하여 납치사실을 인정하고 사과하면 북일 국교정상화를 달성할 수 있다는 김정일 국방위원장의 생각과는 달리 오히려 북한 혐오증을 강화시키는 부메랑 효과로 작용했다. 이에 고이즈미 총리도 "향후 재개될

---

17) 이기완, "고이즈미의 정치방식과 포퓰리즘," 『대한정치학회보』 제15집 1호(대구: 대한정치학회, 2007), p. 102.

18) 윤홍석, "상호주의와 고이즈미 정권의 대북한 정책," 『세계지역연구논총』 제25호 3호(광주: 한국세계지역학회, 2007), p. 187; 田中明彦, "座談会: 北朝鮮の転換どこまで," 『朝日新聞』 2002년 9월 18일.

국교정상화 회담에서 납치문제를 최우선적 과제로 처리한다"는 정부 입장을 표명하지 않을 수 없었고, 더 나아가 납치문제를 인권 문제의 차원에서 다룰 것임을 명확히 했다. 이로 인해 북일관계는 재차 악화되었고, 2002년도 내에 조기 수교를 달성하여 정국운영의 주도권을 장악하려던 계획에 차질이 발생했다.[19]

이는 정치권력의 역학관계 변화와도 밀접히 관련되어 있었다. 아베 신조(安倍晋三) 자민당 간사장, 이시바 시게루(石破茂) 방위청장관을 중심으로 한 대북 강경파가 북일관계의 주도권을 장악하면서 외무성 내 대북협상파의 입지가 상대적으로 약해졌다. 이러한 변화는 일본인 납치문제를 해결하기 위해서는 제재와 압박을 통해 북한의 양보를 끌어낼 수밖에 없다는 '제재 불가피론'이 강화되고 있다는 것을 의미했다.[20]

고이즈미 총리는 2004년 5월 22일 교착 상태에 빠진 북일관계를 개선하고 이를 통해 7월 참의원 선거에서 국민적 지지를 만회하기 위해 제2차 방북을 단행했다. 반면 북한이 이를 수용한 것은 6자회담에서 유리한 국면을 이끌어가기 위한 전략의 일환이었다. 이 회담에서 김정일 국방위원장은 미사일 문제와 관련, 2002년 평양선언대로 발사 실험을 동결하겠다는 입장을 명확히 했다. 고이즈미 총리는 25만 톤의 대북 식량을 지원하는 대가로 생존해 있는 피랍 일본인 잔류가족들의 본국 송환을 성사시켰다.[21] 또한 일본은 북한이 평양선언을 준수하면 경제제재를 발동하지 않을 것이며 약 11억 엔 정도의 의약품도 제공하겠다고 발표했다. 이리하여 북일관계는 개선되는 듯했다.

이러한 상황에 결정적인 찬물을 뿌린 것은 요코다 메구미(横田めぐみ)의 유골 감정결과였다. 2005년 11월 북한이 일본에 보낸 요코타 메구

19) 신정화(b), 앞의 논문, p. 162.

20) 진창수, "9.11 이후 북일 관계,"『신아세아』 제11권 제3호(서울: 신아세아연구소, 2004), pp. 167-168.

21) 김경일, "북한과 일본 관계의 전개과정에 대한 분석,"『日本語文學』 제38호(서울: 일본어문학회, 2007), p. 539.

미의 유골이 DNA의 감정 결과 제3자의 것으로 판명되자, 일본의 여론은 또다시 들끓었고 반대 여론의 확산 속에서 일본정부는 대북정책을 전환하지 않을 수 없었다. 이리하여 일본정부는 대북 강경 노선으로 급선회하고 납치문제의 해결 없이 관계정상화는 불가능하다는 입장을 명확히 했다. 이에 대해 북한은 감정결과가 일본 측의 완전한 날조라고 강력 반발했다.

이러한 일련의 과정을 통해 일본 내에서는 대북한 이미지가 급속도로 악화되었고, 그 귀결이 2004년 2월 '개정 외환법'과 2004년 6월 '특정선박 입항금지 특별조치법'의 제정이었다. 이 법에 의해 일본은 국제사회와는 별도로 자국이 독자적으로 경제제재를 행할 수 있는 법적 환경을 정비하여 "평화와 안전 유지를 위하여 특별히 필요가 있는 경우에" 송금, 수출입, 무역선박의 입항을 금지할 수 있게 되었다.[22] 또한 일본은 2006년 6월 16일에 일본인 납치문제 해결을 '국가의 책무'로 규정한 '북한 인권법'을 제정했다.[23] 이러한 일본의 대북 압박정책은 대포동 미사일 발사와 일본인 납치사건을 통해 드러난 북한에 대한 불신과 안보불안감에 기인했던 것이다.

2. 대포동 2호 발사와 일본의 대응

2006년 7월 5일 북한은 1998년 8월 미사일 발사 때처럼 사전통보 없이 미사일을 발사했다. 당시 아베 신조(安倍晋三) 관방장관은 "북한이 관계국의 경고에도 불구하고 미사일 발사를 강행한 것은 일본의 안보와 국제평화, 대량살상무기 확산 방지 등의 측면에서 중대한 문제"라고 언급하면서 북한의 미사일 발사에 대해 국제사회와의 공동 대처뿐만 아니라 독자적인 대북 제재 조치를 취해 나갈 것임을 명확히 했다.[24] 이후

---

22) 木村光・彦·安部桂司, 『戦後日朝関係の研究』(東京: 知泉書館, 2008), p. 170.
23) 신정화(b), 앞의 논문, p. 165.
24) 위의 논문, p. 164.

일본의 대북 제재 조치는 크게 네 차원에서 전개되었다.

첫째, 독자적 제재조치의 조기 발동, 즉 인적, 물적 교류의 중단이다. 북한의 미사일 발사 직후 일본은 특정 선박 입항금지법에 근거하여 북한 화물 여객선 만경봉 92호의 6개월간 입항 금지, 인적 교류 제한, 북일 간 전세기 취항 금지, 그리고 송금 차단 관련법 제정 및 전력물자의 수출 차단 규정 등의 대북 금융제재 조치를 단행했다. 9월 26일 고이즈미 내각을 계승한 아베 정권은 10월 9일 북한의 핵실험을 계기로 북한의 모든 선박 입항 금지와 북한 생산품의 수입 전면 중단 등의 조치를 발동했고, 더 나아가 11월 14일 사치품 24종을 대북 수출 금지 품목에 포함시키는 추가적인 대북 제제조치를 결정했다.[25] 이러한 대응조치들은 현행법이 허락하는 범위 내에서 일본정부가 사용할 수 있는 수단을 전부 동원한 것이라고 볼 수 있다.[26] 하지만 일본의 대북 경제제재는 북한 군부의 외화수입을 줄이겠지만, 북한 경제에 치명적인 영향을 미치지는 못할 것이다.

둘째, 미일동맹의 강화와 군사력의 증강을 통한 국내 비상대응체제의 확립이다. 일본 방위청은 수도권의 방어 체제를 갖춘다는 명분하에 2008년 3월 말로 예정되어 있던 미사일 방어시스템(MD)의 지대공 유도탄 패트리어트 미사일(PACⅢ) 3기를 2007년 중에 실전 배치하기로 결정했다. 또한 미일동맹의 실효성을 높이기 위한 방안으로 집단적 자위권 행사 문제도 검토하기 시작했다.[27]

셋째, 헌법개정 움직임의 가속화이다. 북한의 미사일 발사는 대북 강경파의 정치적 입지를 강화시켜주는 동시에 평화헌법 개정 및 집단적 자위권 확보라는 정치적 과제를 추진할 수 있는 명분을 제공하는 유리

25) 통일연구원, 『통일환경 및 남북한관계의 전망: 2006-2007』(서울: 통일연구원, 2006), pp. 79-80.

26) 김인혁, "북한 핵실험과 일본의 대응전략," 한국통일전략학회(편), 『북한 핵실험과 한반도 안보지형』(부산: 이경, 2007), p. 344.

27) 남기정, "북한 핵실험 후 일본의 대북제재와 핵무장론의 전개," 새로운 코리아 구상을 위한 연구원, 『현안진단』 제66호(2006.11), pp. 2-3.

한 호재로 작용했다. 아베 관방장관은 "자위대가 미사일 발사를 공격하는 것은 헌법의 자위권 범위 안에 있다"는 취지로 자위대가 북한 미사일 기지에 대한 공격에 나설 수 있다는 주장을 제기했다. 또한 아소 다로(麻生太郎) 외상과 누카가 후쿠시로(額賀福志郎) 방위청장관은 기존의 전수방위의 관점에서도 북한의 미사일 기지를 공격할 수 있다는 '적지기 선제공격론'을 제기했다. 이는 전수 방위나 집단적 자위권을 금지한 헌법 제9조의 범위를 벗어나는 발언이었다. 이들은 국내외의 반발을 고려하여 한 발 뒤로 물러섰지만, 적기지 공격 능력 보유 문제를 공론화시키는데 일정 정도 성공했다고 볼 수 있다.[28]

넷째, 유엔 안보리를 통한 대북 제재 결의안 주도이다. 일본은 미국과 함께 유엔 안보리의 대북 결의안을 이끌어내기 위해 전방위 외교를 전개했다. 일본이 비상임이사국의 지위를 이용하여 주도했던 대북 결의안 초안에는 북한 미사일 발사 행위 비난, 북한의 미사일 발사・실험・배치의 즉각적 중단, 북한 측의 미사일 발사실험의 유예 재확인 등이 포함되어 있었다. 하지만 7월 15일 채택된 유엔 안보리 결의 1695호(대북 결의안)에서는 당초 일본이 끈질기게 주장했던 '제재'를 언급한 유엔헌장 7장이 중국과 러시아의 반대로 포함되지 못했지만, 최종적인 결의는 만장일치로 채택되었다.[29]

또한 10월 9일 북한이 핵실험을 강행하자, 미사일 발사 당시와 마찬가지로 일본은 비상임이사국의 입장을 적극 활용하여 한층 강화된 대북 제재 결의안을 다시금 요구했다. 이리하여 10월 14일에 채택된 유엔 안보리 결의 1718호는 결의 1695호에서 언급되지 않았던 제재에 관한 유엔 헌장 7장이 포함되었다. 구체적으로 제7장 41조에 기초하여 군사적 조치를 배제한 경제제재의 실시, 즉 사치품의 수출입 금지, 군함・미사일 등 특정한 병기의 수출입 금지와 이에 관련한 물자・기술・서비스의

28) 송화섭, "대화와 압력의 대북정책에서 대북 압력정책으로 전환," 『북한』 제9호 (서울: 북한연구소, 2006), p. 71.
29) 신정화(b), 앞의 논문, p. 166.

이전 및 조달 금지 등이 결정되었다.

그런데 여기서 주목할 점은 대북 결의 1718호가 각 국의 자율적 판단에 맡기고 있는 북한 출입 선박에 대한 검사에 일본이 주변사태법의 적용 가능성을 고려하기 시작했다는 것이다. 이것은 일본이 자국 영해에서 적극적인 검색활동을 전개할 것이며, 이 과정에서 미일 양국과 북한 사이에 무력 충돌이 발생하면 집단적 자위권을 행사할 수 있음을 예고하는 것이었다.

이처럼 일본이 1998년 대포동 1호 발사 때보다 더 적극적으로 대북 강경정책을 취할 수 있었던 것은 자민당 내 권력구조와 정치세력의 역학관계 변화, 신보수주의 세력의 활성화와 혁신정당의 몰락, 사회 전반의 우경화와 민족주의적 국가이념의 대두, 그리고 국민의 안보 불안 확산 등에 기인했던 것이다.

V. 장거리 로켓 발사와 북일관계

1. 2009년 4월 초까지의 북일관계

2004년 제2차 북일 정상회담 이후 일본인 납치문제가 커다란 진전을 보이지 못하는 상황에서 2006년 9월 26일 대북 강경노선을 견지해 왔던 아베 전 관방장관을 수반으로 하는 아베 정권이 성립했다. 2002년 북일 정상회담 시 고이즈미 총리에게 납치문제에 대한 가시적 성과 없이 평양선언에 서명해서는 안 된다고 주장했던 것에서 알 수 있듯이, 아베 총리는 북한에 의한 일본인 납치문제에 대해 강경한 태도를 취했을 뿐만 아니라 북한과의 관계정상화에도 소극적인 입장을 견지해 왔다.

이 때문에 아베 정권의 성립을 전후해서 발생한 북한의 미사일 발사실험과 핵 실험은 일본으로 하여금 자신의 국가안보에 경종을 울리게

했고 대북 경제제재의 강화를 초래했다. 이로 인해 북일관계를 정상화하기 위한 노력은 크게 후퇴했고, 평양 선언은 유명무실화된 상태에 놓이게 되었다.

이러한 북일관계는 2007년 9월 5일에 개최된 북일 국교정상화 실무회의를 계기로 변화하기 시작했다. 이 실무회의에서 북일 양국은 "평양 선언에 입각하여 양국의 불행한 과거를 청산하고 현안사항을 해결하여 국교정상화를 조기에 실현하기 위해 노력한다"고 하여 냉각되었던 양국관계에 새로운 전기를 마련했다. 특히 북일 간 핵심 이슈가 되었던 일본인 납치문제에 대해 북한 측은 "지금까지 성의를 가지고 할 수 있는 모든 노력을 기울여 왔고, 앞으로도 노력할 것이다"고 하여 일본 측의 요구에 어느 정도까지는 응할 용의가 있음을 보였다. 이 때문에 마치무라 노부타카(町村信孝) 외상은 "비록 실무회의에서 구체적인 진전은 없었지만, 납치문제를 해결할 수 있는 전기를 마련했다"고 평가했다.

2008년 4월 일본은 대북 제재조치의 연장을 발표하면서도 북한이 납치문제를 포함한 현안사항 해결을 위해 구체적인 행동을 취하면 북한에 대해 취해 왔던 제재 조치의 일부를 해제할 의향이 있음을 명확히 했다. 2008년 6월에 개최된 양국 실무자 회의에서 북한은 '납치문제는 해결이 끝난 사안'이라는 종래 입장을 변경하여 이 문제를 해결하기 위한 구체적인 행동과 재조사를 실시하겠다는 입장을 밝혔다.

이에 일본도 북한 측의 약속을 지켜보면서라는 단서 조항을 달았지만, 인적 왕래의 규제 완화, 전세기 취항 금지 해제, 그리고 인도적 지원물자 수송을 위한 북한 선박의 입항 허용 등의 조치를 취하기로 했다.[30] 8월 11일에 열린 북일 실무자 협의에서 이런 문제들이 구체적으로 논의되어 양국관계가 급속히 호전되는 듯했다. 하지만 납치문제의

30) 북한으로부터의 수입금지조치와 북한 선적의 입항금지조치는 유지하지만, 인도적인 관점에서 민간의 인도지원물자수송을 위한 북한 선적의 입항은 예외적으로 인정한다. http://www.mofa.go.jp/mofaj/area/n_korea/abd/index.html(2009년 5월 20일 검색).

재조사 방법 및 시기와 생존자 확인 및 귀환 관련 문제를 둘러싸고 양국 간 입장 차이와 함께 북일 양국의 국내정치적 상황으로 인해 북일관계는 커다란 진전을 보이지 못한 채 재차 정체국면에 빠졌다.

2. 장거리 로켓 발사와 일본의 대응

북한은 2009년 4월 5일 미·중·일을 비롯한 국제사회의 반대에도 불구하고, 장거리 로켓 발사를 감행했다. 지난 대포동 1·2호 발사 때와는 달리 북한은 2월 24일에 무수단리에 있는 동해위성발사장에서 시험통신위성 광명성 2호를 운반 로켓 '은하 2'호로 쏘아 올릴 것이라는 담화를 발표했다.[31] 또한 3월 12일에 북한은 국제해사기구(IMO) 및 국제민간항공기관(ICAO)에 통신위성의 발사를 4월 4일에서 8일 사이에 실시할 것임을 통고했다. 5일 발사된 북한의 장거리 로켓은 3,200km를 날아가 태평양에 떨어졌으나, 북한이 의도했던 대로 위성의 궤도 진입에는 실패했다.[32]

일본은 북한의 장거리 로켓 발사와 관련하여 처음에는 북한의 주장대로 '비행체의 발사'라는 표현을 사용했지만, 4월 10일에 가와무라 다케오(河村建夫) 관방장관은 이를 '북한의 미사일 발사'라는 표현으로 수정하면서 북한의 대륙간 탄도미사일(ICBM) 계획에 관련된 것이라고 주장했다. 즉 일본은 북한의 장거리 로켓 발사를 위성으로 포장한 장거리 미사일 개발 활동이라고 결론지었다.

북한이 장거리 로켓을 발사할 경우 강경한 대북 제제조치를 취할 것임을 천명했던 일본은 발사 직후 즉각적인 대북 제재조치에 착수했다. 그 대표적인 것으로는 첫째 경제적 제재조치의 연장, 둘째 군사적 대응체제의 강화, 셋째 유엔 안보리에 의한 대북 결의안 주도 등으로 나타

---

31) 『共同通信』 2009년 2월 24일.
32) 『産経新聞』 2009년 4월 6일.

났다.

일본은 북한의 미사일 발사 직후 독자적인 추가 제재조치를 발동했다. 일본은 북한이 미사일을 발사할 경우 비록 북한이 인공위성이라고 주장한다 하더라도 강경한 대북 경제제재 조치를 취하겠다는 입장이었다. 특히 일본은 북한이 자국의 안보 위협을 초래하는 미사일 개발을 포기하지 않으면 인적, 물적 교류를 포함한 어떠한 대북 제재조치도 해제하지 않을 것임을 명확히 했다. 4월 10일 일본정부는 각료회의에서 4월 13일로 만료되는 북한 선적의 입항전면 금지와 북한으로부터의 수입전면 금지 등을 담은 현행 대북제재 조치를 1년 연장하기로 결정했다.[33] 이러한 대북 제재연장조치는 이번이 세 번째로 2008년 4월과 10월에도 6개월씩 연장된 바 있었다. 이러한 기존 조치 이외에도 일본정부는 일본에서 북한으로 도항(渡航)하는 사람이 현금을 소지할 때 국가에 신고하는 기준 액을 100만엔 이상에서 30만엔 이상으로, 또한 송금의 보고 기준액을 3천만엔에서 1천만엔으로 각각 낮추는 새로운 추가제재 조치를 발동했다. 그러나 일본의 대북 경제제재가 북한 경제에 미치는 영향은 그다지 크지 않을 것으로 보인다. 이는 2006년 11월부터 현재까지 일본의 대북 경제제재조치로 인해 양국 간 경제교류가 사실상 중단되었기 때문이다.

33) 『朝日新聞』 2009년 4월 10일.

<그림 2> 일본의 대북 무역 추이

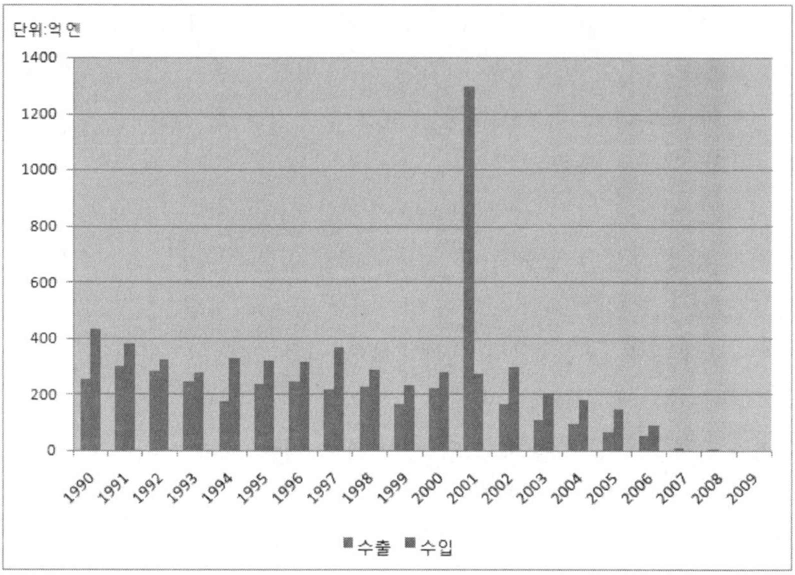

출처://www.jetro.go.jp/cgi-bin/nats/cgi-bin/search.cgi(검색일: 2009년 7월 10일)

다음으로, 북한의 장거리 로켓 발사 관련 군사적 대응 능력 강화 노력이다. 미사일 발사 직전, 일본은 자위대법 82조 2항에 의거하여 '탄도미사일 파괴조치명령'을 발하여 함상 발사형 미사일인 SM3을 탑재한 이지스함 2척을 동해로 보냈고, 관동지방의 항공자위대 기지에 있는 지대공 유도탄 패트리어트 미사일(PACⅢ)을 동북부 지방으로 이동 배치해 1·2차 요격 체제를 가동했다. 또한 지금까지 1조엔 이상을 투입한 MD시스템을 실전 운용했다. 특히 북한의 미사일 발사는 한편으로 일본으로 하여금 지금까지 방위력정비계획에 따라 추진해 온 군사력의 현대화 작업을 점검하고, 다른 한편으로 1998년 대포동 발사 후 MD 체제에 부정적이던 국내 여론을 상당 정도까지 불식시켜 MD 체제 확대의 기회를 제공했던 것이다. 5일 아소 총리는 "이번 경험을 살려나가지 않으면 안 된다"고 말해 현 시스템의 한계를 강조했고, 방위성은 미사일 발사를 탐지하는 조기경계위성 도입의 필요성까지 주장했다. 이와 관련, 일본의 주요 언론들은 동북부 지방에 이동 배치된 PACⅢ의 대응 반경이 좁아 본토 방어에 한계가 있다는 점을 일제히 지적하면서 정부의 입장을 지지하고 나섰다.

더욱이 북한의 장거리 로켓 발사는 특수국가에서 보통국가로의 전환을 위한 보수우익 정치인들의 헌법개정 움직임에 정당성을 부여했다. 아소 총리는 4월 23일 아베 정권 때 총리 자문기구로 출범한 '안전보장 법적 기반 재구축에 관한 간담회'의 대표 야나이 슌지(柳井俊二)를 만나 집단적 자위권 허용 방안을 듣고 집단적 자위권 행사도 전향적으로 검토할 의사가 있음을 명확히 했다.[34] 이런 분위기에 편승해 아베 전 총리는 "자민당은 다가오는 중의원 선거 때 집단적 자위권 행사를 포함한 헌법해석 변경 문제를 공약으로 제시해야 한다"고 주장했다.[35] 더 나아가 나카가와 쇼이치(中川昭一) 전 재무상은 자국의 안전보장을 확보하기 위해서는 군사력의 증강 이외에 다른 방도가 없으며, 필요하다면 핵무장도 검토해야 한다는 '핵무장론'을 재차 거론했다.

이러한 국내적 대응뿐만 아니라 일본은 미사일 발사 이후, 북한의 행위를 일본의 안보를 위협하고 국제사회의 평화를 파괴하는 중대 도발행위로 간주하면서 유엔 안보리를 통한 강경한 대북 제재조치를 국제사회에 요구했다. 발사 직후 유엔 안보리 회의 소집을 요구한 다카스 유키오(高洲幸雄) 유엔대사는 "북한의 로켓 발사가 일본의 위협이 되는 것은 물론 국제평화도 해치는 것"이기 때문에 "안보리의 대응은 분명하고 단호해야 한다"고 주장했다.[36]

하지만 북한의 장거리 로켓 발사가 인공위성을 궤도에 진입시키기 위한 평화적인 것이라는 북한 측의 입장에 중국과 러시아가 동조하고 미국이 중·러 양국의 반대를 고려하여, 안보리는 제재결의보다 낮은

34) 『日本経済新聞』 2009년 4월 27일.
35) 『朝日新聞』 2009년 4월 26일.
36) 『한겨레신문』 2009년 4월 7일.

수준의 타협안인 '의장성명'을 채택했다. 4월 13일 안보리 헬러 의장에 의해 발표된 성명은 "지난 5일 북한의 로켓 발사를 비난한다"면서 "이는 안보리의 대북 결의 1718호 위반"이라고 지적했다.[37] 새로운 결의 채택을 요구했던 일본은 커다란 실망감을 감추지 못했다. 이는 비록 의장성명이 북한을 비난하고 추후 비슷한 발사에 대한 경고의 메시지를 담고 있었지만, '미사일'이라는 단어를 의장성명 어느 곳에서도 찾아볼 수 없었던 것에 기인했다.[38]

그러나 일본정부는 의장성명이 수출입 금지품목과 자산동결의 제재 대상 리스트를 안보리 산하 제재위원회에 조속히 작성하도록 한 점을 평가하면서 대북 제재 대상 리스트에 북한 관련 14개 기업·단체를 포함하도록 요청했다.[39] 이는 2006년 북한 핵 실험 직후 채택된 안보리 결의 1718호 8항이 대량살상무기 프로그램 관련 품목, 사치품에 대한 수출통제와 금융자산의 동결, 여행제한, 그리고 화물검색 조치 등의 제재에 나서기로 했지만, 이후 제재위원회가 자산동결 및 여행제한 대상을 선정하지 않았던 것에 기인했다. 4월 24일 안보리 제재위원회는 북한의 로켓 발사와 관련한 제재 대상으로 북한의 기업 3개—조선광업개발무역회사, 단천상업은행, 조선령보종합회사—를 선정했다. 안보리의 대북제재 명단은 유엔 회원국들에게 곧바로 공지되며, 각 회원국은 대북 결의 1718호에 따라 대북 제재 명단에 포함된 기업의 모든 금융자산을 동결하고 거래도 금지해야 한다. 이러한 조치로 북한은 커다란 타격을 입게 되었다.

이와 같이 일본이 강경하고도 다양한 조치를 취할 수 있었던 배경에는 2001년 이후 고이즈미, 아베, 그리고 아소로 이어지는 보수 강경파 정치인들이 주도권을 장악하고 있는데다, 북한의 미사일 발사 감행으로

37) 정성장, "북한의 인공위성 로켓발사 배경과 한미의 대응 방향," 『정세와 정책』 145호(성남: 세종연구소, 2009), p. 7.

38) 『동아일보』 2009년 4월 13일.

39) 『朝日新聞』 2009년 4월 14일.

일본 국민의 안보 불안 증대가 크게 자리잡고 있다. 미사일 발사 직후인 6일 발표된 요리우리신문 여론조사에서는 북한의 미사일 발사에 대해 "불안감을 느꼈다"는 응답자가 87.8%였고, "대북제재를 강화해야 한다"는 응답도 77.8%에 달했다.

더욱이 북한의 장거리 로켓 발사는 일본 정치세력 간 역학관계에도 커다란 변화를 초래했다. 장거리 로켓 발사 이전만 하더라도 차기 총리로 민주당의 오자와 대표가 유력시되었다. 하지만 북한의 장거리 로켓 발사 과정에서 아소 총리가 보여준 북한에 대한 강력한 비난과 강경 대응은 지난 2월 16일 9.7%로 역대 두 번째로 낮았던 아소 정권의 지지율을 24%로 끌어올렸고, 그 결과 정권교체의 필요성을 주장하던 민주당과 오자와 대표에게는 커다란 타격을 주었다[40]. 즉 아소 정권이 취한 일련의 대북 강경정책은 국민의 지지를 받았고 아소 총리의 정치적 위상을 강화시키는 계기가 되었다.

Ⅵ. 결 론

지금까지 살펴본 바와 같이 1993년 노동 1호에서부터 1998년 대포동 1호 발사, 2006년 7월 대포동 2호 발사, 그리고 2009년 4월 장거리 로켓 발사로 이어진 북한의 미사일 문제는 한편으로 북한 내부의 체제전복을 차단하고 미국으로부터의 체제 보장을 받기 위한 벼랑 끝 전술의 일환이지만, 다른 한편으로 북일관계의 진전을 저해하고 일본의 군사대국화를 합리화시켜주는 명분으로 작용했다. 이러한 일련의 과정에서 일본은 북한 미사일 발사에 따른 위협을 구실로 삼아 전후 일본국가의 특수성을 해소하기 위한 다양한 시도들을 단계적으로 전개했다.

일본은 북한의 미사일 발사를 계기로 확산된 북한 위협론을 통해 일

---

40) 『毎日新聞』 2009년 4월 12일.

반 국민들의 안보 불안감을 조장하여 자주 안보와 방위를 위해서는 필연적으로 헌법개정이 불가피하다는 인식을 확산시켜 헌법개정을 위한 국내적 환경을 정비하는 데 성공했다. 이러한 움직임은 1999년 5월 주변사태법 제정, 2000년 1월 중・참 양원에서의 헌법조사회 설치, 2003년 5월 유사법제 관련법 제정, 2005년 10월 집단적 자위권 행사를 명문화한 자민당 신헌법 초안 발표, 2007년 5월 아베 정권에 의한 국민투표법 제정, 그리고 2009년 4월 아소 정권에 의해 제기되고 있는 집단적 자위권 해석 변경 검토 등으로 이어져 헌법개정을 위한 사전 정지작업이 마련되었다. 특히 1990년대 탈냉전이라는 국제정치환경의 변화로 인해 초래된 지역분쟁의 발발 가능성과 일본 정치사회의 우경화 분위기가 맞물리면서 제정된 주변사태법과 유사관련 3법은 일본 군사력의 적용 범위를 평화헌법의 틀 내에서 크게 확대시켰다고 볼 수 있다.[41]

그런데 여기서 중요한 점은 이러한 움직임이 심대한 국민적 저항에 부딪치기보다는 오히려 헌법개정의 필요성과 자주 안보를 위한 군사력의 정비, 그리고 미일동맹 강화 등에 대한 감정적 지지로 이어져 보수적 민족주의의 대두를 불러일으키는 기폭제로 작용하고 있다는 것이다. 이것은 1990년대 이후 헌법개정과 자위대의 무력행사에 공감하는 국민여론이 과거에 비해 비교할 수 없을 정도로 높아지고 있다는 점에서 명확히 알 수 있다. 결국, 북한의 미사일 발사는 일본 보수정치인들이 헌법개정의 구실로 내세웠던 북한 위협론을 현실화시켜줌으로써 결과적으로 일본의 군사대국화를 '간접 지원'하는 역할을 했던 것이다.

북한의 미사일 문제는 일본의 위기관리 대처능력을 상당히 향상시키는 계기가 되었다. 1993년 노동 1호 발사 때 일본은 연립여당인 사회당의 북한 중시정책으로 인해 적절한 대응책을 강구하지 못하면서 우왕좌왕하는 모습을 보였지만, 2009년 4월 5일 북한의 미사일 발사 때에는 발사 전부터 다양한 군사적 대응책을 강구하고 발사 후에는 독자적 대북

41) 山内敏弘(編),『有事法案を検証する』(京都: 法律文化社, 2002).

제재조치와 함께 유엔 안보리의 대북 결의안을 주도하는 치밀함을 보였다. 특히 아소 정권의 대응방식은 지난 1998년, 2006년 때보다 훨씬 강경하게 이루어졌는데, 이러한 강경 대응의 이면에는 북한의 미사일 문제에 의해 촉발된 국민들의 안보 불안을 이용하여 다가오는 중의원 총선거에서 자민당의 이완된 지지기반을 하나로 결집시키려는 정치적 의도가 내포되어 있었다.

더욱이 일본은 북한의 핵 및 미사일 문제의 대응과정에서 유엔 안보리의 대북 결의안을 주도하면서 제2차 세계대전의 패전으로 잃어버렸던 국제적 위상을 거의 회복했다. 북한에 대한 안보리 결의에서 비상임 이사국임에도 불구하고 일본은 미국을 적극적으로 설득하여 자기편으로 만들고 중국과 러시아의 반대를 점진적 양보를 통해 해결하면서 자국의 입장에 기초하여 유엔 안보리 상임이사국의 합의를 이끌어내는 외교력을 과시했다.

이처럼 북한의 미사일 문제는 단기적으로는 북한의 체제보장과 내부단속 강화를 위한 도구로 활용될 수 있지만, 장기적으로는 일본의 군사대국화의 속도를 한층 가속화시키는 계기가 될 것이다. 즉 일본은 북한의 미사일 문제와 관련하여 확산되고 있는 안보 강화 분위기에 편승하여 군비 증강 확대와 더불어 오랜 논란거리인 집단적 자위권 행사를 용인하는 쪽으로 헌법을 재해석하거나 아니면 극우주의자들의 오랜 소원이었던 헌법 제9조 개헌을 단행할 것으로 보인다.

끝으로 북한의 미사일 문제는 북한과 일본 사이의 양자 간 문제일 뿐만 아니라 동북아 안보와도 직결되어 있는 중대한 문제이다. 즉 이 문제는 일본의 안보 불안과 군사화를 촉진시키고, 이러한 일본의 군사화는 중국으로 하여금 '일본 군국주의'의 망령을 불러일으켜 종국에는 중일 간 군비경쟁을 촉발시킬 가능성이 높다. 따라서 북한의 미사일 발사는 궁극적으로 한반도를 포함한 동아시아 국제질서를 갈등과 대결의 소용돌이로 몰아가는 '미래의 어두운 그림자'가 될 것이다.

제4장

일본의 안보와 미일관계

-현황과 과제-

Ⅰ. 서론

Ⅱ. 미일안보체제의 성립과 변화

Ⅲ. 미일안보체제의 특수성

Ⅳ. 미일안보체제의 효용

Ⅴ. 결론 및 전망

제4장 일본의 안보와 미일관계 -현황과 과제-

Ⅰ. 서론

제2차 세계대전의 종결 후, 일본은 연합국총사령부(GHQ)의 비군사화 정책에 의해 1946년 11월 3일 일체의 전쟁 권한을 부정하고 군대의 보유 금지를 규정한 '일본국헌법'을 제정 · 공포했다. 당시 일본은 패전의 쓰라린 경험으로 인해 군사력이 자국의 안보에 어떠한 도움도 되지 못할 뿐만 아니라 오히려 국가적 파멸을 초래하는 요인으로 간주했다.[1)]

그러나 이러한 절대적 평화주의는 1949년 중화인민공화국의 성립과 1950년 한국전쟁을 계기로 일본에게 자국의 안보를 어떻게 확보할 것인가 하는 중대한 문제를 제기했다. 이러한 상황에서 일본은 자국의 안보문제를 해결하기 위한 수단으로 미국과 미일안보조약을 체결했다. 미일안보체제 하에서 일본은 미국의 세계전략에 편입되어 주권국가의 근간인 군사력을 미국에 의존하는 군사 소국주의 노선을 추구했다. 동시에 미국 시장에의 용이한 접근이 허용되어 황폐화된 경제와 산업의 부흥을 도모할 수 있었다. 즉, 미일안보체제에 의해 일본은 정치 · 경제 · 외교의 자주적 선택권을 상실하고 군사적으로는 근대적 국민국가의 근간인

---

* 이 장은 "일본의 안전보장과 미일안보체제" (『시대의 논리』 제7호), "安全保障の問題と日本の選択" (『法学新報』 제114권 제1 · 2호), "일본의 정치변동과 미일안보체제" (『국제관계연구』 제12권 제1호), "일본 국내정치의 동학과 미일안보체제 (『국제지역연구』 제11권 제2호) 등에 실린 논문을 수정하고 보완한 것이다.

1) 田中明彦, 『安全保障: 戦後50年の模索』(東京: 読売新聞社, 1997), p. 16.

지휘・통제권이 결여된 특수국가로 전락했지만,[2] 경제부흥, 최소한의 재군비, 그리고 자국의 안전과 평화의 확보라는 실질적인 이익을 얻을 수 있었다.

1970년대 들어 냉전의 해빙기가 도래하고 미국의 경제적 헤게모니가 동요하자, 1978년 일본은 미국과 미일방위협력지침(구가이드라인)을 체결하고 일본의 군사적 역할을 확대하고 미군주둔경비를 분담하기 시작했다. 이러한 움직임은 나카소네 야스히로(中曾根康弘) 정권에서 한층 강화되어 1983년 대미무기기술공여 결정에 의해 무기 수출 금지 3원칙이 파기되고 1987년 방위비의 GNP 1% 이내 규정도 철폐되었다. 이는 미국의 세계전략에 적극적으로 편승하여 미일동맹을 강화하는 동시에 점진적으로 군사대국화를 추진하려는 것이었다. 하지만 이러한 시도는 군사대국화에 대한 지배세력의 불일치, 혁신세력의 반발, 군국주의 악몽에 대한 국민의 불신, 그리고 아시아 주변국의 경계심 등에 의해 좌절되었다.

1989년 미소 냉전체제의 붕괴로 세계적 규모의 전쟁 발발 가능성이 사라지고 일본에 대한 소련의 직접적인 위협이 사라진 탈냉전 초기에 미일안보체제는 '공통 목표'의 부재로 그 실효성에 의문이 제기되었다. 왜냐하면 동맹이란 분쟁과 마찬가지로 독특한 정치적 현상으로 적을 타도하고자 할 때 목적을 같이하는 국가끼리 협력하는 것이기 때문이다.[3] 더욱이 1991년 걸프전쟁이 발발했을 때 일본 자위대의 인적 공헌 불가 원칙은 미일안보체제의 한계를 극명하게 보여주었고 미국의 대일 여론을 악화시켜 미일안보체제의 무용론을 대두시키는 요인이 되었다. 이 과정에서 일본은 '동맹의 딜레마', 그 중에서도 포기의 공포에 직면하게 되었다.[4]

---

2) 岩見隆夫, "政界再編を目論む金丸人脈,"『中央公論』9月号(東京: 中央公論社, 1991), pp. 68-77.

3) Geoge Liska, *Nations in Alliance: The Limit of Interdependence* (Baltimore: The Johns Hopkins University Press, 1962), p. 3.

4) 이것은 동맹관계를 강화하면 동맹국의 전쟁에 말려들고(연루의 공포), 동맹의

그러나 1990년대 중반 이후 중국 국력의 급성장에 의한 '중국 위협론'의 확산, 북한의 핵 및 미사일 위협에 의한 '북한 위협론'의 대두, 그리고 동아시아 국가 간 해양주권을 둘러싼 영토분쟁의 가능성 증가 등으로 인해, 미일 양국은 이러한 위협요인에 효과적으로 대처하고 지역분쟁을 미연에 차단하기 위해 미일안보체제를 수정하여 미일동맹을 군사동맹으로 강화해야 한다는 공동 인식에 이르게 되었고, 그 귀결이 1996년 미일안보공동선언의 조인, 1997년 미일방위협력지침의 개정(신가이드라인), 그리고 주변사태안전확보법(주변사태법)의 제정이었다.

더 나아가 일본정부는 2004년 12월 향후 10년간의 방위력 정비지침이 될 신방위계획대강(신대강)을 결정했다. 여기서는 테러, 탄도미사일 확산, 그리고 대량파괴무기 등에 의해 발생할 수 있는 새로운 위협에 대처하기 위해 '다기능 탄력적 방위력 구상'이 제기되었다. 또한 중국의 핵 및 미사일 전력과 해·공군력의 근대화 동향에 주목할 필요가 있다는 점을 명시하여 중국의 방위력에 대한 경계를 명확히 하면서 미일안보체제의 일체화와 자위대의 해외파병임무를 '본래 의무'로 격상하는 등 기존의 안보정책을 크게 수정했다. 또한 2004년 12월 22일 미일안보 및 기지개편 합동조사회는 미일 간 공동의 전략목표를 확립하고 역할분담을 명확히 하기 위해 새로운 미일안보공동선언의 책정과 미일방위협력지침의 수정을 공식 제기했다.

더욱이 2005년 2월 미일안보협의위원회(2+2회의)는 공동 전략목표 확인, 미일의 역할·임무·능력, 그리고 병력태세의 개편 등을 검토하여 10월 '미일동맹의 미래를 위한 변혁과 개편'이라는 중간보고서를 발표했다. 여기서 주목할 부분은 미일 양국이 대처해야 할 안보상의 문제로 타이완 해협의 위협을 구체적으로 명시함으로써 미일동맹에 대한 미일

신뢰성이 낮아지면 동맹국에 의해 버림받는(포기의 공포)다는 딜레마이다. Michael Mandelbaum, *The Nuclear Revolution: International Politics before and after Hiroshima* (Cambridge: Cambridge University Press, 1981), pp. 151-152.

양국의 신뢰성을 높여 안보동맹이 한층 강화되었다고 것이다. 하지만 미일동맹의 강화가 중국의 안보 불안을 초래하고 중국의 군사력 강화를 촉진시키는 '안보 딜레마'를 낳고 있다.

이 장은 미일안보체제의 기원과 변화의 동학을 규명하고, 그것이 일본의 안보정책에 미친 하중과 군사화 경향, 그리고 그 변화의 방향성을 심층적으로 규명하는데 그 목적이 있다. 이하 제2에서는 미일안보체제의 기원, 성립, 그리고 변화과정을 분석하고, 제3장에서는 미일안보체제의 특수성 요인을 고찰하며, 제4장에서는 미일안보체제를 둘러싼 동향을 설명한다. 그리고 제5장에서는 결론 및 전망을 도출한다.

Ⅱ. 미일안보체제의 성립과 변화

1. 미일안보체제의 성립

1) 미일안보체제의 기원

제2차 세계대전의 종결 후, 1945년 9월부터 시작된 미국의 대일점령 정책의 핵심은 일본이 국제평화와 안전을 위협하는 일이 없도록 일본을 '평화국가'로 변화시키는 것이었다. 이러한 비군사화 정책의 최고 정점에 위치하고 있던 것이 헌법개정이었고, 그 귀결이 헌법 제9조의 교전권의 부인과 군대의 보유 금지였다.

그러나 1948년을 기점으로 미국의 대일정책은 그때까지의 비군사화 정책에서 재군비를 중시하는 방향으로 변화하기 시작했다. 1949년 12월 30일 트루먼(Harry S. Truman) 대통령에 의해 승인된 '아시아에서의 미국 입장'은 아시아에서 소련의 세력과 영향력을 감소 및 소멸시키는 것이 미국의 기본방침이라고 전제하고 미국 안보에 있어 중요한 지점은 중국대륙이 아니라 일본, 오키나와, 필리핀으로 연결되는 지역이라고 규정했다.

하라 요시히사(原彬久)에 의하면, “점령초기 미국의 안전을 확보하기 위해 추진한 일본의 비군사화 정책이 미소 냉전이 본격화하면서 일본의 침략성이 소련의 침략성에 의해 후선으로 물러나게 되었고, 미국은 일본을 대소 봉쇄를 위한 전초기지로 간주하여 일본과 안보조약을 체결하지 않을 수 없었다”는 것이다.[5] 즉 동북아 지역에서 냉전구조가 명확히 된 이상, 일본이 공산진영에 편입되는 것은 미국으로서는 어떤 수단을 사용하더라도 회피하지 않으면 안 되는 문제가 되었기 때문에 일본과 동맹을 체결하지 않을 수 없었다. 결국 미국이 일본과 안보조약을 체결한 것은 동아시아 지역에서 자국의 국가이익을 확보하기 위한 ‘미국적 현실주의’(American Realism)에서 비롯된 것이었다.[6]

한편, 헌법 제9조에 의해 일본은 군대를 보유하지 못하는 특수국가가 되었고, 자국의 독자적인 군대 이외의 수단으로 자국의 안전을 확보하지 않으면 안 되는 절체절명의 상황에 직면하게 되었다. 1949년 10월 정권을 장악한 요시다 시게루(吉田茂)는 일본의 안보를 어떻게 확보할 것인가 하는 문제를 일본이 처한 냉혹한 국제정치 상황과 관련지어 생각했다.[7] 일본의 안보에 대한 요시다의 기본적인 입장은 다음과 같다. “국내의 치안은 자력으로 확보하더라도 대외적인 안보를 자력으로 확보하는 것이 도저히 불가능하다. 이 때문에 적당한 외부의 힘에 의존하지 않을 수 없다. 일반적으로 유엔에 의해 안보를 기대하는 것이 정도(正導)이지만, 현실적으로 유엔으로부터 어떤 지원을 받을 수 있는지는 매우 불확실하다. 그러므로 특정한 일국과의 사이에 방위에 관한 협정을 체결하여 국가의 안보를 확보해야 한다. 여기서 그 특정한 일국이라면 점령관리의 중심세력인 미국 이외에는 있을 수 없다. 또한 강대한 무력을 가진 미국과 군비를 박탈당한 일본이 그대로 대등한 관계일 수 없다.”[8] 즉 요시다는 대내적인 간접침략은 자력으로 확보하지

5) 原彬久(a), 『戦後日本と国際政治』(東京: 中央公論社, 1988), pp. 458-459
6) 위의 책, p, 171, 312.
7) 宮沢喜一, 『東京-ワシントンの密談』(東京: 中央公論社, 1999), pp. 46-47.

만, 대외적인 직접침략은 미국에 의존한다는 입장을 고려하고 있었던 것이다.

2) 미일안보체제의 성립

1950년 6월에 발발한 한국전쟁은 미일 양국으로 하여금 동맹결성의 필요성을 한층 높이는 계기가 되었다. 한국전쟁은 미국으로 하여금 주일 미군기지가 동북아 지역에서 미국의 전략적 이익을 보증하는데 있어 대단히 중요하며, 일본을 미국의 군사적 하위 파트너로 편입시키기 위해 조기에 안보조약을 체결하는 것이 필요하다는 인식을 갖게 했다. 그리하여 1950년 9월 14일 미국은 대일강화를 위한 예비회담 개시를 일본 측에 제안했다.

1951년 1월 29일부터 시작된 교섭에서 미일 양국은 처음부터 미국의 일본방위의무와 재군비 문제로 격렬하게 대립했다. 일본은 협정 속에 자국의 안보에 대한 미국 측의 책임을 명시하려고 했지만, 미국은 "자위권 및 집단적 자위권을 행사할 능력이 없는 국가와 상호안보조약을 체결할 수는 없다"는 반덴버그 결의안(Vandenberg Resolution)을 이유로 이를 거절했다.[9] 또한 미국은 일본이 자유세계의 강화에 공헌할 의사를 보이기 위해서는 재군비가 필수적이라고 주장했다. 이에 대해 일본은 헌법 제9조의 존재, 군국주의 부활의 위험과 아시아 주변국의 반발, 그리고 경제부흥의 지연 등을 이유로 재군비가 불가능하다고 주장했다.

그러나 일본은 미국 측의 강경 입장에 직면하여 미 정부의 요구에 응하지 않으면 안보조약을 체결하는 것이 어렵다고 판단하여 5만명 규모의 보안대의 창설을 미국 측에 제시했다. 미국 의존형 외교 하에서 자국의 안보를 확보하려던 일본은 헌법 제9조의 '전쟁 방기' 조항에도 불구하고, 미국형 외교의 책임분담요구에 응하지 않을 수 없다는 입장에

---

8) 吉田茂, 『回想10年 第3巻』(東京: 中央公論社, 1998), pp. 143-144.

9) 西村態雄, 『安全保障条約論』(東京: 時事通信社, 1959), p. 39.

서 부분적으로 재군비를 추진하려는 입장을 명확히 했던 것이다.[10] 이리하여 1951년 9월 8일 미일 양국은 미일안보조약(이하, 구 안보조약)을 체결했다. 이 조약에서 일본은 미군에 기지를 제공하지만, 미국의 일본방위의무는 명기되지 않았다. 이 때문에 안보조약은 미일상호방위의무를 규정하지 않은 채 단지 일본이 미국에 군사기지를 일방적으로 제공하는 의무만을 부과하고 미국은 일본방위의 책임을 지지 않게 되었던 것이다.

결과적으로 미일안보조약의 체결에도 불구하고 일본은 자국의 안보불안을 해소하는데 실패했다.[11] 당시 일본이 미국과 동맹을 구축하려던 이유가 헌법 제9조에 의한 것이었다고 한다면 당연히 그 목적은 미국에 의한 일본방위의 확보였을 것이다. 이 때문에 미일 간 대등한 동맹관계를 기대했던 일본은 자국의 일방적인 '편무부담'만을 명시한 조약에 상당한 불만을 가지게 되었다. 이것이 일본으로 하여금 동 조약을 잠정적인 기지 대여협정[12]으로 간주하게 하는 동시에 헌법개정 또는 안보조약의 개정을 통한 안보를 모색하지 않을 수 없게 했던 것이다. 후일 하토야마 이치로(鳩山一郎)가 헌법개정을 시도하고 기시 노브스케(岸信介)가 안보조약의 개정을 추진했던 최대의 이유가 바로 여기에 있었다.

3) 안보조약의 개정

미일안보조약의 체결에서부터 1954년까지 요시다를 중심으로 한 세력이 정치의 주도권을 장악했던 결과, 일본은 미국의 일본방위의무 공약이 없는 불완전한 미일안보체제 하에서 안보문제에 소극적으로 대처하면서 경제부흥에 전념할 수 있었다. 그러나 1950년대 중·후반에 정권을 장악한 하토야마와 기시는 불평등한 미일안보체제 하에서 자국의 안보를 미국에 의존하는 군사 소국주의 노선에 반발하며 헌법개정 시도

---

10) 『朝日新聞』 1951년 2월 11일.

11) 이기완, "미일안보체제의 과거와 현재," 이기완(외), 『동맹의 정치학』(서울: 매봉, 2005), pp. 58-59.

12) 西村態雄, 앞의 책, p. 59.

와 안보조약의 개정으로 대표되는 복고주의와 대국주의를 추구했다.

그러나 헌법개정에 의한 대등한 미일안보체제를 구축하려던 하토야마의 구상은 자민당 내 의견 대립과 야당의 반대에 의해 실패로 끝났다. 이 때문에 기시 총리는 헌법개정을 무리하게 추진하기보다는 미일안보조약의 불평등한 내용을 개정하는 쪽으로 정책의 방향을 변경했고, 일본의 중립화 논리를 미국과의 협상카드로 활용했다.

당시, 일본 국내정치의 변화를 예의주시하던 미국은 일본이 미국과의 연계에서 이탈하여 중립화를 지향하는 것은 아닌가 하는 의구심을 가지고 있었다. 이러한 중립화 움직임이 일본사회 내에서 일부 존재하고 있었던 것은 사실이지만, 오히려 다양한 미일 간 마찰로 인해 막연하던 불안감이 한층 증폭되는 측면이 강했다. 이러한 미국 측의 우려는 맥아더(Douglas MacArthur II) 주일대사가 덜레스(John F. Dulles) 국무장관에게 보낸 권고—현재 일본의 국민감정은 중립화의 생각이 강하고, 기시 총리가 그 방향을 선택하는 경우, 대다수의 사회주의자를 포함해 국민의 지지를 얻는 것이 어렵지 않기 때문에 일본의 중립화를 저지하기 위해서는 안보조약의 개정에 착수하는 것이 바람직하다—에서 명확히 드러나고 있었다. 또한 1957년 5월 태평양 코만도 사령관(CINCPAC)이 워싱턴에 보낸 문서에서 "만약 일본이 자유진영의 일원이 아니라면, 일본은 군사적으로 위협적인 적국이 될 가능성이 높기 때문에 일본을 동맹국으로 만들기 위한 적당한 조치를 강구하지 않으면 안 된다"고 하여 안보조약의 개정 필요성을 제기했다.[13]

이와 같이 국무성뿐만 아니라 국방성도 "미국이 안보조약의 개정을 인정하지 않으면 일본은 미국에 의해 자주성이 침해되고 있다고 인식하여 중립화의 경향을 강화할지도 모른다"고 간주하여 안보조약의 개정 요구에 응하지 않을 수 없었다. 결국 미국이 안보조약의 개정에 착수했던 주된 이유는 미일관계의 잠재적 위기의 원인을 차단하는 동시에 어

13) 原彬久(b), "日米安保体制と冷戦," 『国際政治』 第100号(東京: 日本国際政治学会, 1992), p. 216.

디까지나 기득권 이익—기지 확보—을 유지하려는 것이었다.14)

기시 총리는 1957년 6월 미국을 방문하여 안보조약의 재검토를 미국측에 요청하고 아이젠하워(Dwight D. Eisenhower) 대통령으로부터 동의를 얻는데 성공했다. 1958년 9월 후지야마 아이치로(藤山愛一郎) 외상의 미 방문을 시작으로 본격화된 조약개정 협의는 1960년 1월 6일 제22회 회담에서 최종적으로 타결되었고, 19일 워싱턴에서 미일안보조약(이하, 신 안보조약)이 체결되었다.

신 안보조약의 주요 내용을 살펴보면 다음과 같다. 첫째, 상호 방위의무이다. 일본이 공격받는 경우 미군에 의한 일본 방위의무가 명시되지 않았던 구 안보조약에 비해 신 안보조약 제5조에서는 "공통의 위험에 대처하도록 행동하는 것"이 명시되었다. 또한 일본정부가 주일 미군에 대한 공격을 일본영역에 대한 공격으로 간주함으로써 공동방위를 '개별적 자위권'의 발동으로 여겨 합헌으로 간주했다. 둘째, 사전협의이다. 신 안보조약 제4조에서는 조약의 실시에 대해 수시 협의한다는 규정이 첨부되었고 제6조의 교환공문에서는 일본 주둔 미군의 배치 및 장비에 있어서의 중요한 변경과 일본에서 행해지는 전투 작전 행동을 위한 기지의 사용이 사전협의의 대상이 되었다. 셋째, 조약기한이 10년으로 설정되었고 내란조항은 삭제되었다.15)

그러나 신 안보조약이 구 안보조약의 결점이던 편무적인 내용을 쌍무적인 내용으로 개선했음에도 불구하고, 기본적으로 일본이 미국에 기지를 제공하고 미국이 일본을 방위한다고 하는 구 안보조약의 틀을 근본적으로 변경했던 것은 아니었다. 이것은 미국에 의한 일본방위의 약속과 일본으로부터의 기지대여 사이에서 의무의 상호교환관계를 인정하여 '형식상' 대등한 상호조약의 형태로 변경한 것에 불과했다. 더욱이

---

14) 植村秀樹, "安保改正と日本の防衛政策,"『国際政治』115号(東京: 日本国際政治学会, 1997), p. 31.

15) 大平善梧, "改定安保條約の成立と特質,"鹿島平和研究所(編), 『現代日本の外交』(鹿島平和研究所出版會, 1970), pp. 109-118.

안보개정에 의해 일본은 구 안보조약의 최대 결점이던 중대한 안보적 위협 하에서 미국으로부터 버림받을 수 있는 포기의 공포를 해소할 수 있었지만, 극동 조항에 의해 원치 않는 전쟁에 휘말릴 수 있는 연루의 공포에 직면하게 되었다.

2. 미일안보체제의 변질

일본은 미일동맹관계에 의해 제공되는 안보의 이익을 향유하면서도 신 안보조약에 의해 높아진 극동에서의 전쟁에 말려들 개연성을 차단하지 않을 수 없었다. 1967년 12월 사토 에이사쿠(佐藤榮作) 총리는 "일본은 핵무기를 보유하지도, 만들지도, 반입하지도 않는다"는 '비핵 3원칙'과 '무기 수출 금지 3원칙'을 발표했다.[16] 이것은 일본이 동아시아에서 미국의 전쟁에 말려들지 않으려고 스스로 방위정책에 부과한 제약이었다. 또한 사토 총리는 자국의 지정학적 위치와 국내 정치적 상황을 매개로 약자의 공갈정책을 적절히 활용하여 미국으로부터 오키나와의 시정권 반환을 이끌어낼 수 있었다.

그러나 일본은 1969년 닉슨 독트린과 1971년 7월 15일 닉슨의 방중계획 발표를 계기로 미국이 자국에 대한 방위공약을 철회하는 것은 아닌가 하는 포기의 공포를 느끼기 시작했다. 그때까지 일본은 미국의 극동전략에 따라 중국 적대정책을 취해왔던 관계로 미국이 일본을 배제한 채 비밀리에 중국과 관계개선을 도모하지는 않을 것이라는 입장을 가지고 있었다. 이 때문에 미국의 대중 접근은 일본에게 커다란 혼동과 혼미를 초래하는 동시에 미일안보조약의 재검토 필요성을 제기했다.[17] 오히라 마사요시(大平正芳) 통산상은 1971년 12월 "미일안보조약을 그대로 유지하는 것이 국익에 도움이 되는가 아니면 개정을 해야 하는가의

16) Peter J. Katzenstein, *Cultural Norms and National Security: Police and Military in Postwar Japan* (Ithaca: Cornell University Press, 1996), p. 128.
17) 西川吉光, 『日本政治外交史論(下)』(京都: 晃洋書房, 2002), p. 128.

문제를 진지하게 검토해야 한다”고 언급할 정도였다.[18)]

이러한 미일동맹관계의 갈등은 1972년 2월 미중공동성명에서 미국이 “미중관계 개선이 우방을 희생으로 하는 것은 아니다”고 발표하고, 1973년 오히라 외상이 미일안보조약에 대해 “정부로서는 이를 경솔하게 개정하는 일 없이 공고히 유지하는 것이 중요하다”고 언급함으로써 일단락되었다.[19)]

한편, 1970년대 들어 미국의 군사적, 경제적 우위가 약화됨에 따라 미국의 안보정책은 ‘미국에 의한 평화’에서 ‘책임분담에 의한 평화’로 변화하기 시작했다.[20)] 이러한 배경 하에서 미일양국은 1978년 11월 “침략을 미연에 방지하기 위한 체제, 일본에 대한 무력공격 시 대처행동, 극동 유사시 일본의 안전에 중요한 영향을 미치는 경우의 미일 간 협력”의 3항목으로 된 미일방위협력지침(가이드라인)을 책정했다.[21)] 이 지침은 일본에 대한 무력공격이 행해질 경우에 미일양국의 공동 대처 행동을 원활히 실시하기 위해 작전, 정보, 후방지원 등의 분야에서 자위대와 미군 간 협력체제의 정비를 명확히 규정하는데 그 목적이 있었다. 여기서는 각종 미일 공동작전계획서가 작성되었고 유사시 공격은 미국이 담당하고 방어는 일본이 책임진다는 역할분담이 규정되었으며, 그 결과 소련을 가상적국으로 한 군사동맹의 성격이 한층 강화되었다.[22)] 또한 일본은 1979년부터 미군의 주둔경비를 일부 분담하기 시작했다.

이러한 움직임은 나카소네 야스히로(中曾根康弘) 총리의 전후정치의 총결산에서 한층 강화되어 표출되었다. 나카소네 총리는 미일동맹관계의 강화를 통해 미국의 세계전략에 적극적으로 가담하여 미국을 맹주로 한 세계질서 속에서 일본의 지위를 확대하려고 했다.[23)] 이를 위해 그가

---

18) 『朝日新聞』 1972년 1월 5일.
19) 外務省, 『外交青書: 我が外交の近況』 17号(東京: 外務省, 1973), p. 444.
20) 田中明彦, 앞의 책, p. 278.
21) 前田哲男, 『自衛隊は何をしてきたのか?』(東京: 筑摩書房, 1990).
22) 都留重人, 『日米安保解消への道』(東京: 岩波書店, 1997), pp. 30-31.
23) 牧太郎, 『中曾根は何だったのか』(東京: 草思社, 1988).

착수했던 것은 미키 다케오(三木武夫) 정권 하에서 결정된 방위비의 GNP 1% 이내 규정 철폐와 무기 수출 금지 3원칙의 완화였다. 전자는 그때까지 군사 소국주의의 상징으로 미국이 강력히 요구하는 방위비 증액을 억제하는 지침이었지만, 1987년 철회되었다.[24] 후자는 1983년 1월 미일 간 군사협력을 강화하기 위한 대미 무기기술공여 결정에 의해 완화되었다. 이러한 나카소네 총리의 노력은 미일안보체제를 강화하고 미일동맹관계를 '운명공동체'의 수준으로 한 단계 끌어올릴 수 있었지만, 미국이 주도하는 전쟁에 불가피하게 연루되는 것은 아닌가 하는 불안을 불러일으켜 커다란 성과를 거두지 못했다.[25]

3. 탈냉전기 미일동맹관계

1) 탈냉전 초기 동맹 무용론 대두

냉전 종식과 소연방의 붕괴는 미일동맹관계를 근저에서부터 동요시키는 대사건이었다. 1969년 괌 독트린에서 1973년 베트남전쟁의 종결에 이르는 과정에서 보여진 미일동맹관계의 균열현상이 이 시기에도 그대로 재현되었다. 지금까지 미일동맹관계의 변화 양태는 국제정세와 미국의 안보전략에 일본이 대응하는 방식에 의해 결정되어 왔다. 즉 국제체제의 대립구도가 심화될 때에는 미일동맹관계 역시 강화되었고, 그렇지 않은 경우에는 정반대의 현상이 발생했다. 이러한 점을 고려해보면 냉전 종식은 기본적으로 대소 봉쇄의 전초기지 역할을 담당해 왔던 일본의 지정학적 가치와 일본방위에 대한 미국의 전략적 중요성을 동시에 감소시켜 미일동맹의 존재이유에 커다란 의구심을 제기하는 계기가 되었다. 이것은 동맹 형성의 원인이 된 공통의 위협인식이 사라졌기 때문이다. 올슨(E. A. Olsen)에 의하면 미국은 "일본과 안보상 공통의 이해

---

24) 毎日新聞·上西朗夫, 『GNP1%枠』(東京: 角川文庫, 1978).
25) 渡辺治, "日米新ガイドラインの日本側のねらい," 山内敏弘(編), 『日米新ガイドラインと周辺事態法』(京都: 法律文化社, 1999), pp. 24-26.

를 공유하지 않으며 공통의 '적'이 없으므로 미일동맹관계를 해소"해야 하며,[26] 더더욱 "일본이 미국에 대한 방위 지원을 할 수 없다면 미국도 일본방위를 지원해서는 안 된다"고 한다.[27]

이러한 미일동맹관계의 균열은 1991년 걸프전쟁을 계기로 한층 확대되었다. 1991년 걸프전쟁이 발생할 때까지 헌법상의 제약, 야당의 반대, 미일안보조약의 적용 범위 등으로 인해 일본은 미국이 주도하는 무력분쟁 및 전쟁에 어떠한 방식으로 지원하고 어느 정도까지 개입할 것인가에 대해 구체적인 입장을 가지고 있지 못했다. 이 때문에 일본은 안보협력의 방식을 둘러싸고 자위대 파병을 포함한 '인적 공헌'을 요구하는 미국과 첨예하게 대립했다. 결국 걸프전쟁을 계기로 미국 내에서 동맹국인 일본이 국제문제에 있어 병력이 아닌 '수표외교'(check diplomacy)로만 대처하고 있다는 비판이 제기되는 상황에서 일본은 미국으로부터 버림받을 수 있다는 동맹의 딜레마에 직면하게 되었다. 이리하여 걸프전쟁은 미일동맹관계에 있어 1960년 안보조약 개정 이후 최대의 위기를 가져왔고 미일동맹에 대한 존폐논의를 불러일으켰다.

더욱이 1993년 3월 북한의 NPT 탈퇴와 1994년 북한에 의한 핵연료의 재처리로 시작된 북핵 위기는 미일 양국으로 하여금 북한에 대한 위협의식을 높이는 동시에 미일동맹관계의 균열을 한층 심화시키는 계기가 되었다. 미국은 북한에 대한 제재 혹은 전쟁을 검토하면서 일본으로 하여금 북한이 부설한 기뢰를 제거해 줄 것을 요청했지만, 일본은 헌법 제9조에 의해 집단적 자위권 행사가 불가능한 관계로 구체적인 후방작전 지원임무에 관여할 수 없다는 입장을 표명했다.[28] 당시 일본은 미군의 후방지원을 도울 수 있는 어떠한 제도적 장치를 갖추고 있지 못했다.

---

26) Edward A. Olsen, "Target Japan as America's Economic Foe," *Orbis*, vol. 36, no. 4 (1992), pp. 491-503.

27) Edward A. Olsen, *U. S.-Japan Strategic Reciprocity* (Stanford: Hoover Institute Press, 1985), p. 124.

28) 조세영, 『봉인을 때려하는가: 미일동맹을 중심으로 본 일본의 헌법개정 문제』 (서울: 아침, 2004), pp. 57-60.

미국은 일본영토에 근접한 위기에도 불구하고 일본이 미국의 후방지원 역할을 수행할 수 없다는 것에 충격을 받았다.

1993-94년 중국의 지하 핵실험과 1995-96년 타이완해협의 위기 고조를 계기로 미국은 일본과의 동맹 유지의 중요성을 재차 인식하게 되었다. 미국은 1995년 2월 '동아시아 전략보고'(EASR)에서 10만명 규모의 미군을 동아시아 지역에서 정직한 균형자의 역할을 수행하도록 유지할 것임을 재확인했다.[29] 탈냉전기 미국의 대일정책의 기본이 된 EASR에서 미국은 동아시아 지역의 평화와 안정을 정착시켜 패권국의 출현을 방지하고 불확실성을 해소하기 위해 이 지역에 10만명 규모의 병력을 주둔시킬 필요성과 이 지역에서 미군의 전방전개전략은 일본을 주요 거점으로 한 유사시 접근권 확보 및 전방주둔에 의한 분쟁억지를 목적으로 하고 있음을 명확히 했다. 이러한 미국의 전방전개전략은 일본의 주둔군 지원 및 병참지원을 기본조건으로 하고 있었다.

2) 미일안보공동선언과 신가이드라인 체제

탈냉전 초기에 동맹의 존재의의 및 목표를 제대로 설정하지 못해 동맹 무용론까지 제기되었던 미일동맹은 동아시아 지역질서의 불확실성이 심화되는 가운데 1996년 4월 하시모토 류타로(橋本龍太郎) 총리와 클린턴(Bill Clinton) 대통령의 미일안보공동선언을 계기로 중대한 전환점을 맞이하게 되었다.[30] 여기서는 미일안보조약을 기반으로 하는 미일동맹관계가 21세기 아태지역의 안정과 번영을 위한 초석이라는 점이 재확인되었다. 또한 미일안보체제가 대상으로 하는 지리적 범위의 확대 가능성과 극동 유사시 미군에 대한 구체적인 협력을 위한 지침의 수정도 지적되었다.

---

29) U. S. Department of Defense, *United States Security Strategy for the East-Asia Pacific Region*, (February 1995)

30) 배정호, "탈냉전시대의 미일동맹: 국제사회에서의 일본의 역할 확대," 김성철 (편), 『미일동맹외교』(성남: 세종연구소, 2001), pp. 45-77.

이에 기초하여 7월에 개시된 미일방위협력소위원회는 1997년 9월 미일안보공동선언을 구체화하여 미일신방위협력지침(신가이드라인)을 제정했다. 이 신가이드라인은 1978년 10월에 책정된 구가이드라인을 탈냉전기 아태지역의 안보환경에 적응시키기 위하여 수정한 것이었다. 여기서는 평상시 협력, 일본에 대한 무력공격시 협력, 일본 주변지역 유사시 협력 등 미일공동군사행동의 세 항목이 규정되어 있으며, 구가이드라인과 비교하면 '침략의 미연방지'가 평상시 협력으로 '극동의 유사'가 일본 주변지역 유사시 협력으로 변화되었다.

신가이드라인의 핵심은 주변사태에서의 군사협력이었다. 여기서 주목할 점은 주변지역의 개념으로 일본정부는 지리적 개념이 아닌 '사태의 성질'에 착안하여 자국의 안전에 직접적인 영향을 미치는 지역으로 규정하고 있었다는 것이다. 이러한 개념규정은 사실상 한국 및 중국 정부가 '한반도 및 타이완 해협'이 일본 주변지역의 대상에 포함되는지의 여부를 둘러싸고 반발한 것에 대해서 미일 양국의 임기응변적 대응에서 비롯된 것이었다. 하지만 타이완 해협의 유사를 염두에 두고 있다는 것은 '안보 재정의'의 계기가 1996년에 발생한 타이완 해협의 위기였다는 것을 고려하면 자명한 일이다. 더 나아가 이것은 주일미군의 임무영역인 아태지역에서 미군이 주도하는 군사행동에 일본이 전면적으로 협력하는 미일군사동맹에 새로운 전기를 제공해 주었다. 즉 이것은 일본의 방위정책을 전수방위에서 지역분쟁에 개입하는 외부적 개입으로의 전환을 핵심으로 하고 있다고 말할 수 있다.[31] 이러한 신가이드라인은 일본의 안보정책에 있어 몇 가지 커다란 변화를 초래했다.[32]

첫째, 방위협력의 중점이 일본에 대한 직접침공에서 일본 주변지역 유사사태의 대처로 전환되었다는 점이다. 구가이드라인이 소련군의 홋

---

31) Dennis Van Vranken Hickey, *The Armies of East Asia: China, Taiwan, Japan and the Koreas* (Boulder: Lynne Rienner, 2001), pp. 55-56 & 95-96.

32) 이서항, "일본의 해양전략과 미일동맹,"이홍표(편), 『일본의 해양전략과 21세기 동북아 안보』(서울: 한국해양전략연구소, 2002), pp. 182-183.

카이도(北海道) 침공에 대비한 미일공동작전을 주요 목적으로 했다면, 신가이드라인은 일본 주변지역 유사사태에 대한 대처를 주요 목적으로 하고 있었다. 특히, 일본의 입장에서 보면 구가이드라인에서는 안보조약 제5조의 '일본 유사시'에 대한 미군지원의 확보에 중점이 놓여져 있었지만, 신가이드라인에서는 이것과 함께 일본의 평화와 안전에 영향을 미치는 주변사태에 초점이 맞추어져 있었다.

둘째, 방위협력 대상지역이 광역화되었다는 점이다. 구가이드라인이 일본 영역 및 극동에 한정되어 있었던 것에 비해 신가이드라인의 대상은 일본 영역을 포함하는 일본 주변지역(아태지역)으로 확대되었다. 물론 새로운 지침이 밝히고 있는 주변지역의 지리적 범위가 매우 모호하나 일본정부는 지리적 개념이 아닌 자국의 안전에 직접적 영향을 미치는 지역으로 해석했다.

셋째, 미일 간 방위협력의 내용이 양적, 질적인 측면에서 확대되고, 특히 일본의 역할확대에 중점이 놓여져 있었다는 점이다. 일본 주변지역 유사사태의 경우, 과거 일본은 단순히 미군에게 기지제공 및 일본 영내에서의 편의제공에 머물렀으나, 신가이드라인에 따르면 일본의 협력은 기지제공은 물론 자위대가 직접 참가하는 병참지원, 기뢰제거, 감시, 경계, 비전투원 피난 등으로 확대되었다. 구가이드라인이 미일안보조약에 기초한 자위대와 미군의 방위협력을 중심으로 한 지침이었던 반면, 신가이드라인은 종합적인 동맹관계에 기초한 광범위한 방위협력을 염두에 두었다. 일본의 입장에서는 헌법상 제약이라는 상황을 고려하여 동맹국으로서 미국으로부터의 기대를 최대한 충족시키려고 노력한 결과가 신가이드라인에 포함되어 있다고 주장했다.

넷째, 미일 간 방위협력의 주체가 확대되었다는 것이다. 신가이드라인에서는 자위대와 미군뿐 아니라 "미일 양국의 공적기관 및 민간기관에 의한 종합적인 공동대처"를 전제로 하고 있었다. 신가이드라인이 조약도 행정협정도 아니기 때문에 양국 정부에 법률상, 예산상의 조치를 의무지울 수는 없지만, 미일협력을 위한 효과적인 태세가 지침의 목표인 이상, 양국 정부는 이러한 합의의 결과를 구체적인 정책이나 조치로 반영하지 않을 수 없게 되었으며, 특히 일본정부에 대해 구체적인 조치를 의무화할 것을 사실상 규정하고 있었다.

일본은 신가이드라인의 효율성을 높이고 유사사태 발생 시 미군에 대한 후방지원을 수행하기 위한 법적 근거를 제공하기 위한 방안으로 1999년 5월에는 주변사태안전확보법(주변사태법)을 제정했다. 즉 이것은 유사시 자위대가 취할 내용과 절차 및 미군과의 협력법위를 보다 구체적으로 규정한 것이었다. 또한 미일 양국은 공동작전계획의 검토 작업 및 상호협력계획의 검토 작업 실시, 그리고 유사시 미일 양국의 활동에 관한 조정 메커니즘의 구축 등을 진행했다. 이를 통해 미일 간 안보협력은 한층 강화되고 미일안보체제의 신뢰성이 크게 향상되었다.

3) 미일안보체제의 결속력 강화

2001년에 발생한 9·11 테러를 계기로 미일동맹관계의 결속력은 한층 강화되었다. 일본은 미국의 대 테러전 후방지원을 원활히 수행한다는 명목 하에 2001년 10월, 2년 한시입법으로서 테러대책특별조치법과 12월 자위대의 활동범위확대와 파견, 무기사용요건의 완화 등을 핵심으로 한 PKO협력법 개정안을 통과시켰다. 이러한 일본 측의 신속한 움직임은 1991년 걸프전쟁 당시 자위대 참가를 기피함으로써 받은 외교적 손실을 두 번 다시 되풀이하지 않겠다는 것이었다. 이로써 본격적인 자위대 해외파병의 길이 열렸다.[33]

2003년 5월 고이즈미(小泉純一郎) 총리와 부시(George W. Bush) 대통령은 정상회담에서 '세계 속의 미일동맹'을 구축해 나가기로 합의했다. 특히 미일 양국은 국제테러뿐만 아니라 대량파괴무기의 확산이 초래할 심각한 위협에 공동으로 대처하기 위하여 긴밀한 관계를 유지할

---

33) Bates Gill, "September 11and Northeast Asia: Change and Uncertainty in Regional Security," *The Brookings Review*, vol. 20, no. 3 (2002), pp. 43-46.

필요성에 대해서도 의견의 일치를 보았다. 이러한 연장선상에 일본은 2003년 7월 '이라크지원특별조치법'을 제정하고 2004년 1월에 육상자위대를 이라크에 파견했다. 이 과정에서 일본은 자위대의 군사력 사용과 관련된 헌법 해석상의 문제를 해석개헌을 통해 교묘히 회피해 갔다. 이러한 미국에 대한 일본의 각종 협력지원활동은 미일 간 안보협력을 한층 확대·강화하는 계기가 되었다.

일본은 2004년 12월 10일 향후 10년간 안보정책의 기본지침과 방위력 정비의 지침이 될 새로운 '방위계획대강'(신방위계획대강)을 결정했다. 신대강은 국제테러 및 탄도미사일 확산 등 새로운 위협에의 대처, 국토방위, 그리고 국제적인 안보환경의 개선 등을 우선과제로 설정했다. 일본 주변 정세와 관련하여 북한의 군사적 움직임과 중국의 군사주의화 및 해양에서의 활동범위 확대 등을 '중대한 불안정 요인'으로 간주했으며, 특히 중국에 대한 경계심을 명확히 한 것은 1976년 최초의 방위계획대강이 책정된 이래 처음 있는 일이었다. 이러한 정세인식 하에 지금까지의 '기반적 방위력 구상'을 수정하여 테러 등 다양해지고 있는 위협에 대처할 수 있는 '다기능 탄력적 방위력 구상'을 표방했다. 또한 자위대의 임무를 기존의 국토방위에서 새로운 국제적인 안보환경에의 적극적 대처로 전환하여 현재 자위대법에서 '부수적 임무'로 간주되고 있는 자위대의 해외임무를 '본래임무'로 격상·강화했다.[34] 미일 양국은 새로운 위협의 대처에도 미일안보체제가 중요한 역할을 수행하고 있다고 지적하면서 안보에서의 미일 일체화를 지향했다.

이러한 움직임은 더욱 가속화되어 2004년 12월 22일 자민당 미일안보 및 기지개편 합동조사회는 미군의 재편에 따른 미일공동전략목표를 확립하고 역할분담을 명확히 하기 위해 새로운 미일안보공동선언의 책정과 미일방위협력지침(신가이드라인)의 수정을 요구했다. 또한 일본정부는 유엔 결의 없이도 분쟁지역 복구나 국제평화유지활동에 자위대를

34) http://news.goo.ne.jp/news/asahi/seiji/20041210/k2004121001140.html(검색일 2005.1.13)

파병할 수 있도록 하는 '자위대 해외파병 항구법안'의 골격을 마련했다.[35] 더욱이 2005년 2월 19일 미일안보협의위원회(2+2회의)는 미일의 '공동전략목표'를 발표했는데, <그림 1>에서 보여지는 바와 같이 지역차원과 세계차원으로 그 내용과 범위를 구분해볼 수 있다.

<그림 1> 미일 공동전략목표의 내용과 범위

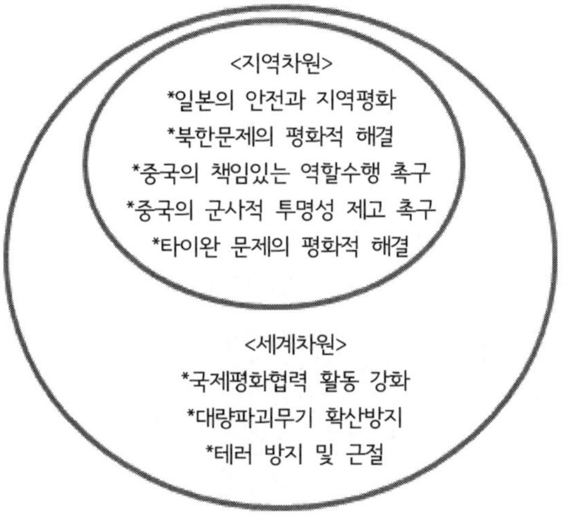

출처: 김국신(외), 『미일동맹 강화에 따른 동북아 정세의 변화와 한국의 안보정책 대응전략』(서울: 통일연구원, 2007), p. 59에서 재인용.

지역차원의 공동목표와 관련하여 미일 양국이 초점을 맞추고 있는 핵심 대상은 '중국문제'이며, 다음 3항목에서 구체적으로 명시되어 있다. 첫째로, 중국이 지역·세계 차원에서 책임 있고 건설적인 역할을 수행하는 것을 환영하며 중국과 협력관계를 발전시킨다. 둘째로, 타이완 해협을 둘러싼 문제는 대화를 통해 평화적으로 해결할 것을 촉구한다. 셋째, 중국이 군사 분야에서 투명성을 높이도록 촉구한다. 여기서 주목할 부분은 미일 양국이 타이완 해협을 미일 작전 범위에 포함시키고 있다는 점을 문서상으로 처음 명시하여 타이완에 대한 중국의 무력행사 가

35) 『조선일보』 2005년 1월 13일.

능성을 사전에 차단하려고 했다는 것이다.[36] 이에 대해 중국은 “미일동맹은 냉전이라는 특수한 역사적 조건에서 형성된 양자 간 관계로 양국의 범위를 벗어나서는 안 되며, 중국의 국가주권 · 영토보전 · 안전에 관계된 타이완 문제에 개입하는 것에 단호히 반대한다”는 입장을 명확히 했다.

2005년 10월 29일 미일안보협의위원회는 미군과 자위대의 역할 · 임무 · 능력을 검토하고 병력태세의 개편계획에 대한 합의사항을 담은 ‘미일동맹의 미래를 위한 변혁과 개편’이라는 중간 보고서를 발표했다. 그리고 2006년 5월 1일 2014년까지 주일미군과 자위대 개편을 단계적으로 추진하기로 합의한 ‘개편실시를 위한 미일 로드맵’을 확정하여 발표했다.

<그림 2> 미일협력의 전체상

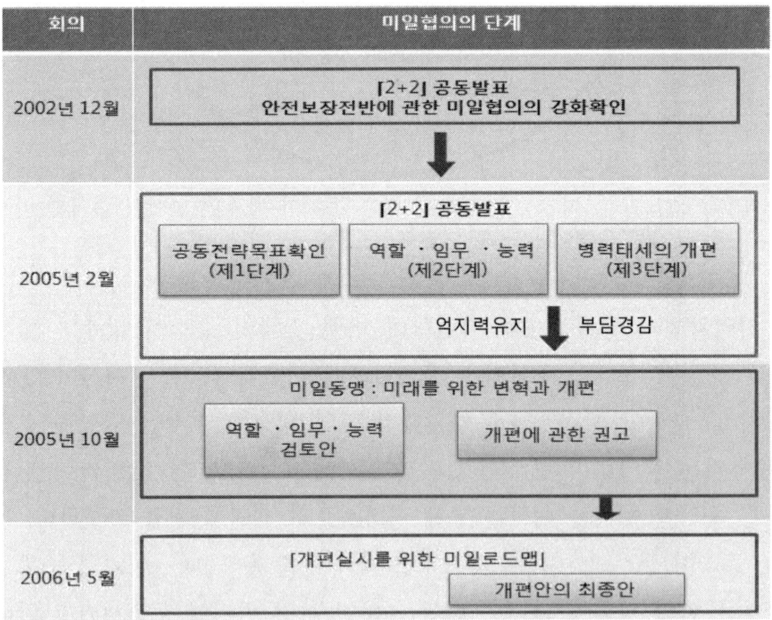

출처: 浅野一弘, 『現代日本政治の現状と課題』(東京: 同文舘出版, 2007), p. 156.

36) 毛里和子, 『日中関係』(東京: 岩波書店, 2006), p. 200.

이러한 미일 간 일체화의 지속은 집권 여당인 자민당의 안정적 지배체제 유지 여하에 달려있다. 2001년부터 2006년에 이르는 시기에 미일동맹이 한층 공고화될 수 있었던 것은 양국관계를 중시하는 고이즈미 총리의 외교노선과 높은 국민적 지지에 의한 안정적 정권 유지에 기인했던 것이다.

그러나 고이즈미 총리의 퇴진 후 정권을 이어받은 아베 신조(安倍晋三) 총리는 강한 일본 건설과 집단적 자위권의 헌법 해석 변경을 통한 미일동맹의 강화를 주창했지만, 대내적으로는 2007년 7월 제21회 참의원 선거에서 참패하여 정국 주도권을 상실했고, 대외적으로는 종군위안부 문제와 F-22 전투기 도입 문제를 둘러싸고 미일 간 갈등을 겪었다.

여기서 주목할 점은 비록 자민당이 연립여당인 공명당과 함께 중의원에서 2/3 의석을 확보하고 있다 하더라도 민주당이 참의원에서 제1당의 지위를 점하고 있어 자민당이 추진하는 미일동맹 강화 시도가 민주당에 의해 일정정도 제동이 걸릴 가능성이 높다는 것이다. 또한 민주당의 오자와 대표는 1990년대 이래 미국이 유엔과 관계없이 독자적으로 추진하는 다국적군에 참가할지 여부와 관련, '유엔 중시'냐 아니면 '미국 중시'냐를 놓고 일본 사회 내에 치열한 내부논쟁을 초래한 중심인물로 유엔 중시 외교와 미일동맹관계의 비대칭성 해소를 줄곧 주장해 왔다.

2007년 10월 31일로 기한이 만료되는 테러대책특별조치법의 연장이 민주당의 반대로 무산되었던 일은 이러한 방향성을 극명하게 보여주는 것이었다. 후쿠다 야스오(福田康夫) 정권은 인도양에서 해상자위대의 다국적군 함대에 대한 급유지원활동을 재개하도록 하는 '신테러대책특별조치법'을 제출했다. 이 법안은 11월 13일 중의원 본회의에서 연립여당인 자민 · 공명 양당의 찬성 다수로 통과되었지만, 2008년 1월 11일 참의원 본회의에서 야당의 반대로 부결되었다. 민주당은 다국적군이 벌이는 테러와의 전쟁이 유엔의 승인을 받은 것이 아닌 이상, 자위대의 해외파병과 급유지원활동은 위법이라고 주장했다. 연립여당은 동일 오후에 민주당 등 야당의 반대로 부결된 법안을 중의원 본회의에서 2/3 찬성으로 재의결하여 가결·성립시켰다. 이러한 사례는 향후 일본 정치세력의 역학관계 변화에 따라 미일동맹관계에 근본적인 변화는 아니라 할지라도 자위대의 해외파병, 주일미군기지 이전, 그리고 역할 분담 및 비용분담 등에 있어 미묘한 균열을 초래할 가능성이 높다는 것을 말해준다.

Ⅲ. 미일안보체제의 특수성

1. 일본헌법의 비군사성

1946년 11월 3일 제정된 일본헌법은 제9조에서 "일본 국민은 정의와 질서를 기조로 하는 국제평화를 성실히 희구하며, 국권의 발동인 전쟁과 무력에 의한 위협 또는 무력의 행사는 국제분쟁을 해결하는 수단으로 영구히 포기한다. 이러한 목적을 달성하기 위해 육해공군 및 그 밖의 전력을 보유하지 않는다. 국가의 교전권을 인정하지 않는다"고 규정하여 교전권의 부인과 군대의 불보유를 명확히 했다.

그러나 미국은 동유럽에서 친소정권의 확대와 아시아 지역에서 중화인민공화국의 성립 및 한국전쟁의 발발 등을 계기로 일본의 재군비화를 추진했고, 그 귀결이 미일안보조약의 체결이었다. 일본은 미국에게 주일미군의 주둔 및 기지사용권을 전면적으로 허용하는 대가로 자국의 안보 문제를 미국과의 동맹관계에 의존하여 해결할 수 있었다. 1950년대 중·후반에 정권을 장악한 하토야마 및 기시 내각은 헌법개정 시도와 신 안보조약의 체결로 상징되는 복고주의와 대국주의를 추구했지만, 1960년대 들어 일본은 헌법개정을 단념하고 평화헌법의 틀 내에서 안보와 자위대의 정착을 도모했다.

그런데 미국은 이러한 일본의 방위정책을 용인했다. 왜냐하면 1960년 안보투쟁의 고양은 미국에게 커다란 충격을 주었고, 만약 미국이 성급하게 일본의 방위력 증강 및 미일방위협력의 구체화를 요구하고 나섰다가 일본국민의 반발을 초래하여 '반미 정권'이 성립되면 모든 것이 수포로 돌아갈 수 있었기 때문이다. 이러한 위기감으로 인해 미국은 기지의 안정적 사용을 위하여 일본에 대한 군비확충 요구를 철회하고 미일관계의 회복을 꾀하는 정책을 우선시했던 것이다.[37]

이리하여 일본은 평화헌법과 미일안보체제에 의존하며 경제성장과 발전노선을 추구하여 1960년대 고도 경제성장을 달성하고 안정적인 통치질서를 구축할 수 있었다. 그러나 1971년 두 번의 닉슨 쇼크에 의해 일본은 커다란 위기에 봉착하게 되었다.[38] 더욱이 냉전종식으로 발생된 국제질서의 변동은 소련의 위협에 공동 대처하기 위해 체결된 미일안보체제에 대한 근본적인 문제를 미일 양국에게 제기하는 계기가 되었다. 이러한 상황에서 발생한 1991년 걸프전쟁은 평화헌법과 미일안보체제의 모순을 극명하게 보여주었을 뿐만 아니라 일본의 국제공헌방식—인적 공헌 또는 물적 공헌—을 둘러싸고 미일 양국 사이에 심각한 대립을 발생시켰다.[39]

결국 일본은 126억 달러에 이르는 재정적 지원을 했지만, 미국은 이에 만족하지 않고 일본의 인적 공헌을 끈질기게 요구했다. 1990년 10월 가이후 도시키(海部俊樹) 정권은 다국적군의 후방지원을 위하여 걸프지역으로의 자위대 파병이 가능하도록 한 유엔평화협력법안을 국회에 제출했다. 하지만 이 법안은 전선에서의 전투가 불가피한 자위대의 후방지원활동이 헌법의 전수방위 원칙에 저촉되기 때문에 국회에서 심의 미료인 채 폐안이 되었다. 일본의 인적 공헌 불가 원칙은 미국의 대일 여론을 상당히 악화시키는 계기로 작용하고 미일안보체제의 수정론을 대두시키는 계기가 되었다.

---

37) 渡辺治, 앞의 논문, pp. 20-22.

38) 形野清貴, "国家イデオロギー状況を読む," 金子道雄(編), 『現代日本の国家と社会』(京都: 法律文化社, 1996), p. 214.

39) 이기완, "현대일본국가의 변질과 신보수주의," 『아세아연구』 제47권 3호(서울: 고려대학교 아세아문제연구소, 2004), p. 204.

그 당시 자민당 오자와 이치로(小澤一郎) 간사장은 걸프전쟁의 처리를 둘러싼 일본의 대응에 강한 불만을 품고 이를 위해 헌법개정과 국가체제 변혁의 필요성에 대한 부동의 신념을 갖게 되었다.[40] 이를 계기로 일본은 적극적으로 국제공헌을 수행하기 위하여 1992년 6월 PKO 법안을 성립시켜 자위대 해외파병의 길을 열었다. 또한 1999년 신가이드라인의 실효성을 담보하기 위한 주변사태법과 2001년 테러대책특별조치법의 제정을 통해 전후 평화헌법에서 금기시한 자위대의 해외파병 불가원칙에 일대 수정을 가하는 동시에 자위대의 군사화 역할을 확대했다.

이러한 자위대의 확대된 군사적 역할은 집단적 자위권과 헌법 제9조에 관한 논쟁을 촉발시켰다. 일본 정부는 집단적 자위권에 대해서 "주권국가인 일본이 국제법상 집단적 자위권을 가지는 것은 당연하지만, 헌법 제9조에서 허용하고 있는 자위권의 행사는 전수방위로 개별적 공격이나 집단적 공격의 자위권 행사는 원칙적으로 헌법상 허용되지 않는다"는 입장을 취해 왔다.[41]

그러나 1990년대 이후 신보수주의자들은 주변 유사시 미일방위협력을 촉진하기 위해서는 헌법 논의에 착수하여 위헌으로 간주되고 있는 집단적 자위권의 행사를 수정하지 않으면 안 된다고 주장했다. 이러한 동향은 2005년 9월 11일에 실시된 중의원 총선에 의해 훨씬 가속화될 전망인데, 이는 다음에 기인한다. 첫째, 자민당의 압승으로 헌법개정의 실현 가능성이 매우 높아졌다는 점이다. 이는 헌법개정에 반대하는 사회·공산 양당과 같은 반대 정당이 몰락했다는 점이며, 민주당이 113석을 얻어 제1야당으로 존재한다고 하더라도 헌법개정의 당위성에 찬성하고 있어 자민당이 주도하는 헌법개정이 민주당의 저항을 그다지 받지 않을 것이다. 둘째, 일본의 정치지형에서 '보통국가화'와 국제적인 역할 확대를 주장하는 신보수주의 세력들이 정치의 주도권을 장악해 나가고

40) 小澤一郎, 『日本改造計劃』(東京: 講談社, 1993), pp. 33-37; 이기완, 『전환기의 일본정치와 연립정권』(서울: 케이시, 2002), pp. 79-82.

41) 防衛庁(編), 『防衛白書』 2002年版(東京: 財務省印刷局, 2002), p. 86.

있다. 따라서 이러한 보수적인 정치지형 하에서 일본의 정치세력들은 헌법 제9조를 어떠한 형태로든지 개정하여 자위대의 해외 군사 활동을 정당화하고 일본 군사력의 적용 범위를 확대해 나갈 것이고, 그렇게 되면 미일안보체제의 특수성은 자연스럽게 해소될 것으로 예측된다.

2. 미일안보조약의 비대칭성

동맹 결성 시 동맹 구성국들은 하나의 공통된 목표를 가지고 동맹에 참가하는 것은 아니다. 특히 강대국이 약소국의 안보를 보장해 주는 불균형적 동맹의 경우에는 강대국과 약소국이 동맹을 통해 얻으려는 이익의 의미가 기본적으로 다르다. 이러한 동맹은 동일 이익이 아니라 상이한 이익을 교환하는 것에 의해 성립되기 때문에 상당히 제한된 특정 목표만을 달성하기 위해 일시적으로 결성되는 것임으로 동맹국 간 이익의 불일치로 인해 갈등이 빈번히 발생한다. 이처럼 강대국과 약소국 간에 동맹을 유지한다는 것 자체가 어려운 현실이며, 이는 동맹국 간 '힘의 비대칭성'과 '동기의 상이성'에서 비롯되는 것이다.[42]

로스틴(Robert L. Rothstein)이 언급한 바 있듯이 강대국은 국제체제의 균형유지라는 관점에서 동맹을 체결하려는 경향을 보이지만, 약소국은 지역적 균형에 대한 위협 해소의 관점에서 동맹을 체결하는 경향이 있다.[43] 이 때문에 비대칭적인 동맹국 간에는 동맹 결성을 통해 얻으려는 이익의 차이가 분명히 존재하게 되며 이것은 결국 약소국에게 동맹국에 대한 불신을 초래하는 요인이 된다. 동아시아 국제체제의 안전과 패권을 유지하려는 미국과 가상의 적으로 설정된 소련으로부터의 위협을 억제하려는 일본의 '상호 이해관계의 일치'에 기초하여 성립된 미일

42) 土山實男, "同盟の終焉," 猪口孝(외), 『冷戦後の日米関係』(東京: NTT出版, 1997), pp. 38-39.

43) Robert L. Rothstein, *Alliances and Small Powers* (New York: Columbia University Press, 1988), p. 21.

동맹은 국제정세의 변화와 미국의 동아시아 안보전략에 따라 양국 사이에 갈등과 대립을 발생시켰다.

또한 동맹은 일반적으로 대외위협인식을 공유하는 국가 간에 체결되는 안보협력관계로 공동방위를 그 핵심으로 한다. 이러한 동맹의 일반적인 원칙에서 본다면, 제2차 세계대전 후 동서진영간의 대립으로 촉발된 냉전이라는 특수한 상황 하에서 체결된 미일안보조약은 동맹 결성의 동기라는 측면에서 매우 '일탈적인' 것이었다. 미국은 미일동맹을 통해 "대소 봉쇄, 일본 방위, 동아시아 지역에서의 미국의 국익 확보, 그리고 일본의 군사대국화 저지"라는 목적을 달성하려고 했던 반면, 일본은 "최소한의 재군비, 경제부흥, 그리고 자국의 안전과 평화의 확보"라는 실질적인 이익을 얻으려고 했다. 구체적으로 보면, 1951년에 체결된 구 안보조약에서는 상호방위의무를 규정하지 않은 채 단지 일본이 미국에 군사기지를 일방적으로 제공하는 의무만을 부과하고 있었다. 또한 1960년에 개정된 신 안보조약에서는 새롭게 미국의 일본방위의무가 명시되었지만, 일본 측이 집단적 자위권에 기초한 미국에 대한 상호군사원조를 조약상에 명시하고 있지는 않았다.

미일안보체제의 기조가 되고 있는 미일안보조약은 양국이 유엔헌장 제51조가 규정한 '개별적 및 집단적 자위의 고유권리'를 확인하고 체결한 것으로 일본정부도 국제법상, 집단적 자위권을 가지는 것에 대해 당연하다는 입장을 취하고 있다. 집단적 자위권에 대해 일본은 "일본도 주권국가로 당연히 집단적 자위권을 보유하지만, 일본이 공격당하지 않음에도 불구하고 집단적 자위권을 행사하여 외국에 대한 무력공격을 실력으로 저지하는 것은 헌법 제9조에서 인정되는 자위를 위한 필요 최소한의 실력행사의 범위를 넘는 것으로 허용되지 않는다"는 입장이다.[44] 이 때문에 일본은 미일안보조약을 체결할 때 자국이 집단적 자위권을 행사하지 못한다는 것을 미국 측에 충분히 전달하여 조약을 작성했다고

44) 김국신(외), 『미일동맹 강화에 따른 동북아 정세의 변화와 한국의 안보정책 대응전략』(서울: 통일연구원, 2007), p. 13.

한다. 이로 인해 일본은 미일동맹 속에서 유엔헌장이 보장한 집단적 자위권에 의해 미국의 보호를 받을 '권리'는 있지만, 집단적 자위권을 행사하여 미국을 지킬 '의무'는 지지 않는다는 것이다.[45] 즉 일본이 적으로부터 직접적으로 침략당하지 않는 이상 집단적 자위권 행사는 헌법 해석상 금지되어 있다는 것이다.

1996년 미일안보공동선언과 1997년 신가이드라인의 책정으로 미일안보체제의 비대칭성이 개선되었음에도 불구하고 군사적 측면에는 여전히 많은 결함이 있다. 구체적으로 보면, 신가이드라인에서는 동아시아 지역에서 일본 방위에 직접적인 영향을 미치는 위기가 발생할 경우, 후방지역 범위 및 미국 작전에 대한 일본 병참지원 범위의 개요가 명시되었다. 하지만 일본정부는 협력에 소극적인 민간기관 및 지방자치단체에 대해 필요한 협력을 수행하도록 강제할 수 있는 권한이 없다.[46] 또한 신가이드라인은 일본이 떠맡을 수 있는 기능적 역할을 15개 분야 40항목으로 구체화했지만, 집단적 자위로 해석될 수 있는 특정한 지원임무에 대해서는 모호함이 그대로 남아 있었다. 이 때문에 미일동맹이 안고 있는 핵심적인 결함요인들은 근본적으로 개선되지 않고 있으며, 이는 헌법 제9조의 개정 없이는 해결 불가능한 문제일 것이다.

Ⅳ. 미일안보체제의 효용

1. 일본 측 동향

1) 미일안보체제 찬성론

제2차 세계대전의 종결 후, 일본은 국제분쟁의 해결수단으로 군사력

45) 鈴木裕二, "日米防衛協力のための指針,"藤本一美·秋山憲治(編), 『日米同盟関係の光と影』(東京: 大空社, 1998), pp. 78-79.

46) Michael J. Green/坂元一哉, "冷戦後の日米同盟," 船橋洋一(編), 『同盟の比較研究』(東京: 日本条論社, 2001), pp. 44-45.

을 행사하지 않는다는 헌법 제9조에 의해 자국의 안전을 스스로 확보할 수 없게 되었다. 이리하여 일본은 미국과 미일안보조약을 체결하고 안보를 기본적으로 미군의 군사력에 의존하게 되었다. 1950년대 지배세력은 미일안보체제를 둘러싸고 대립했지만, 안보투쟁 후 헌법 제9조에 대한 해석개헌을 통해 평화헌법의 기본구조를 그대로 유지함과 동시에 미일안보체제 하의 대미협조를 기축으로 하면서 경제성장을 추구하는 정치노선, 이른바 '요시다 노선'이 정착하게 되었다. 일본 내에서 미일안보체제의 효용성에 찬성하는 논자들은 다음과 같은 두 가지 논거를 지적한다.[47]

첫째, 미일안보체제가 일본의 안전과 번영에 커다란 기여를 했다는 것이다. 미일안보체제에 의해 일본은 전후 60여년간 전쟁에 휘말려들지 않고 평화를 유지할 수 있었다. 일본에 대한 무력공격은 동시에 미국에 대한 공격을 의미하고 침략을 도발한 국가는 미국과의 전쟁을 각오하지 않을 수 없었기 때문에, 미일안보조약은 일본이 전쟁에 휘말려드는 것을 미연에 방지하는데 커다란 역할을 했다. 이러한 미일안보체제 하에서 일본은 미국의 군사력을 배경으로 한 지배권에 진출할 수 있었을 뿐만 아니라 자국의 방어에 필요한 군사비를 절약할 수 있었다. 또한 미국은 일본의 재군비보다는 경제부흥을 우선시하는 정책을 채택하여 미국 시장에 대한 일본의 접근을 용이하게 해 주어 일본이 고도 경제성장을 달성하고 제2위의 경제대국으로 발돋움할 수 있는 있는 기회를 제공했다. 결국, 1951년 미일안보조약 체결 후, 일본은 미국의 막대한 경제지원과 핵우산 하에서 자국의 안전과 평화를 도모할 수 있었다.[48]

둘째, 미일안보체제가 해상수송로의 안전 및 확보에 커다란 기여를 했다는 것이다. 일본경제는 식량 및 에너지를 비롯한 부존자원의 결핍으로 산업원료의 대부분을 외국으로부터의 수입에 의존하고 있는 '자원소국'인 동시에 상품 역시 내수보다는 수출을 위주로 한 무역대국이기

47) 藤本一美, "日米安保体制の再検討," 藤本一美·秋山憲治(編), 앞의 책, pp. 66-68.
48) 内田健三·早野透·曾根泰教, 『大政変』(東京: 東洋経済新報社, 1994), p. 11.

때문에 안정된 원료시장과 수출시장의 주요 루트인 해상 수송로의 안정적 확보는 일본경제의 사활이 걸린 문제이다. 따라서 미일안보체제 하의 미 제7함대에 의해 일본은 일본 영역 이외의 지역에서 자국의 해상 수송의 안전을 확보할 수 있었다. 만약 미일안보조약을 파기하고 미국이 '적대국'이 될 때, 일본의 해상수송의 안전은 중대한 위협에 직면하게 되고 일본 경제는 파멸적인 타격을 입게 될 것이다. 이와 관련, 폴 케네디(Paul Kennedy)가 언급했듯이 미국이 아시아(특히 일본)에 대한 안보 공약을 철회하고, 일본에 대한 중동석유의 공급을 보호하지 못하게 될 때,[49] 일본이 군사대국화의 길로 나아갈 것이라는 지적은 매우 시사하는 바가 크다고 할 수 있다.

최근 미일안보체제의 효용성에 대한 찬성론에도 불구하고 그 내부에는 다양한 흐름이 존재하고 있는데, 크게 '점진적 역할 확대론'과 '전면적 재조정론'으로 구분할 수 있다.

우선, 점진적 역할 확대론은 미일안보체제를 유지하면서 점진적으로 일본의 역할을 확대·강화하려는 것으로 현 자민당 집권세력과 야당 제1당인 민주당의 대미안보전략의 핵심이다. 이것은 미일안보체제 탄생의 조건이던 냉전과 가상의 적 소련의 소멸로 세계적 규모의 전쟁 가능성은 줄어들었지만, 중국과 북한처럼 일본의 안보를 위협하는 국가들이 그대로 남아 있는 상황에서 이러한 불안정 요인에 효과적으로 대처하기 위해서는 미일안보체제를 그대로 유지하면서 일본의 역할을 확대하는 것이 바람직하다는 것이다. 즉 이것은 냉전기 대미추종의 미일안보체제를 적극적으로 자국 안보의 핵심으로 인정하고 이를 강화하려는 것이다. 또한 과거 군국주의에 대한 아시아 주변국의 반발을 고려하여 미일안보체제의 틀 내에서 일본의 군사화를 추구할 경우, 아시아 주변국의 반발과 경계심을 완화할 수 있다는 정책적 판단도 작용하고 있다.

다음으로, 미일안보체제 전면 재조정론은 냉전기 미일안보체제의 특

---

49) Paul Kennedy, *The Rise and Fall of the Great Powers* (New York: Vintage Books, 1987), p. 546.

징인 편무적이고 일방적인 미일관계를 개정하여 대등한 관계에서 미일 안보체제를 재정립하고 점진적으로 대미 자주노선과 대일본주의를 추구하려는 것이다. 집권 자민당 내 신보수주의 세력들은 탈냉전기 국제 질서가 유엔중심으로 재편되고 있는 상황에서 미일안보조약 제10조의 규정에 의해 일본의 안보가 위태로워질 수 있으며, 1978년 가이드라인 체결 후 주일미군의 경비를 일부 분담하기 시작하여 최근에는 75% 이상 분담하고 있기 때문에 '안보무임승차'는 더 이상 설득력이 없으므로 기존의 의존적인 미일관계를 전면적으로 재조정해야 한다는 것이다. 또한 이들은 냉전의 산물인 동시에 일본 외교의 족쇄로 작용해 온 미일안보체제를 전면적으로 재조정하고 세계 제2위의 경제력을 근간으로 자주적인 역할을 통해 국제적 지위를 강화해 나갈 것을 주장하고 있다.

2) 미일안보체제 반대론

미일안보체제에 대한 반대론은 시기에 따라 그 내용이 다르다. 냉전기 혁신세력은 미국이 주도하는 세계전략에 일본이 말려들지 모른다는 불안에서 미일안보체제에 반대했다. 하지만 공동의 적인 소련이 붕괴된 상황에서 혁신세력뿐만 아니라 일부의 보수 정치인들은 미일동맹의 유효성이 소멸했고, 더더욱 미일동맹과 같은 양자동맹이 아니라 다자안보체제의 구축을 통해 국가안보를 확보해야 한다고 주장하고 있다.

전후 미일안보체제에 대해 부정적인 입장을 피력해 온 대표적인 세력은 일본사회당과 공산당 및 일부 혁신적인 지식인들이었다. 특히 사회당은 1951년 1월 제7회 당 대회에서 평화4원칙—전면강화, 중립견지, 군사기지 반대, 재군비 반대—를 당의 외교·안보정책으로 채택하고 보수정권의 반공·친미노선을 비판했다.

기시 내각이 미일안보조약 개정을 위한 교섭을 진행하자, 혁신세력은 '안보개정저지국민회의'를 결성하여 미일 교섭을 저지하려고 했다. 본래부터 안보조약을 '평화'에 반하는 것으로 간주하던 혁신세력은 신 안보조약을 중국과 소련을 적대시하고 전 국토를 미군기지화 하여 자위대의 해외파병과 일본을 전쟁에 휘말려들게 할 가능성이 높다고 지적하면서 미일안보체제에 대한 반대투쟁을 전개했다. 가미야 후지(神谷不二)가 지적하듯이, 1960년 안보투쟁은 제2차 세계대전의 패배로부터 15년이 경과한 시점에서 점차 회복되어 온 일본 민족주의와의 충돌로 발생한 것이며 점령시대로부터 축적된 반미감정이 일시에 폭발한 것이었다.[50)]

1960년 안보투쟁 이후 사회당은 안보문제를 평화4원칙에서 '비무장중립'으로 변경했다. 비무장중립을 주장하는 논자들은 "국가를 방위하는 무력을 가지지 않고, 어떠한 국가의 전쟁에도 중립을 견지한다는 헌법 제9조의 전쟁방기 조항을 들어 미일안보체제와 같은 군사동맹이 필요하지 않다"고 주장했다.

미일안보체제의 확립 이래, 지배세력이 이데올로기적·군사적 쟁점에 대해 소극적인 입장을 보이면서 '소득배증계획'으로 상징되는 경제성장을 국가의 목표로 설정하고 추구했던 결과,[51)] 평화의 절박성이 서서히 사라져 갔다.[52)] 그 결과 사회·공산 양당의 정체가 시작되었고 미일안보체제 그 자체가 커다란 정치적 쟁점이 되지 못했다. 이러한 상황에서 사회당은 미일안보체제에 대해 애매한 입장을 취하여 미일안보체제 및 자위대를 현실에 존재하는 사실로 인정하자는 입장을 표명했다.[53)] 1994년 7월 22일 참의원 본회의에서 무라야마 총리는 "탈냉전 시대가 도래한 작금의 현실에서 사회당의 당시(黨是)로 규정해온 비무장중립은 그 정책적 역할을 끝냈다"고 표명했다. 이러한 사회당의 노선전환은 1951년 미일안보조약 체결 이래, 동북아 지역에서 미국의 군사적 활동에 휩쓸릴 가능성을 차단하고 비핵3원칙을 고수하기 위해 미일안보체제의 폐기를 주장했던 세력의 몰락을 의미하는 것이었다.[54)]

---

50) 神谷不二, 『戦後史の中の日米関係』(東京: 新潮社, 1989), p. 106.

51) 오노 고지/이기완(역), 『일본현대정치사: 1945~1998』(서울: 케이시, 2003), p. 143.

52) 宮崎隆次, "55年體制の崩壊と連合政治," 『エコノミスト』(東京: 毎日新聞社, 1993), pp. 38-40.

53) 原彬久, 『戰後史のなかの日本社會党』(東京: 中央公論新社, 2000), p. 319.

그러나 1998년 6월 1일 정책 불일치를 계기로 자민당과의 각외협력을 철회하고 야당으로 전환한 사민당은 구 사회당이 추진했던 외교 · 안보정책을 대폭 수정하여 기존의 호헌 · 평화 정당으로서의 이미지를 회복하려고 시도했고, 2004년 6월 30일 후쿠시마 당수는 '자위대 위헌'이라는 견해를 표명했다. 또한 2006년 2월 당 대회에서 채택된 '사회민주당 선언'에서 사민당은 "위헌상태에 있는 자위대는 축소를 꾀하며 국경경비 · 재해구조 · 국제협력 등의 임무별 조직으로 개편 · 해소하여 비무장의 일본을 지향하며, 미일안보조약은 최종적으로 평화우호조약으로 전환하여 주일미군기지의 정리 · 축소 · 철거를 추진한다"[55]고 표명하여 1994년 7월 내각 수반이라는 불가피한 상황에서 무라야마 총리에 의해 발표된 '미일안보조약 견지, 자위대 합헌' 입장을 전면 수정했다.

2. 미국 측 동향

1) 미일안보체제 찬성론

미일안보체제에 대한 미국 내 찬성론은 주로 연방정부 및 관련연구기관에서 보여지고 있다. 냉전 종식 이후 일부에서 미일안보체제의 수정론이 제기되었지만, 필리핀 주둔 해군 · 공군기지의 폐쇄와 북한 · 중국 위협론이 대두되면서 오히려 일본 주둔 미군기지와 미일동맹의 중요성이 한층 강화되고 있다. 이는 1995년 2월에 발표된 '동아시아 전략보고'에서도 명확히 드러나고 있다. 이 보고서에서는 "미일관계는 미국의 태평양 안보정책과 전지구적 차원의 안보전략의 기초로 미일관계만큼 중요한 양자 관계는 없으며, 미일안보체제는 미국의 아시아 안보정책의 요체인 동시에 일본뿐만 아니라 아시아 전체의 안전 확보를 위한 중요

---

54) 浅井基文, "日米安保体制にかわる構想を,"『世界』10月号(東京: 岩波書店, 1990), pp. 65-66; 일본사회당의 몰락에 대해서는 이기완, "日本社会党の衰退に関する研究,"『法学新報』 第111巻 第1·2号(東京: 中央大学法学会, 2004), pp. 185-213.

55) www5.sdp.or.jp/central/02sengen.html(검색일: 2006.7.10)

한 요소이다"고 언급하고 있다.

미국은 동아시아 지역에서 안정과 번영을 유지하고 지정학적인 균형 및 불확실성에 대한 보장 등을 확보하기 위해서는 '정직한 우방'인 일본과의 동맹이 필요하다고 본다. 즉 아태지역에서 미국의 전략은 일본을 주요 거점으로 한 유사시 접근권 확보 및 전방 주둔에 의한 분쟁 발발 억지를 목적으로 한다. 따라서 동아시아 지역에서 군사상의 전방전개와 힘의 균형을 유지하기 위해서 미일동맹은 절대적으로 필요하며 미일안보체제를 강화·유지하는 것이 미국의 국가이익에 합치된다는 것이다.

미일안보체제에 대해 찬성하는 논자들은 일본의 중요성을 다음과 같이 지적하고 있다. 첫째, 일본은 동아시아 지역에서 가장 중요한 미국의 동맹국인 동시에 이 지역에서 미군의 방위전략의 요체이다. 둘째, 일본은 동맹국 중에서도 가장 관대한 지원과 군사기지를 주둔 미군에게 제공하고 있다. 셋째, 소련의 군사적 위협이 소멸되었음에도 불구하고 주일 미군은 동아시아 지역에서 미군의 전방전략에 있어서 가장 근본적인 존재이며 지역적인 긴급사태에 용이하게 대처하도록 한다. 넷째, 미군의 일본 주둔은 일본 측이 그 경비의 75%까지 부담하는 상황에서 미국 본토에 배치하는 경우보다도 지출이 적게 든다.[56] 또한 미국에 대한 일본의 후방지원과 군사적 역할 분담이 동아시아 지역안보에 커다란 기여를 한다.

이러한 점 때문에 찬성 논자들은 비록 미일동맹에 내재하는 구조적인 문제와 일본의 현상유지 입장 고수에도 불구하고 미일동맹관계를 유지하는 것이 미국의 국익에 커다란 도움이 된다고 주장하고 있다.

2) 미일안보체제 반대론

냉전기 미국 내에서는 미일안보체제에 의문을 품거나 반대하는 사람들은 그다지 많지 않았다. 하지만 1989년 냉전종식과 특히 1991년 걸프 전쟁을 계기로 미일안보체제의 유효성에 대해 회의를 품는 사람들이 상

56) 奥宮正武,『アメリカを頼りに出来るか』(東京: PHP出版, 1995), p. 45.

대적으로 증가하고 있다. 미일안보체제에 대해 부정적인 입장을 피력하는 사람들은 주로 다음과 같은 세 가지 요인—일본의 안보무임승차, 미소 간 냉전종식, 미일간의 무역불균형—을 거론하고 있다.[57)]

첫째로, 일본의 안보무임승차이다. 이는 미일 양국이 상호 인정할 수 있는 공통의 이익이 존재하는가 하는 문제와 밀접히 관련되어 있으며, 이 이면에는 "미일동맹에 내재되어 있는 비대칭성 문제와 더불어 일본헌법 제9조에서 나오는 특수성이 내재하고 있다. 냉전기, 미일안보체제는 미국의 대소봉쇄전략에 대한 일본의 무조건적 지지와 일본의 안보에 대한 미국의 편무적 방위공약이라는 '이익체계' 속에서 안정적으로 유지될 수 있었다. 즉 냉전기, 동아시아 국제체제의 압력이 헌법 9조와 맞물려 일본 안보에 심각한 위협을 가하자 일본정부는 자국을 극동전략수행의 기지로 활용하려는 미국의 동북아 전략에 편승하여 미군 존재의 반사효과로 안보를 보장받았다. 하지만 1989년 냉전종식에 의해 소련의 위협에 대항하는 미국의 세계전략의 일환으로 형성된 미일안보체제는 공통 목표를 상실하고, 더욱이 1991년 걸프전쟁의 발발을 계기로 심각한 균열을 맞이하게 되었다. 그것은 걸프전쟁의 경우처럼 군사 분쟁이 발생해도 일본이 헌법 제9조를 들어 미군을 군사적으로 지원하지 못하는 한계에서 비롯되었던 것이다. 이 때문에 미일안보체제에 대해 부정적인 사람들은 지금까지의 입장을 수정해 일본 주변 및 그 이외의 지역에서 일본이 미국과 군사적으로 협력하지 못하는 상황이 발생하면 일본과의 안보 공약을 철회해야 한다고 주장한다. 또한 미일안보체제 반대론자들은 일본을 강대국으로 인정하고 일본의 군사적 역할을 확대하여 점진적으로 동아시아 안보를 일본에 위임하는 것이 필요하다고 주장한다.

둘째로, 냉전종식이다. 미일안보체제는 미소 양진영이 세계의 패권을 놓고 치열하게 대립하던 냉전을 전제로 한 것이기 때문에, 그것이 소멸한 후에는 미일안보조약의 존재이유도 사라져 그것은 해소되어야 한다

57) 藤本一美·秋山憲治(編), 앞의 책, pp. 65-66.

는 것이다. 즉, 소련의 위협이 사라진 이상, 예전처럼 미국이 일본을 방위하기 위하여 노력할 필요가 없다는 것이다.

셋째로, 미일 간 경제적 불균형이다. 이것은 미국이 일본과의 무역 및 통상 수지에 있어서 장기간에 걸쳐 거액의 적자를 내고 있음에도 불구하고 어떠한 이유에서 일본을 방위하지 않으면 안 되는가 하는 의문을 제기한다. 왈러스타인(I. Wallerstein)에 의하면, "동서대립이 존재하던 시기조차 미국의 동맹국은 동지인 동시에 적이었다. 공산세력의 팽창을 저지한다는 안보적 측면에서는 동지였지만, 경제적 문제를 둘러싸고 격렬히 대립했다는 점에서는 적이었다"고 한다.[58)]

일반적으로 강대국은 국제체제의 균형 또는 지역의 안보질서 유지를 위해 동맹국으로부터 정치적, 군사적 특혜를 보장받는 대가로 동맹국에 대한 경제적 요구를 최대한 억제하는 경향을 보인다. 반면, 약소국은 강대국으로부터 안보와 경우에 따라서는 정치적 정당성을 확보하기 위해 강대국의 경제적 요구를 수용하는 경향을 보인다. 결국 동맹국 간 '상대적 이익'이라는 관점에서 동맹 협력이 이루어지며, 특히 외부로부터의 위협 정도가 높으면 높을수록 경제문제는 정책의제에서 벗어나 국가정책에 있어 중심적인 대상이 되지 못한다. 그러나 적대적인 세력으로부터 위협의 정도가 낮아지거나, 위협의 대상이 소멸하게 되면, 기존의 동맹 중시정책에 의해 수면 하에 가라앉아 있던 동맹국 간 갈등의 소지를 내포하고 있던 문제들이 전면으로 부상하게 되고, 그 중에서도 경제문제는 동맹국 간 갈등을 한층 더 심화시키는 요인이 된다.

이러한 사례는 1993~94년 통상문제를 둘러싼 미일 간 대립에서 명확히 보여졌다. 1993년 7월부터 미일포괄경제협의가 시작되었을 때, 클린턴(Bill J. Clinton) 정부가 명확한 성과를 요구하며 수치화된 목표의 설정을 고수한 반면, 일본 측은 그러한 방침은 관리무역으로 자유무역을 부정하는 것이라며 반대했다. 그 결과 1994년 2월 미일 양국의 회담

---

58) Immanuel Wallerstein, "Friends as Foes," *Foreign Policy*, no. 40 (1980), pp. 119-131.

은 격렬되었고, 1995년 6월 자동차 부품교섭에서 양국의 대립은 한층 첨예화되었다.

V. 결론 및 전망

지금까지 살펴본 바와 같이 냉전이라는 특수한 국제정치질서 속에서 소련을 미일 공동의 위협으로 인식하던 시대와는 달리 냉전이 종식되고 세계적 규모의 분쟁가능성이 사라진 탈냉전 시대에 미일안보체제는 그 내용, 역할, 그리고 중요성 등에서 상당한 변화를 보이고 있다. 이것은 미국에 의한 일방적인 대일안보정책의 변화와 군사적 역할을 확대하려는 일본의 안보정책이 합치하여 발생된 것으로 미일 간 공통 이익의 상대화라는 상황에서 당연히 요구되어지는 변화라고 말할 수 있다.

탈냉전 시대의 도래와 함께 일본은 세계 제2위의 경제력을 바탕으로 일본의 군사화를 추진하여 국제정치에 능동적으로 개입하려는 안보정책을 수립하고 이러한 목적을 달성하기 위한 수단으로 미일안보체제의 중요성을 재차 강조하고 있다. 일본은 중국과 북한처럼 일본의 안보를 위협하는 요소들이 그대로 존재하는 상황에서 이러한 위협요소에 효과적으로 대처하고, 동시에 일본의 군사화에 대한 아시아 주변국의 반발을 완화할 수 있는 방책으로 미일안보체제를 유지하는 것이 필요하다고 본다. 미국은 동아시아 지역에서 미군의 감축에 의해 발생할 수 있는 지역질서의 불안정 요소에 효과적으로 대처하고 자국의 국가이익을 안정적으로 확보하기 위해서는 일본의 역할 확대가 필수적이라고 판단하여 기존의 비대칭적인 미일안보체제에서 탈피하여 미일동맹을 유지·확대하려는 입장을 취하고 있다.

이러한 미일 양국의 정책적 입장이 일치하여 미일안보체제는 그 내용 및 역할을 군사동맹으로 확대하고 있다. 일본은 미일안보조약 제6조에 의한 일본의 기지대여의무와 제5조에 의한 미국의 대일방위의무와의 교환에 기초한 기존의 미일동맹관계가 지속되는 한 일본의 역할과 행동이 미군에 상당히 의존하면서 제한적일 수밖에 없을 것으로 판단하고 있다. 이 때문에 일본은 미일안보체제에서 자국의 발언권을 확대하고 군사대국화를 달성하기 위한 정지작업의 일환으로 평화헌법의 개정 본격화, 미일방위협력지침(신가이드라인)의 작성, 주변유사시 자위대의 역할과 임무의 확대를 위한 관련법제의 정비, 그리고 신방위계획대강의 결정 등을 추진하여 왔다.

향후, 미일안보체제의 전개와 관련하여 미국의 일본에 대한 기대 요구와 외압 정도, 그리고 일본의 역할과 협조 정도에 따라 네 가지 시나리오를 가정할 수 있을 것이다.

<표> 미일안보체제의 전개 시나리오

구 분		미국의 일본에 대한 기대와 외압	
		강함	약함
일본의 역할과 협조	강함	미일안보체제의 일체화	미일안보체제의 대등화
	약함	미일안보체제의 충돌	미일안보체제의 해체

첫 번째는, 미국으로부터 안보상의 역할 분담 요구 혹은 기대가 일본에 강력히 요청되고 일본이 자발적이든 비자발적이든 협조할 의사가 있는 경우에 성립되는 미일안보체제의 일체화이다. 이러한 움직임은 1997년 신가이드라인 체제가 성립된 이래 급속히 진행되고 있으며 일본은 미일동맹을 공고히 하면서 점진적으로 일본의 역할 확대와 군사화를 추진하고 있다.

두 번째는, 미국으로부터 일본에 대한 안보 기대요구가 약하지만 일본의 협조가 강한 경우 대등한 미일안보체제가 성립될 개연성이 높다. 일본이 스스로 미국의 안보 역할을 떠맡고 동아시아 안보질서 구축에 주도적인 역할을 할 경우 미일안보체제의 일체화 속에 내재되어 있던 군사적 대미 종속주의로부터 탈피하여 안보상의 상호의존에 입각한 동맹관계를 구축할 수 있다. 하지만 이러한 움직임은 궁극적으로 자주안보의 기치 아래 미일안보체제 전면 재조정을 야기할 것으로 전망된다.

세 번째는, 미국으로부터 일본에 대한 기대가 강하지만 일본의 협조가 약한 경우에 나타날 수 있는 미일관계 충돌의 시나리오이다. 이러한 동향은 일본이 독자적으로 안보정책을 전개하며 군사대국화를 지향할 때 나타날 수 있으며, 필연적으로 일본에 대한 미국의 안보 약속의 철회와 미일동맹관계의 충돌을 초래할 것이다.

네 번째는, 미국으로부터 일본에 대한 안보 기대와 일본의 협조가 모두 약한 경우이다. 미국은 일본에서 전방전개병력을 철수하거나 감축할 것이고, 이에 일본은 독자적인 안보정책을 추진하면서 결국 미일동맹의 공동화와 해체로 이어질 것이다. 이는 필연적으로 일본과 중국의 패권경쟁을 불러일으켜 동북아 지역질서의 불안정을 촉발할 가능성이 높다.

미일안보체제가 어떠한 시나리오로 전개될 것인가는 국제사회에서 미국의 상대적 지위, 동아시아 국가 간 패권경쟁의 정도, 그리고 미일 양국의 정치변동 및 지도자들의 인지 등에 의해 결정될 가능성이 높다고 예측된다. 단기적으로 급격한 안보환경의 변화가 없는 한 미국의 동아시아 전략이 일본의 군사적 역할 확대에 중점을 두고 있다는 점을 고려하면 군사적 대미 의존에 입각한 미일안보체제의 일체화가 상당 기간 지속될 것으로 보이지만, 중장기적으로는 대등한 미일안보체제로 발전할 가능성이 높다.

제5장

일본의 미일동맹 인식과 현실
-동맹의 딜레마를 중심으로-

제5장 일본의 미일동맹 인식과 현실 -동맹의 딜레마를 중심으로-

Ⅰ. 서론

1960년 안보투쟁 후, 일본을 둘러싼 국내외 정치상황은 크게 변화했다. 국내 정치적 측면에서 보면, 신 안보조약 체결을 둘러싸고 발생했던 정치세력 간 대결국면은 기시 노부스케(岸信介) 총리의 사임 후 성립한 이케다 하야토(池田勇人) 정권에서 점차로 해소되기 시작했다. 특히 안보투쟁의 쓰라린 경험은 일본의 정치세력으로 하여금 헌법개정과 재군비에 의한 자주국가로서의 일본 건설의 문제를 더 이상 고민하지 않게 하는 계기가 되었다. 이케다 내각 이래 요시다 시게루(吉田茂) 계열의 정치세력들이 정치의 주도권을 장악하고 정도의 차이는 있지만, 경제발전과 최소한의 재군비를 핵심으로 하는 '요시다 노선'을 정책방침의 기축으로 설정하고 이를 추진했다.[1] 국제 정치적 측면에서 보면, 1962년 쿠바 미사일 문제로 최대의 위기를 맞이했던 미소 간 대립은 1963년 부분적 핵실험금지조약과 1968년 핵확산금지조약의 성립으로 점차 완화되었던 반면, 1950년대 견고한 동맹상태에 있던 중소관계는 1964년 중국의 핵실험 성공을 계기로 급격히 악화되어 갔다.

이러한 상황 하에서 일본은 미국과의 동맹관계를 강화하기 위한 대

---

* 이 장은 "미일관계와 동맹의 딜레마: 1960-72"(『대한정치학회보』 제17집 1호)에 실린 논문을 수정하고 보완한 것이다.

1) 小野耕二, 『日本政治の転換点』(東京: 青木書店, 1998)/이기완(역), 『일본 현대 정치사』(서울: 케이시, 2003), p. 143.

책을 적극적으로 강구하지 못했다. 이것은 헌법 제9조가 개별적 공격과 집단적 공격, 그리고 집단적 자위권을 위헌으로 간주하고 있어 일본에 대한 공격 배제와 직접적으로 관계가 없는 한, 미국의 군사작전을 간접적으로도 지원할 수 없게 되었다. 이 때문에 일본은 자국의 안보 역할을 제한하는 평화주의와 대미 안보협력의 필요성이라는 대미 노선에서 애매한 입장을 취할 수밖에 없었다.[2] 이로 인해 미일동맹관계에 갈등과 대립이 발생했지만, 일본은 '기지 제공'을 빌미로 미국 측의 요구를 적절히 차단하면서 자국의 안보를 확보할 수 있었다.

그러나 1960년대 중반 이후 시작된 국제체제의 구조변화는 미국의 아시아 정책의 변화와 맞물리면서 미일관계에 커다란 파장을 초래했다. 미국은 베트남 전쟁으로 쇠퇴한 자국 경제를 재건하고 중소대립을 이용하여 양국을 이반시켜 미국의 전력을 '2와 2분의 1'에서 '1과 2분의 1'로 전환시키려고 했다.[3] 이러한 정치적 배경에서 나온 것이 닉슨 독트린이었고, 이를 구체화한 것이 바로 닉슨 쇼크였다. 이것은 미국의 아시아 정책의 일대 전환을 의미하는 대사건이었다.

특히 닉슨의 미중 화해 발표는 일본정부에 대해 "미일동맹관계는 영원한 것도 아니며, 미국의 국익에 따라 언제든지 변화할 수 있다"는 불안을 '포기의 공포'로 인식시키는 것이 되었다.[4] 여기서 일본은 '동맹의 딜레마' 문제에 직면하지 않을 수 없었다. 동맹의 딜레마라는 것은 동맹국과의 관계를 공고히 하려고 하면 할수록 동맹 상대국의 분쟁에 '연루될 수 있는 공포'가 생기는 반면, 상대국의 분쟁에 휩쓸리는 것은 피하려고 하면 할수록 '포기의 공포'가 발생하는 상태를 말한다.

당시 일본은 미국의 동아시아 정책의 무게 중심이 일본에서 중국으로 변화하는 것은 아닌가 하는 의구심을 품는 동시에 자국이 안보 위기에 직면할 경우 미국으로부터 안보 원조를 받지 못하는 것은 아닌가 하

---

2) 五百旗頭真(編),『戦後日本外交史』(東京: 有斐閣, 1999), pp. 122-125.
3) 川上高司,『米軍の前方展開と日米同盟』(東京: 同文舘出版, 2004), pp. 259-260.
4) 伊藤剛,『同盟の認識と現実』(東京: 有信堂, 2002), p. 12.

는 안보 불안을 느끼게 되었다. 이 때문에 일본의 동맹정책은 1960년대 연루의 공포로부터 벗어나기 위해 취했던 자율성을 상실하고 대미 종속적인 내용이 강화되었다. 이러한 상황에서 일본은 대미 종속성을 탈피하고 자율성을 회복하기 위한 일환으로 중일 국교정상화라는 카드를 선택했다. 즉 일본은 중국에 대한 미국 정부의 접근 움직임에 대해 자국도 중국과의 국교정상화 카드를 통해 미국의 일본 포기 의도를 차단하는데 성공했다.

이 장은 일본이 1960년 미일안보조약 개정부터 1970년대 초반에 걸쳐 '포기와 연루의 공포'라는 동맹의 딜레마에 어떻게 대처하는지의 문제를 분석하는데 있다. 이하 제2장에서 동맹의 딜레마와 포기-연루의 공포를 설명하고, 제3장에서 안보조약 개정 후 약 10년간 동맹의 딜레마를 차단하기 위한 일본 국내정치의 동학을 분석하고, 제4장에서는 닉슨 쇼크로 촉발된 미일동맹관계의 균열과 일본의 포기의 공포를 살펴보며, 제5장에서는 중일 국교정상화과 미국의 딜레마를 규명한다. 이를 바탕으로 제6장에서는 결론 및 전망을 도출한다.

Ⅱ. 동맹의 딜레마와 포기-연루의 공포

무정부상태인 국제사회에서 개별국가들은 자국의 이익을 극대화하고 위협을 최소화하기 위해 동맹을 체결한다. 모겐스(H. J. Morgenthau)에 의하면 동맹은 "기본적으로 이익의 일치를 필요로 한다"고 한다.[5] 냉혹한 국제관계에서 모든 국가들이 자국의 이익추구를 외교정책의 가장 중요한 의제(agenda)로 설정하고 있는 한, 이익에 기초하지 않은 순수한 국가 간 관계로서의 동맹은 존재하지 않는다.[6] 또한 월트(S. Walt)에

5) Hans J. Morgenthau, *Politics among Nations* (New York: Alfred A. Knopf, 1973), pp. 207-213/이호재(역), 『현대국제정치론: 세계평화의 권력이론적 접근』 (서울: 법문사, 1987), pp. 246.

의하면 국제사회에서 국가는 "위협을 최소화하기 위해 동맹을 체결한다"고 한다.[7] 이것은 대립적인 국제체제에서 적대세력으로부터 초래될 수 있는 위협을 미연에 방지하고 안보상의 효용을 높이기 위해 위협을 공유하는 국가 간에 체결된다. 즉 동맹은 위협과 이익이라는 관점에서 비롯되는 것이며, 이 둘은 동전의 양면처럼 밀접히 관련되어 있다.

그런데 문제는 이러한 동맹 형성의 목적에도 불구하고 동맹 구성국 간에는 국력의 차이로 불균형적 동맹관계가 형성될 가능성이 높다는 것이다. 즉 강대국(A국)과 약소국(B국) 사이에 체결하는 '비대칭적' 동맹은 A국에 의한 B국의 안전보장이라는 일방적인 성격이 강하기 때문에 B국에게 주권의 제약을 초래하는 경향이 있다. 이처럼 동맹관계에는 정도의 차이는 있지만 안보와 자율성을 교환하는 측면이 강하다.

냉전기 미일동맹관계가 바로 여기에 해당된다. 제2차 세계대전의 패전국 일본은 전후 국제체제의 변동과 냉전의 격화 속에서 기지 제공의 카드로 초강대국인 미국과 동맹을 체결하여 자국의 안전을 확보하는 대가로 미국의 세계전략에 편입되어 정치, 경제, 외교의 자주적 선택권을 상실했다.

이 때문에 A국의 군사력에 의존하여 자국의 안보상의 효용을 높이려는 B국은 자율성과 안보 사이에서 커다란 딜레마에 직면하지 않을 수 없게 된다.[8] 이리하여 자국의 안보상의 효용을 높이려는 동맹은 그것을 운용하는 과정에서 동맹 구성국의 상대적 이익, 동맹에 대한 의존성 정도, 그리고 동맹에 대한 안보 공약에 따라 기회비용의 편차를 초래하게 된다. 이러한 편차는 동맹 구성국 중 B국에게 동맹의 딜레마, 즉 포기(abandonment)와 연루(entrapment)의 공포를 부과하게 된다.[9]

---

6) Martin Wight, *Power Politics* (Leicester: Leicester University Press, 1978), p. 122.

7) Stephen M. Walt, *The Origins of Alliances* (Ithaca: Cornell University Press, 1987).

8) James D. Morrow, "On the Theoretical Basis of a Measure of National Risk Attitudes," *International Studies Quarterly*, vol. 31 (1987), pp. 423-438.

전자는 A국의 분쟁에 연루되지 않으려고 평상시 A국이 기대하는 외교적, 군사적 지지를 보내지 않으면 동맹관계가 약화되어 유사시 적절한 안보 지원을 받지 못하거나 동맹관계가 해소되는 것은 아닌가 하는 불안을 말하며, 반대로 후자는 유사시 A국으로부터 안보 지원을 확실히 받을 목적으로 평상시 B국이 원치 않는 A국의 군사작전에 적극적으로 개입함으로써 동맹 상대국의 분쟁에 휩쓸리게 되는 것은 아닌가 하는 불안을 말한다.[10] 요컨대, 포기와 연루의 공포는 자국의 의도와는 상관없이 동맹국에 의해 버림받거나 동맹국의 전쟁에 말려들지도 모른다는 불안에서 비롯되며 서로 정반대로 변화하는 경향을 보인다.

예를 들면 미일동맹관계에서 일본이 택할 수 있는 동맹의 방정식은 일본이 직면하고 있는 동맹의 딜레마를 명확히 보여준다. 미일동맹관계에서 동맹국으로서 일본의 의무(a)를 유사시 공동행동(b)과 기지의 제공과 유지(c)로 정의하면 다음과 같은 일본 측 동맹의 방정식이 성립한다. 일본이 미국과 동맹관계를 공고히 하기 위해서는 b+c를 통해 미국을 만족시켜야 하는데 헌법 제9조에 의해 b가 불가능한 상황에서 미국은 b의 행동을 취하지 않는 일본이 a를 충실히 수행하고 있지 않다고 판단하게 되면 일본은 포기의 공포에 직면하게 된다. 이와 반대의 경우에는 연루의 공포에 직면하게 되는 것이다.[11]

동맹국으로서의 일본의 의무(a)=유사시 공동행동(b)+기지의 제공과 유지(c)

9) Glenn H. Snyder, *Alliance Politics* (Ithaca: Cornell University Press, 1997), pp. 180-199; Michael Mandelbaum, *The Nuclear Revolution: International Politics before and after Hiroshima* (Cambridge: Cambridge University Press, 1981), pp. 151-152; 이수형, "동맹의 딜레마와 포기-연루의 순환," 『국제정치논총』 제39집 1호(서울: 한국국제정치학회, 1999), p. 2.

10) Glenn H. Snyder, "The Security Dilemma in Alliance Politics," *World Politics*, vol. 36, no. 4 (1984), p. 467.

11) 川上高司, 앞의 책, pp. 282-284.

이러한 동맹의 딜레마는 시기에 따라 그 내용에 있어 상당히 다른 양상을 보인다. 일본의 동맹정책은 1950년대, 1970년대 초, 그리고 1990년대 초에는 미국으로부터 버림받는 것은 아닌가 하는 포기의 공포에 직면했던 반면, 1960년 신안보조약 체결 이후, 1980년대 나카소네 정권 하, 그리고 1997년 신가이드라인 체결 이후에는 오히려 미국이 주도하는 전쟁에 말려드는 것은 아닌가 하는 연루를 공포에 구속되는 경향이 상대적으로 높아졌다.

그런데 여기서 주목할 점은 이러한 포기와 연루의 공포는 동맹 구성국인 A국과 B국, 그리고 적대국(C국) 사이에서 A국과 C국 간 적대관계가 개선되는 경향을 보일 때, 즉 국제체제의 구조변화가 발생하는 상황에서 주로 나타난다는 것이다.[12] B국은 A국과 C국 간 적대관계의 개선을 환영하면서도, A국과 C국의 밀실거래에 의해 자국이 희생되는 것은 아닌가 하는 불안을 가지게 된다. 예를 들면 1972년 미중 국교정상화는 미일동맹과 같은 비대칭적인 양자 동맹관계에서 상대적으로 국력이 열세인 일본에게 동맹의 딜레마를 불러일으켰다.

그런데 이러한 포기의 공포는 A국이 B국으로 하여금 동맹관계로부터 버림받을 수 있다는 불안감을 불러일으켜 A국이 추진하는 안보전략에 동참시키려는 데 그 목적이 있다. 즉 A국이 실제로 B국을 포기하려는 것이 아니라 포기할 수 있다는 공포를 심어주려는 것이다. 이러한 상황에서 B국은 A국의 동맹 딜레마 전략에 편승하여 불리한 입장에 직면하기도 하지만, 경우에 따라서는 A국의 동맹정책에 반발하면서 자율성을 회복하려는 움직임을 보이기도 한다.[13]

그런데 이러한 동맹의 딜레마가 곧장 동맹의 와해로 이어지는 것은 아니다. 동맹의 딜레마에 의해 동맹이 해체되는 것은 독자적으로 안보를 확보할 수 있는 대안이 있을 때 가능하지만, 오히려 정반대의 상황에서는 동맹 강화로 이어지기도 한다.[14]

---

12) 이기완·이호영, "안보와 동맹의 딜레마," 이호영·이기완, 『동맹의 이론과 현실』 (창원: 창원대학교 출판부, 2008), pp. 188-189.

13) 伊藤剛, 앞의 책, p. 17.

Ⅲ. 동맹의 인식과 안보문제

1. 안보개정 후 일본의 동향

1960년 미일안보조약의 개정 후 미일동맹관계를 둘러싼 일본 내 동향은 크게 양분되었다. 우선 일본의 지배세력은 미일안보조약의 공동군사행동에 관한 규정으로 미소 간 전면전쟁에 말려들 수 있는 개연성은 높아졌지만, 신 안보조약 5조가 공동방위지역을 일본국 시정 하에 있는 지역으로 규정하고 있어 동맹국인 미국의 영역 방위도 일본이 잠재적 주권을 가지고 있던 오키나와에서조차 자국의 군사지원은 한정적일 수밖에 없다고 주장했다.[15] 또한 1951년 구 안보조약에서는 미국이 반덴버그 결의안(vandenberg resolution)에 집착하여 상호방위의무를 명시하지 않았지만, 신 안보조약에서는 "공동의 위험에 대처하도록 행동하는 것"이 명시됨으로써 유사시 미국으로부터 버림받을 공포가 상당히 줄어들어 자국의 안보 상황이 한층 개선되었다고 주장했다.[16]

반대로 미일동맹관계에 소극적인 입장을 피력하던 사회당을 비롯한 혁신세력, 지식인, 그리고 일부 매스컴 등은 미국에게 군사기지를 제공하고 미일동맹관계를 강화함으로써 미소 간 대결에 의해 초래될 수 있는 전면전쟁에 일본이 자동적으로 개입될 수 있는 여지가 높아졌다고 주장했다. 즉 미군기지의 존재와 미일동맹관계의 유지는 일본의 안보를 보증하기보다 벼락을 모으는 피뢰침처럼 자국의 안보 불안을 증폭시키는 결과를 초래하게 되었다고 주장했다. 이 때문에 사회당은 미·영·중·소 4개국에 의한 집단안보조약의 체결을 통한 비무장 중립만이 자국

---

14) Victor D. Cha, *Alignment Despite Antagonism: The United States-Korea-Japan Security Triangle* (Stanford: Stanford University Press, 1999), Chaps. 2 & 7.

15) 渡邊昭夫, 『戦後日本の政治と外交』(東京: 福村出版, 1970), p. 100.

16) Martin E. Weinstein, *Japan's Postwar Defense Policy* (New York: Columbia University Press, 1969), pp. 88-89.

의 안보를 확보할 수 있는 유일한 대안이라고 했다. 또한 일본공산당은 1961년 당 강령에서 "일본은 샌프란시스코 강화조약에 의해 참된 독립을 달성할 수 없었고 일본과 미국의 관계는 대등하고 평등한 동맹관계가 아니라 대단히 이상한 국가적인 대미종속의 상태에 있다"고 진단하면서 미일동맹관계의 즉시 파기를 주장했다.[17]

그러나 기시 정권이 붕괴된 후 미일동맹관계를 둘러싼 논쟁은 일본정치에서 고차원의 정책(high policy)으로 논의되기보다는 경제발전이라는 최우선적인 정책방침에 밀려 커다란 관심의 대상이 되지 못했다. 이러한 정치상황이 발생할 수 있었던 것은 다음과 같은 세 가지 국내정치적 동학에 의해 가능했다.

첫째로, 자민당 내 권력관계의 변화이다. 안보개정 당시 자민당 내 정치역학관계는 기시를 지지하는 주류인 기시 파와 사토 에이사쿠(佐藤榮作) 파, 비주류파인 미키 다케오(三木武夫) 파와 이시바시 단잔(石橋堪山) 파, 그리고 권력의 향배를 고려하는 이케다 파, 고노 이치로(河野一郎) 파, 오노 반보쿠(大野伴睦) 파, 이시이 미츠지로(石井光次郎) 파 등으로 구성되어 있었다.[18] 그런데 안보개정 과정에서 차기 정권을 매개로 본래 '요시다 학교' 출신인 이케다와 사토가 연대함으로써 안보투쟁 후 자민당 내 권력관계의 중심이 기시 총리처럼 미일관계의 정치적 측면을 중시하던 세력으로부터 경제적 측면을 중시하는 세력으로 바뀌었다. 즉 이케다 정권의 성립 이래 요시다 계열의 정치세력이 정치의 주도권을 장악하고 요시다 노선을 정책방침의 기축으로 설정했다.

둘째로, 정책노선의 변화이다. 이것은 첫 번째의 내용과 밀접히 관련되어 있는 것으로 이케다 정권에 의해 추진된 '소득배증계획' 전략 하에서 일본 정치가 기존의 이데올로기적 논쟁에 기초한 대립형 정치에서 경제적 쟁점을 내세운 대립 회피형의 이익정치로 전환했다. 이리하여

---

17) 日本共産党中央委員会, 『日本共産党の80年』(東京: 日本共産党中央委員会出版局, 2003), p. 159.
18) 岩永健吉郎, 『戦後日本の政党と外交』(東京: 東京大学出版会, 1986), p. 89.

이케다 정권 이래 헌법개정의 실질적 포기와 소득배증계획의 제창은 호헌·평화와 미일안보체제를 둘러싼 정치세력 간 대립에 종지부를 찍는 분수령이 되었다. 이러한 노선전환은 국민들의 관심을 정치에서 경제로 돌리는데 커다란 역할을 했다.

셋째로, 반대 정당인 사회당의 좌경화이다. 사회당은 1960년대에 들어 당내 좌파가 주도권을 장악하면서 미일안보체제의 폐기를 주장했다.[19] 사회당의 외교·안보정책은 1951년 1월 제7회 당 대회에서 채택된 '평화4원칙'—전면강화, 중립, 군사기지 반대, 재군비 반대—을 기본으로 하고 있었다. 하지만 사회당은 샌프란시스코 강화조약을 계기로 강화조약 찬성, 안보조약 반대의 우파·중간파와 양 조약 반대의 좌파로 분열했다. 1955년 10월 좌·우파의 재통합을 계기로 사회당은 통일강령에서 "재군비에 반대하지만 현재의 상황에서는 자위대의 확대 저지와 점진적인 감축을 도모한다"는 안보정책과 "미일안보조약의 즉시 폐기를 취하지 않으면서 미·소 양 진영이 참여하는 집단안전보장조약을 체결하고 해소한다"는 외교정책을 주장했다. 하지만 1960년 미일안보조약 개정을 전후하여 사회당은 미일안보조약 폐기의 입장을 명확히 할 수 있었다. 이것은 좌파의 외교·안보정책을 냉전이라는 현실 속에서 안보를 어떻게 할 것인가 하는 문제를 전혀 고려하지 않은 무책임한 이상론이라고 주장하던 니시오 스에히로(西尾末廣)에 대한 제명과 그의 탈당에 의해 초래된 당내 세력관계의 변화, 즉, 좌파 우위체제의 확립에 의해 가능했던 것이다.[20] 이를 계기로 사회당 내에서는 미일동맹관계 즉시 폐기를 주장하는 세력이 전면으로 대두했다.

이처럼 자민당 주류세력의 교체와 노선전환, 그리고 사회당의 좌경화는 일본으로 하여금 정치적 쟁점을 야기할 수 있는 미일동맹문제의 부각을 억제시켰던 것이다.

---

19) Otake Hideo, "Defense Controversies and One-Party Dominance," in T. J. Pempel(ed.), *Uncommon Democracies* (Ithaca: Cornell University Press, 1990), pp. 128-161.

20) 이기완, 『일본의 정당과 정당정치』(서울: 매봉, 2006), pp. 190-193.

2. 미국의 안보 요청과 일본의 대응

본래 동맹관계에서는 동맹국과의 약속을 통해 자국의 안보를 공고히 하려는 동기와 동맹 상대국이 관여하는 분쟁이나 전쟁에 과도하게 연루되지 않으려는 힘이 동시에 작용한다. 일본은 신 안보조약에 의해 극동에서의 전쟁에 말려들 개연성을 차단하면서도, 미일동맹관계가 자국의 안보 요체라고 판단하여 비군사적인 측면에서 미국의 요청에 적극적으로 대응하는 '이중 전략'을 채택하지 않을 수 없었다.

우선 1960년대 일본은 미국이 주도하는 군사작전에의 연루에 의해 초래될 수 있는 동맹의 딜레마를 회피하려고 했다. 이러한 시도들은 크게 세 가지 측면에서 행해졌다. 첫째로, 신 안보조약 제5조의 공동 군사행동의 범위를 들어 미국의 군사작전 요청에 대한 거부이다. 이러한 사례로는 1960년대 초 미국의 라오스에 대한 군사작전 요청 시 라오스가 신 안보조약의 공동방위 대상지역인 극동의 범위에서 벗어난다고 주장하면서 반대했고, 1965년 7월 미국이 오키나와 기지를 베트남 공습작전에 사용하려는 것에 대해 마지못한 승인 등을 들 수 있다.21) 이러한 일본의 행동은 아태지역에서 한국과 오스트레일리아가 각각 한미동맹과 앤저스 동맹에 따라 병력을 파병하여 미국의 군사작전에 협력했던 것과는 매우 대조적인 것이었다.

둘째로, 비핵 3원칙의 채택이다. 1967년 12월 사토 총리는 미국의 핵전력에 연루되는 것을 피하기 위해 "일본은 핵무기를 보유하지도, 만들지도, 반입하지도 않는다"는 비핵 3원칙을 발표했다. 이것은 일본이 동아시아에서 미국의 전쟁에 말려들지 않으려고 자발적으로 방위정책에 부과한 제약이었다.22) 이러한 비핵 3원칙은 적어도 핵전력을 일본 영토와 그 주변해 및 공역에서 전방전개하려는 미국의 전략에는 커다란 제

---

21) 『朝日新聞』 1962년 5월 17일.

22) Peter J. Katzenstein, *Cultural Norms and National Security: Police and Military in Postwar Japan* (Ithaca: Cornell University Press, 1996), p. 128.

약요인이 되었다.[23]

셋째로, 오키나와의 시정권 반환 요구이다.[24] 1965년 8월 사토 총리는 "오키나와 반환이 실현되지 않는 한 일본의 전후는 끝나지 않는다"고 말해 오키나와 반환 실현에 매진할 의사를 명확히 했다.[25] 이 과정에서 사토 총리는 자국의 지정학적 가치와 국내 정치적 상황을 매개로 약자의 공갈정책을 적절히 활용했다. 즉 "오키나와가 반환되지 않으면 일본이 미국에 의해 주권을 침해받고 있다는 인식이 확산될 것이며, 이렇게 되면 자민당 정권이 붕괴되고 미일동맹관계도 와해될 수 있다"고 미국정부를 설득했다.[26] 그리하여 1969년 11월에 개최된 닉슨 · 사토 회담에서 일본은 미국으로부터 오키나와의 시정권 반환을 이끌어낼 수 있었다.[27]

이처럼 일본은 미국의 군사전략에 연루되는 것을 차단하는 동시에 미국과의 동맹관계를 강화하려는 시도도 전개했다. 그 중에서 대표적인 것이 베트남 전쟁 당시 병원시설의 제공 및 물자보급과 '한국 조항' 및 '타이완 조항' 등이다. 1960년대 초반 미국의 대대적인 군사개입에도 불구하고 베트남 전황이 미국에게 불리하게 전개되자, 미국은 오키나와 기지 사용을 일본에 요청했다. 그러나 오키나와 기지 사용에 대한 일본의 거부와 더불어 오키나와 시정권 반환 요구는 역으로 미국 내에서 미일동맹 무용론을 불러일으켰다. 이러한 상황 속에서 일본은 미국 정부의 요청을 전적으로 거절할 수 없어 물적 지원을 결정하지 않을 수 없었다. 이처럼 일본이 미국의 요청에 부분적으로 응했던 것은 형식과 내

23) 梅本哲也, "安全保障," 有賀貞(外編), 『講座国際政治(4) 日本の外交』(東京: 東京大学出版会, 1989), p. 132.

24) Richard L. Sneider, *U.S.-Japanese Security Relations* (New York: Columbia University Press, 1982), p. 35.

25) 猪木武徳, 『日本の近代(7) 経済成長の果実 1955~1972』(東京: 中央公論新社, 2000).

26) U. Alexis Johnson, *The Right Hand Of Power* (Englewood Cliffs, NJ: Prentice-hall, 1984).

27) 이기완, "동맹의 변용과 동맹정책," 이호영·이기완, 앞의 책, p. 121에서 재인용.

용의 불일치가 내재하는 미일동맹관계의 응집력 약화를 차단하고 포기의 공포라는 동맹의 딜레마에 직면하는 것을 막으려는 것이었다.

특히 타이완 조항은 일본이 오키나와의 시정권 반환의 대가로 미국의 동북아 정책에 대한 이해를 공개적으로 표명했던 것이다. 그 주요 내용은 "타이완 지역의 평화와 안전을 유지하는 것은 일본의 안보에 있어 매우 중요한 요인이다. 만약 타이완 지역에서 유사 사태가 발생하면 일본은 미군의 주일미군기지가 타이완을 지키기 위하여 군사행동을 취하는 것을 용인하지 않을 수 없다"는 것이다.[28] 당시 양안 문제가 해결되지 않은 상황에서 미 국방성이 오키나와 기지의 자유 사용 권리를 포기하는 반환에 찬성할 리가 없다는 것을 간파했던 사토 총리는 미국으로부터 오키나와를 반환받기 위한 협상수단으로 타이완 조항을 받아들였던 것이다.[29] 이러한 타이완 조항에 대해 중국은 "미 제국주의와 일본 반동파 간 군사협력을 강화하고 새로운 전쟁 음모에 일본이 찬동한 것이다"고 반발하여 중일관계가 한층 악화되었다.[30]

여기서 중요한 점은 일본이 양안 문제에 대한 미국의 동아시아 전략에 의해 초래될 수 있는 연루의 공포보다는 미일안보조약의 결함요인에 의한 미국의 불만을 완화하여 미국으로부터 포기의 공포를 차단하기 위한 거래수단으로 타이완 조항을 받아들이는 위험을 감수했다는 것이다. 그러나 이러한 일본 측의 동향은 미국의 군사작전 여하에 따라서는 불가피하게 중국문제에 연루될 수 있는 개연성을 높이는 결과를 초래했다.

---

28) 細谷千博(外編), 『日米関係資料集』(東京: 東京大学出版会, 1999), p. 795.

29) 渡邊昭夫, "日米同盟の50年の軌跡と21世紀への展望," 『国際問題』 第490号(東京: 日本国際問題研究所, 2001), pp. 34-35.

30) 『人民日報』 1969년 11월 28일.

Ⅳ. 닉슨 쇼크와 일본의 안보 딜레마

1. 미국의 정책전환과 일본의 포기 딜레마

안보조약 개정을 계기로 안정되던 미일동맹관계는 베트남 전쟁에 대한 일본의 소극적인 지원과 전쟁협력에 냉담한 동맹국이라는 인식의 확산으로 균열이 발생하기 시작했다. 이러한 미일 간 균열은 닉슨 독트린에 의해 한층 심화되었다.

1969년 닉슨 대통령은 "아시아 및 극동에 있어 동맹국이 핵 공격이 아닌 형태의 공격을 당할 경우 경제적 지원만 제공하며, 동맹국은 미 지상군 병력의 지원을 기대하지 말고 제1차적 방위책임을 져야 한다"는 새로운 미국의 아시아 정책을 발표했다.[31] 이것은 아시아에서 미국의 군사적 역할을 축소한다는 방침인 동시에 각 국에 군사적 위협에 대처하기 위한 동맹국의 자주방위 노력을 요구했던 것이다.

이러한 닉슨 독트린에 따라 1970년 6월 주한미군 제7사단 2만 명이 한국과 어떠한 사전 협의도 없이 일방적으로 철수했고, 이것은 일본에게 그때까지 미국이 공언해 온 일본에 대한 방위공약도 언제든지 철회할 수 있다는 강한 의구심을 불러일으켰다. 닉슨 독트린이 발표된 후 일본의 동맹 딜레마는 연루의 공포에서 포기의 공포로 급격히 변화하기 시작했고, 이러한 불안을 한층 증폭시킨 것이 1971년에 발표된 닉슨 쇼크였다.

이것은 1971년 7월 15일에 발표된 닉슨 대통령의 방중 성명이었다. 닉슨 대통령은 기존의 '대중 고립화 정책'을 180도 전환하여 1972년 5월 이전에 중국을 방문할 것이며 이를 위해 키신저(Henry A. Kissinger) 국가안보문제 담당 보좌관이 중국을 방문하고 있다는 성명을 발표했다.

31) John Lewis Gaddis, *Strategy of Containment* (Oxford: Oxford University Press, 1982), Chap. 9.

일본은 성명 직전까지 유엔에서의 중국 대표권 문제로 미국과 공동보조를 취해 왔고, 더욱이 미국이 사토 정권에 대해 타이완 지지 정책을 견지하도록 집요하게 요구해 온 상황에서 자국을 배제한 채 비밀리에 이루어졌던 것에 커다란 충격을 받았다.[32] 이것은 호리 시게루(保利茂) 관방장관의 언급—지금부터 일본도 대미 추종외교에서 벗어나 독자적인 입장에서 자주외교를 전개하지 않으면 안 된다—에서 명확히 알 수 있다.[33] 이러한 상황에서 미국은 비밀 유지의 필요성만을 강조하여 일본으로 하여금 대미 불신감을 확산시켜 미일동맹관계에 커다란 균열을 초래했다.[34]

1951년 샌프란시스코 강화조약 후 미국의 압력 하에서 1952년 타이완과 일화평화조약을 체결했던 일본은 미국의 극동전략에 추수하며 중국을 적대시하는 정책을 채택해 왔다.[35] 이 때문에 1971년 9월 22일 유엔 총회에서 중국의 유엔가입 문제와 관련하여 일본은 미국의 요청에 따라 '역중요사항지정결의안'(逆重要事項指定決議案)과 '복합 2중 대표제 결의안'의 공동 제안국이 되었다.[36] 이것은 국제사회에 일본이 미국을 추종하는 '유일 국가'라는 부정적인 이미지를 낳았다.[37] 하지만 10월 25일 유엔총회에서 알바니아 등 23국이 제출한 '중국 초청, 타이완 추방' 결의가 가결되어 중국의 유엔 가입과 타이완의 추방이 결정되었다.[38]

---

32) 草野厚, "二つのニクソンショックと対米外交," 近代日本研究会(編), 『近代日本研究』(東京: 山川出版社, 1985), p. 285.

33) 保利茂, 『ドキュメント・日中復交』(東京: 時事通信社, 1972), pp. 83-84.

34) Henry Kissinger, *White House years* (Boston: Little, Brown, 1979), p. 762. Rodger Buckley, *U.S.-Japan Alliance Diplomacy* (Cambridge: Harvard University Press, 1992), p. 13.

35) Hamilton Fish Armstrong, "Isolated America," *Foreign Affairs*, vol. 51, no. 1 (1972), p. 6.

36) Chae-Jin Lee, *Japan Faces China* (London: Johns Hopkins University Press, 1976), pp. 101-104.

37) Frank Langdon, *Japan's Foreign Policy* (Vancouver: University of British Columbia Press, 1973), p. 177.

이러한 결과에 미국은 유감의 뜻을 표명했지만, 이미 중국과의 국교 정상화를 진지하게 고려하고 있었기 때문에 크게 반발하지 않았다. 하지만 일본은 중국과의 관계개선에 대단히 소극적이었기 때문에 그 충격 역시 컸고, 자국의 자주적 판단이라고는 해도 미국을 추종함으로써 중일관계를 소원하게 하는 결과를 초래했다.[39] 결과적으로 미국의 대중 접근 움직임은 일본에게 미국에 대한 불신뿐만 아니라 자주방위와 민족주의적 감정을 자극하는 계기가 되었다.

2. 미국의 대중 접근과 일본의 동향

미국의 대중 접근 움직임이 본격화하는 가운데 국내외로부터 커다란 압력에 직면했던 일본은 미국으로부터 포기의 공포를 차단하기 위한 외교적 수단으로 중일관계를 개선하고 중일 국교정상화를 추진할 필요성을 절감했다. 하지만 일본은 미중관계 및 미일동맹의 전망을 둘러싸고 분열되기 시작했다.[40]

첫째로, 미중관계의 전망과 관련된 입장 차이다. 키신저 보좌관과 저우언라이(周恩來) 총리의 회담에서 기시, 이시이, 가야 오키노리(加屋興宣)를 비롯한 친 타이완파(親台湾派)와 자민당 주류파, 그리고 외무성은 단지 미일 양국 간 대화의 장만 마련되었을 것이라고 폄하했던 반면, 후지야마 아이치로(藤山愛一郎), 다가와 세이치(田川誠一)를 비롯한 자민당 내 친 중국파(親中國派)와 야당은 타이완 문제와 중국의 유엔 대표권 문제 등이 논의되었을 것이라고 주장했다. 이러한 지배세력 내 입장 차이와는 별도로 전후 호헌·평화를 대변하는 혁신세력의 상징인 사회·공산 양당 내에도 의견이 분분했다. 사회당은 미중관계의 전망을 둘

38) 楠田実(編), 『佐藤政権 二七九七 (下)』(東京: 行政問題研究所, 1983), pp. 263-265.

39) *New York Times*, Jan. 6, 1972.

40) 이기완, 앞의 논문, pp. 125-126.

러싸고 친 중국파와 친 소련파 간의 격렬한 내부대립이 발생했다. 또한 일본공산당도 1966년 3월 미야모토 겐지(宮本顯治) 서기장의 중국 방문을 계기로 중국공산당과의 관계에 균열이 발생했고, 1967년 10월 문화대혁명에 대한 비판으로 일본공산당과 중국 간 관계가 급격히 악화되면서 미중관계 정상화에 부정적인 입장을 보였다.

둘째로, 미일동맹관계의 전망과 관련된 입장 차이다. 친 중국파는 미국이 정경분리 원칙에 입각하여 중국과의 관계개선만을 고려하고 있다고 주장했던 반면, 친 타이완파는 미국이 미일안보조약의 파기를 요청할 가능성이 있다고 역설했다. 반면 사회・공산 양당은 미국의 동아시아 전략에 의해 미국이 미일동맹을 파기할 가능성은 그다지 높지 않다고 주장했다.

이러한 입장 차이는 1951년 미일안보조약 체결 후 자국의 안보문제와 대응방안을 심각하게 고민하지 않은 당연한 귀결이었다. 이러한 상황에서 일본은 미국의 대중 접근에 의해 초래될 수 있는 미국으로부터 포기의 공포를 차단하면서 자국의 안보를 어떻게 확보할 것인가 하는 문제를 미국이 선택했던 것과 동일한 방식인 중국과의 국교정상화이라는 외교적 카드를 통해 타개하려고 했다.

이리하여 일본은 미일안보체제의 재검토와 중일 국교정상화 문제를 검토하기 시작했다. 오히라 마사요시(大平正芳) 통산상은 1971년 12월 "미일안보조약을 그대로 유지하는 것이 국익에 도움이 되는가 아니면 개정을 해야 하는가의 문제를 진지하게 검토해야 한다"고 언급했다.[41] 또한 1972년 1월 7일에 개최된 미일정상회담에서 사토 총리는 "타이완은 중화인민공화국의 일부다"고 언급했다.[42] 이것은 일본이 중국문제를 둘러싸고 미국과 입장 차이가 있음을 보여주는 동시에 1969년 닉슨・사토 성명에서 보여진 타이완 조항으로부터의 이탈 가능성을 의미하는 것이었다.

---

41) 『朝日新聞』 1972년 1월 5일.
42) 『朝日新聞』 1972년 1월 8일.

이러한 일본의 동향은 미국으로 하여금 일본이 미일안보조약을 개정하고 핵 무장에 나서는 것은 아닌가 하는 의구심을 불러일으키게 하는 요인이 되었다. 이 때문에 닉슨 대통령은 중국을 방문하여 국교정상화를 논의할 때 "일본의 군국주의화와 핵병기의 보유를 저지하는데 있어 미일안보조약은 큰 효과가 있다"며 중국을 설득했고, 이러한 인식을 중국 측도 공유하고 있었다.[43] 즉 미중관계 정상화 당시, 일본의 군국주의화를 어떻게 방지할 것인가 하는 문제가 미중 양국의 공통 관심사였던 것이다.[44] 중국 측은 일본이 타이완에 군대를 진격시킬 가능성을 우려하고 있었고, 이에 대해 미국은 타이완으로부터 미국이 철병한 후에도 일본군이 타이완에 진출하지 못하도록 하겠다는 것을 약속했다. 이 때문에 중일 국교정상화 시, 중국이 미일안보조약이 미치는 극동의 범위로부터 타이완을 제외할 것을 요구하지 않았던 것이다.[45]

이리하여 미중 양국은 미일동맹관계의 현상에 어떠한 변화도 가하지 않는다는 점에 합의할 수 있었다. 그 결과 1972년 2월 미중 공동성명에서 미국은 "미중관계 개선이 우방을 희생으로 하는 것은 아니다"는 입장을 천명함으로써 동맹관계를 둘러싼 미일 간 갈등도 일단락되었다. 그럼에도 불구하고 일본은 미국이 일본에서 중국으로 동맹 파트너를 바꾸는 것은 아닌가 하는 강한 의구심을 떨쳐버리지 못했다.[46]

---

43) Richard M. Nixon, *The Memoirs of Richard Nixon* (New York: Grosset & Dunlap, 1978), pp. 563-567.

44) 毛里和子·毛里興三郎(訳), 『ニクソン訪中機密会談録』(名古屋: 名古屋大学出版会, 2001), pp. 102-103.

45) 霞山会(編), 『日中関係基本資料集 1949-1997』(東京: 財団法人霞山会, 1998), pp. 441-442.

46) 草野厚, 앞의 논문, p. 285.

Ⅴ. 중일 국교정상화와 미국의 딜레마

1. 중일 국교정상화와 안보문제

1969년 닉슨 독트린과 1971년 닉슨 쇼크는 일본에게 미일동맹을 강력히 지탱해 온 이해의 일치(convergent interest)가 풍화하는 것은 아닌가 하는 강한 의구심을 불러일으켰다. 이에 일본은 중국과의 국교정상화라는 외교적 카드를 통해 미국으로부터 포기의 공포를 완화하려는 정책방침을 결정했다. 이리하여 일본은 1949년 이래 '적'으로 간주해 온 중국과의 우호관계를 모색하기 시작했고,[47] 이러한 방침에 자민당뿐만 아니라 사회당을 포함한 야당들도 지지를 보냈다. 이러한 중국과의 관계 모색은 미국으로부터의 포기의 공포를 차단하는 동시에 중국과의 적대관계를 해소하여 자국의 안보를 높이고 동맹의 자율성을 확보하려는 것이었다. 그러나 일본은 무리하게 중국과의 국교정상화를 추진하게 되면, 비록 미국과의 동맹관계를 해소할 의사가 없음에도 불구하고, 미국의 불만을 초래하여 양국관계를 한층 악화시킬 여지가 있음을 인식하고 있었다.[48]

이 때문에 사토 정권은 신중한 자세로 임하면서 1958년 '나가사키 국기사건'으로 중일관계가 가장 악화되던 시기에 중국 측으로부터 제시된 '대일 정치 3원칙'을 어느 정도까지 수용할 수 있는지의 문제를 검토했다. 그것은 1958년 8월 사다 다다타가(佐多忠隆) 사회당 참의원 의원에게 전달되었던 것으로 첫째 중국 적대정책을 포기하고, 둘째 두 개의 중국을 만드는 음모에 가담하지 않으며, 셋째 중일 양국의 국교정상화를 방해하지 않는다는 내용이었다.[49]

1971년 6월에 다케이리 요시카츠(竹入義勝) 위원장을 단장으로 하는

47) 伊藤剛, 앞의 책, p. 22.
48) 이기완, 앞의 논문, pp. 128-129.
49) 古川万太郎, 『日中戦後関係史』(東京: 原書房, 1988), pp. 163-166.

공명당 대표단이 중국을 방문했을 때, 중국 측으로부터 국교정상화를 위한 전제조건으로 중일 수교 3원칙(中日復校3原則)이 제시되었다. 이러한 중일 수교 3원칙은 첫째 중화인민공화국 정부가 중국인민을 대표하는 유일한 합법정부이며, 둘째 타이완은 중화인민공화국 영토의 불가분의 일부이고, 셋째 일본과 타이완이 체결한 조약은 불법으로 파기되어야 한다는 것이었다. 당시 대미관계 및 타이완과의 신의를 중시하던 사토 총리는 "신중히 중일 양국 간 관계개선을 도모할 것이다"고 언급하여 중국과의 관계개선에 소극적인 입장을 보였다.

이리하여 타이완에 구속된 사토 정권 하에서는 변화하는 국제정세에 신속히 대응할 수 없고, 미・중・일 3국 문제를 해결할 수 없다는 비판이 분출하여 오키나와 반환이 실현된 후 사토 총리는 퇴진하지 않을 수 없었다. 사토 정권을 이어받아 1972년 7월 7일에 성립한 다나카 가쿠에이(田中角榮) 정권은 미・중 국교정상화를 교묘히 이용하여 '대미 자주외교'를 실현하려고 했다. 일본은 중일 국교정상화 과정에서 "중국 측이 미일안보조약의 파기 또는 최소한 극동조항에서 타이완을 제외하도록 요구"할 것이라고 예측하고 있었다. 이처럼 중일 국교정상화 문제는 미일 양국에게 커다란 외교적 불신과 갈등을 야기했고, 이 과정에서 중국 측의 요구를 수용하게 되면 미일동맹관계는 해소될 것이다.

이러한 상황에서 '다케이리 메모'는 일본으로 하여금 중국과의 국교정상화 움직임을 가속화시키는 요인이 되었다.[50] 이것은 7월 25일 베이징에서 저우언라이 총리와의 회담 때, 다케이리 위원장이 저우언라이 총리가 제시한 중일 국교정상화를 위한 중국 측의 조건을 듣고 메모했던 것이다.[51] 그 내용은 "첫째, 중일 간 전쟁상태를 종결시킨다. 둘째, 중화인민공화국정부가 중국을 대표하는 유일 합법정부인 것을 승인한다. 셋째, 중일 양국은 아태 지역에서 패권을 추구하지 않으며, 패권의 기도에도 반대한다. 넷째, 중국은 일본에 대한 전쟁배상청구권을 포기

50) 田中明彦, 『日中関係 1945~1990』(東京: 東京大学出版会, 1991), pp. 77-79.
51) 升味準之輔, 『現代政治 (上)』(東京: 東京大学出版会, 1985), p. 219.

한다." 등을 핵심 골자로 8항목의 메모였다.

8월 4일 귀국한 다케이리 위원장은 다나카 총리와 오히라 외상을 방문하여 중국 측의 입장을 정리한 '메모'를 전달했다. 이에 일본은 중국과의 국교정상화를 위한 구체화 작업을 본격적으로 추진했다. 이러한 정부 동의에 대해 자민당 내 친 타이완 파 일부와 공산당이 반대했지만, 기본적으로는 자민당 주류와 사회당을 비롯한 야당들이 찬성 입장을 보였다. 특히 나리타 도모미(成田知巳) 사회당 위원장은 7월 7일 "중일 문제에서 다나카 내각이 수교 3원칙을 인정하면 다나카 내각을 지지한다"는 입장을 표명했고, 민사당과 공명당도 "다나카 총리가 중일 국교를 타개하기 위한 결단을 내리면 적극 협력한다"는 의향을 명확히 밝혔다.

중일 국교정상화를 위한 국내 정치 환경이 정비되자 다나카 총리는 미국과 타이완의 양해를 구하기 위한 외교적 노력을 전개했다. 9월 1일에 개최된 하와이 정상회담에서 다나카 총리는 중일관계 정상화에 즈음하여 "첫째 미일안보체제를 견지하고, 둘째 미일안보조약의 극동조항에 대해서는 언급하지 않을 것이다"는 일본 측의 입장을 미국 측에 전달했다. 이를 통해 다나카 총리는 중일 국교정상화가 미일동맹관계에 하등의 영향도 미치지 않으며 미일안보조약의 극동에 타이완이 포함되는 것에 대해서도 변화가 없다는 점을 미 정부에 확약시켜 미국 측의 이해를 구했다. 그 결과 "다나카 총리의 방중이 아시아에서 긴장완화의 촉매가 되기를 희망한다"는 공동성명이 발표되었다. 또한 9월 18일 시이나 에츠사부로(椎名悦三郎) 자민당 부총재가 타이완을 방문하여 중일 국교정상화에 대한 일본 측의 사정을 설명했다.[52]

9월 25일 다나카 총리는 오히라 외상, 니카이도 스스무(二階堂進) 관방장관 등과 함께 중국을 방문했다. 저우언라이 · 다나카 회담에서 저우언라이는 "미일안보조약의 견지가 중일 국교정상화의 대전제이다"는 다나카의 발언에 대해 "미일관계는 양국의 문제이며 일본이 안보조약

52) 每日新聞政治部, 『安保』(東京: 角川書店, 1987), p. 165.

을 견지하는 것은 당연한 것이다"고 말해 미일안보체제 견지에 대해 어떤 이의제기도 하지 않을 것임을 명확히 했다.[53] 이것은 당초 중국 측이 미일안보조약에 상당히 비판적이었다는 점을 고려하면 획기적인 변화라고 말하지 않을 수 없다. 이러한 변화의 배후에는 미일안보체제가 반소 전략상 유효할 뿐만 아니라 일본의 군사대국화를 억지하는데 큰 기여를 할 수 있다는 인식이 있었다.[54]

한편, 중국 측이 제기한 타이완 문제에 대해 일본은 하나의 중국 입장을 수용하고 타이완이 중국의 일부라는 주장에 대해 "충분히 이해하고 존중한다"고 양보했다. 또한 공동성명에서 구체적으로 언급되지 않았던 일본과 타이완 문제에 대해서는 조약체결 후에 행해진 기자회견에서 오히라 외상이 "중일 국교정상화의 결과로 일화평화조약은 이미 그 존재의의를 상실하고 종언을 고했다. 이 때문에 일본과 타이완 간 외교관계는 유지될 없다"고 선언했다. 이리하여 일본은 중국과의 전쟁상태를 종결시킬 수 있었지만, 타이완과도 정치적 관계를 단절하지 않을 수 없었다.[55]

2. 미국의 딜레마

일본은 미국과의 안보조약뿐만 아니라 중국과의 국교를 정상화하여 "미국으로부터 포기의 공포를 차단하면서 미・중・일 3국간 우호협력체제의 구축을 통해 극동 평화를 유지할 수 있다"고 판단했다. 특히 다나카는 "일본이 중국과의 국교를 정상화하는 것은 동아시아 지역에 NATO에 버금가는 강력한 안보체제를 구축하는 것이 된다"고 언급하여 중일 국교정상화를 통해 지금까지 양립하지 않던 미일동맹과 중일관계를 양립시켜 자국의 안보환경을 둘러싼 불안정 요인을 해소하려고

53) NHK取材班, 『周思来の決断』(東京: 日本放送出版協会 1993), p. 144.
54) 毛里和子, 『日中関係戦後から新時代へ』(東京: 岩波書店, 2006), pp. 62-63.
55) 西川吉光, 『日本の外交政策』(東京: 学文社, 2004), pp. 97-101.

했다.[56]

그러나 당시 일본의 대중 접근 움직임을 예의주시하던 미국은 다음 두 가지 점을 경계하고 있었다. 첫째로, 일본이 미국과의 동맹관계에서 이탈하는 것은 아닌가 하는 것이다. 미국은 중일 국교정상화를 위한 협상이 진행되면 미일안보조약과 타이완 문제가 중일 양국 간 주된 정치적 쟁점으로 대두되지 않을 수 없다는 점을 명확히 인식하고 있었다.[57] 특히 미국은 중일관계의 정상화가 타이완의 안보문제를 미일관계의 대상으로부터 제외시키는 것은 아닌가 하는 의구심을 가지고 있었다. 만약 일본이 중국과의 국교정상화 조건으로 미일안보조약을 파기하거나 미일안보조약의 극동 범위에서 타이완을 제외하게 되면, 미국은 일본의 기지를 사용할 수 없게 될 뿐만 아니라 타이완 유사시 적절한 대응책을 강구할 수 없게 되는 상황에 놓이게 된다.

당시 미국에게 있어 가장 중요한 것은 미일동맹관계의 공고화를 통해 주일 미군기지를 계속적, 안정적으로 확보하는 것이었다. 미군기지 확보의 중요성은 1950년대 후반 일본의 안보조약 개정요구에 미국이 어쩔 수 없이 응했던 것에서도 명확히 알 수 있다.

둘째로, 일본이 군국주의화로 나아가는 것은 아닌가 하는 것이다. 지금까지 미국은 일본에 대해 재군비 확대를 요구하면서도 일본의 군국주의화 지향에는 반대했다. 미국은 일본이 어느 정도의 군사적 역할을 수행하기를 원하면서도, 헌법 제9조 개정을 통한 막강한 군사력의 보유는 미국의 잠재적인 위협이 될 가능성이 높다고 판단했다. 따라서 1970년대 들어 일본 측에서 제기된 '자주방위 5원칙'과 '핵무장론'은 미국의 커다란 우려를 초래하지 않을 수 없었다. 전자는 1970년 제3차 사토 정권에서 방위청장관에 취임했던 나카소네 야스히로(中曾根康弘)가 자주방위를 '주'로 하고 미일안보관계를 '종'으로 한다는 방위정책 개혁안이었

56) 柳田邦男, 『日本は燃えているか』(東京: 講談社, 1983), p. 266; 早坂茂三, 앞의 책, p. 193.
57) 毎日新聞社政治部, 『転換期の安保』(東京: 毎日新聞社, 1979), p. 202.

다. 후자는 미중 국교정상화 이후 일본 내에서 자국의 안보를 독자적으로 확보하기 위해 핵무장도 불가피하다는 것이었다. 그런데 이러한 구상들은 일본의 동맹 이탈 움직임으로 간주하는 미국의 비난을 불러일으키는 동시에 자민당 내 주류파와 야당, 그리고 국민들의 반발에 부딪쳐 실패로 끝났다.[58]

여기에 미국의 딜레마가 있었다. 비록 일본이 중국과 국교를 정상화하더라도 미일동맹관계를 해소하지 않을 것이라고 판단하고 있었지만, 자국의 의도와는 달리 일본이 주일 미군기지의 반환을 요구하거나 중립을 선언할 경우 미국은 동아시아 지역에서 대소 봉쇄의 전초기지를 상실할 수 있는 동시에 일본이 자주방위를 선언하고 군사력을 강화하는 쪽으로 정책전환을 단행할 수 있다는 불안감을 가지고 있었다. 이러한 상황을 정확히 꿰뚫고 있던 미국은 일본과의 동맹을 강화하기 위한 시도들을 전개하지 않을 수 없었고, 일본 역시 미국과의 동맹의 필요성에 의해 중일 국교정상화 이후 중국문제로 균열을 보인 미일관계를 복원하려고 노력했다.

Ⅵ. 결론

지금까지 살펴본 바와 같이 1960년대부터 1970년대 초반에 이르는 과정에서 미일동맹관계의 변화 양태는 국제정세와 미국의 대외전략에 일본이 대응하는 방식에 의해 결정되어 왔음을 알 수 있었다. 즉 1969년 닉슨 독트린과 1970년대 미소 간 데탕트에 의한 대립구도 완화, 그리고 미중 양국의 국교정상화 등으로 대변되는 일련의 정치과정은 한편으로 미국이 주도하는 국제체제의 구조변화에 적극적으로 대처하지 못한 일

---

58) 佐道明広, "自主外交を問われる日本," 小島朋之・竹田いさみ(編), 『東アジアの安全保障』(東京: 南窓社, 2002), pp. 110-134.

본에게는 미국으로부터의 버림받을 수 있는 포기의 공포를 느끼게 했고, 다른 한편으로 일본의 중국과의 국교정상화이라는 외교적 카드에 충격을 받은 미국에게는 주일 미군기지를 상실할 수 있다는 불안감과 일본의 동맹 이탈 움직임으로 오인하도록 하는 결과를 초래했다. 하지만 1970년대 국제체제의 변동에 의해 촉발된 미일 간 중국문제와 미일 안보조약의 문제는 미국과 일본의 국익을 크게 손상시키지 않는 범위 내에서 해결되었다.

그럼에도 불구하고 미일 양국은 국제체제의 변동과 동맹정책에 대한 각국의 대응방식에 따라 언제든지 동맹의 딜레마에 직면할 수 있음을 명확히 인식했다. 이 때문에 미일 양국은 동맹관계의 존재의의를 재검토할 필요성을 절실히 느끼게 되었다.

이러한 상황 하에서 책정된 것이 1978년 11월 27일 미일방위협력지침(가이드라인)이었다.[59] 이것은 일본이 방위계획대강의 한계인 일본 주변지역 유사시의 불충분한 대응에 의해 초래될 수 있는 안보 불안을 해소하기 위해 미국과의 협력관계 긴밀화의 필요성에 의해 도입되었던 것이다.[60] 여기서는 유사시 공격은 미국이 담당하고 방어는 일본이 책임진다는 역할분담이 규정되었다. 이 지침이 책정된 후 자위대가 미군과의 합동군사훈련에 적극적으로 참가하기 시작하는 등 양국 간 동맹관계는 한층 강화되었다.[61] 이러한 미일동맹관계의 긴밀화 움직임은 '전후정치의 총결산'을 표방하면서 등장한 나카소네 총리에 의해 한층 강화되었다.

나카소네 총리는 자국 스스로 미일동맹관계의 긴밀화를 제약해 온 정책들을 대폭 수정했다. 첫째로, 방위비의 GNP 1% 이내 규정의 철폐였다. 이 규정은 1976년 미키 정권에서 도입되어 군사 소국주의의 상징

---

59) 前田哲男, 『自衛隊は何をしてきたのか？』(東京: 筑摩書房, 1990).
60) 小野直樹, 『戦後日米関係の国際政治経済分析』(東京: 慶應義塾大学出版会, 2002), p. 186.
61) 都留重人, 『日米安保解消への道』(東京: 岩波書店, 1997), pp. 30-31.

으로 미국이 강력히 요구하는 방위비 증액의 족쇄로 작용하여 왔는데, 1986년 12월 철폐했다. 둘째로, 3해협 봉쇄구상 발표였다.[62] 이것은 자국이 3해협에 대한 해양 방어를 강화하여 평상시에는 소련 잠수함의 출입 정보를 파악하여 미군에 알려주고 유사시에는 3해협을 봉쇄하여 핵탑재 원자력 잠수함의 해협 통과를 저지하겠다는 것이었다. 셋째로, 무기수출 3원칙의 완화였다. 1983년 1월 나카소네 정권은 미일 군사협력을 강화하기 위한 일환으로 미국에 대한 군사기술의 수출을 결정하여 무기수출 3원칙을 완화했다.

이러한 일본 측 노력은 미일 간 안보협력과 미일안보체제의 결속력을 강화하고 미일동맹관계를 운명공동체 수준까지 끌어올리는데 커다란 기여를 했지만, 미일동맹에 결박되어 미국이 주도하는 원치 않는 전쟁에 불가피하게 연루될 가능성을 높이는 부정적인 결과를 초래했다. 동시에 이것은 만에 하나 국제체제에 커다란 구조변화가 발생하면 경우에 따라서는 1970년대 초반처럼 재차 포기의 공포에 직면하게 되는 것은 아닌가 하는 불안을 내포하고 있었다.[63]

끝으로 1970년대 초반 미일관계의 균열이 중국문제를 둘러싼 이해관계의 차이에서 발생했다는 점을 고려하면, 향후 미일동맹관계도 '중국의 위협'을 어떻게 인식하고 미중관계의 동학이 어떻게 전개되느냐에 따라 변화할 가능성이 높다고 볼 수 있다. <표>에서 보여지는 바와 같이 미중관계의 두 시나리오에 따라 미일동맹의 전망은 여섯 가지로 세분화될 수 있다. 특히 미일동맹관계와 일본의 안보정책은 미국의 개입정도와 중국의 패권 확보 여하에 따라 크게 달라질 수 있다.

이와 관련하여 여기서 주목할 점은 두 가지로 첫째, 미국이 개입을 지속하는 상황에서 중국이 현상타파에 성공하는 경우와 미국이 개입을 포기하는 가운데 중국이 현상타파에 성공하는 경우이다. 전자의 경우에

---

62) *The Washington Post*, January 19, 1983.

63) 渡辺治, "日米新ガイドラインの日本側のねらい," 山内敏弘(編), 『日米新ガイドラインと周辺事態法』(京都: 法律文化社, 1999), pp. 24-26.

일본은 자국의 역할분담 확대를 통해 미일동맹의 강화를 추진하고 중국의 패권에 대항하는 '도전자'가 되거나 아니면 미일동맹을 파기하고 중국 측에 가담하는 '편승정책'을 추진할 것이다. 후자의 경우에 일본은 미일동맹을 파기하고 독자적으로 군사대국화를 추진하여 중국의 패권에 도전하거나 아니면 손실을 회피하고 생존을 모색하기 위해 중국의 세력권에 들어가는 편승정책을 택할 것이다.

<표> 미·중·일 3각 관계와 미일동맹의 전망

미국의 정책	중국의 정책	동아시아 안보환경	미일동맹과 일본의 역할
관여와 개입의 지속	패권 획득 실패	현상유지(미국 패권)	미일동맹 유지
	패권 획득 성공	현상파타(중국 패권)	일본의 역할분담 증가
			미일동맹파기(중국 편승)
관여와 개입의 포기	패권 획득 실패	세력균형	일본의 역할분담 증가
	패권 획득 성공	현상타파(중국 패권)	일본의 군사대국화
			미일동맹파기(중국 편승)

출처: 川上高司, 『米軍の前方展開と日米同盟』(東京: 同文舘出版, 2004), p. 272.

결국 미·중·일 3각 관계와 미일동맹은 향후 대외적으로 첫째 미국의 동아시아 전략과 이에 따른 개입의 정도, 그리고 미국의 상대적 지위, 둘째 중국의 경제발전 성공 여부와 대외정책의 방향, 셋째 미·중·일 3국의 동아시아 패권경쟁의 정도 등의 변수에, 미·중·일 3국의 정치변동과 정치 지도자들의 대외인식이라는 대내적인 요인이 어떻게 맞물리는지에 따라 변화할 가능성이 높다. 또한 중국 문제에 대한 미일 양국의 입장과 전략도 미·중·일 3각 관계의 변화에 커다란 영향을 미칠 것으로 보인다.

제6장

일본의 보통국가화와 중일관계

-갈등의 이슈와 원인-

Ⅰ. 서론

Ⅱ. 중일 간 미해결 정치쟁점과 대립점

Ⅲ. 일본 정치동학의 변화와 갈등의 현재화

Ⅳ. 결론

제6장 일본의 보통국가화와 중일관계 -갈등의 이슈와 원인-

Ⅰ. 서론

1972년 중일 국교회복과 1978년 중일 평화우호조약 체결 후 소련의 잠재적 위협에 대한 공동대처라는 전략적 이해관계 속에서 중일관계는 정치적, 경제적, 문화적 교류의 확대 속에서 비약적으로 발전해 왔지만, 1989년 텐안먼 사건과 냉전종식으로 정체되는 양상을 보였다. 이것은 냉전종식으로 일본과 중국을 연결시켜 온 소련의 위협이라는 공동 목표의 상실, 타이완 해협의 위기 고조, 그리고 역사인식을 둘러싼 대립 등에서 비롯되었던 것이다.

그럼에도 중일 양국의 경제교류는 비약적으로 증가하여 상호의존관계가 심화되고 있다. 일본의 대중 무역총액은 국교가 정상화되던 1972년 11억 달러에서 1991년 228억 달러를 넘고 2004년에는 1,680억에 이르러 중국이 미국을 제치고 일본의 최대 무역상대국이 되었다. 2003년까지 중국의 최대 무역 상대국이었던 일본은 2004년에 EU(33.6%), 미국(34.3%)에 뒤쳐져 중국의 무역상대국으로서의 비중이 저하되고 있는 것처럼 보였지만, 중국의 무역상대국으로서 일본의 중요성은 여전히 높다. 더욱이 이러한 현상은 1990년대 초반까지 중국의 일본경제에 대한 전적인 의존에서 벗어나 양국이 진정한 파트너로서 상호의존관계를 심화하고 있다는 것을 보여준다.

---

* 이 장은 "중일관계 갈등의 이슈와 원인"(『국제지역연구』 제13권 제1호)에 실린 논문을 보완한 것이다.

<그림 1> 일본의 대중 무역 추이

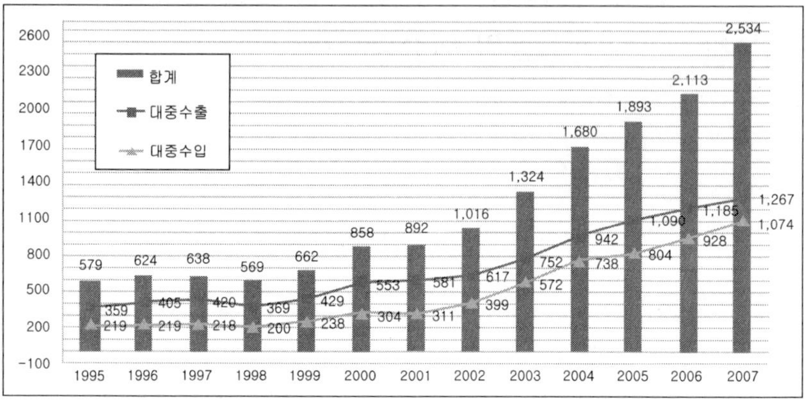

출처: http://www.jcipo.org/toukei/2008/jp_7.html (검색일: 2009년 7월 1일)

그러나 이러한 경제적 상호의존관계의 심화에도 불구하고 중일 간 정치적인 신뢰회복은 그다지 진전되지 않고 있으며, 최근에는 오히려 '정냉경열'(政冷經熱) 현상마저 나타나고 있다. 이것은 1990년대 들어 양국 간 우호협력관계 증진에 커다란 제약요인이 될 수 있는 문제들—역사인식 문제, 센카쿠열도(尖閣列島) 영유권 문제,[1] 그리고 타이완 문제—이 외교적 쟁점으로 그대로 표출되면서 양국관계에 심각한 균열을 초래하고 있기 때문이다. 특히 중국은 일본의 과거 침략행위를 센카쿠열도의 영유권 문제나 타이완 문제의 시발점으로 인식하고 역사인식 문제에 있어 일본의 전향적인 입장 변화를 요구하고 있다.[2]

1) 센카쿠열도는 중국, 일본, 타이완이 각각 영유권을 주장하는 동중국해에 위치한 5개의 작은 섬–우오츠리섬(魚釣島), 기타고섬(北小島), 미나미고섬(南小島), 구바섬(久場島), 다이쇼섬(大正島)–으로 영유권을 주장하는 국가마다 부르는 명칭이 다르다. 중국은 조어도(釣魚島, 댜오위다오), 일본은 센카쿠열도(尖閣列島), 그리고 타이완은 조어대(釣魚臺, 댜오위다이)라고 부르고 있지만, 여기서는 현재 일본이 실효적 지배 중이므로 일본식 지명을 사용한다.

2) Daqing Yang, "Mirror for the future or the history card? Understanding the history problem," in Marie Soderberg(ed.), *Chinese-Japanese relations in the Twenty-First Century* (London: Routledge, 2002), p. 14.

이런 상황에서 일본 정부는 중일 간 미해결의 정치쟁점들을 해결하기 위해 노력하기 보다는 오히려 중국 측의 비난을 '주권 침해'로 간주하고 있다. 이러한 현상은 1990년대 들어 일본 정치세력의 역학관계 변화와 신보수주의 세력의 대두, 친중국 입장을 견지하던 사회·공산 양당의 쇠퇴, 그리고 보통국가로의 전환 움직임과 민족주의의 대두라는 총체적 맥락 속에서 진행되고 있다.

<그림 2> 일본인의 중국에 대한 친근감

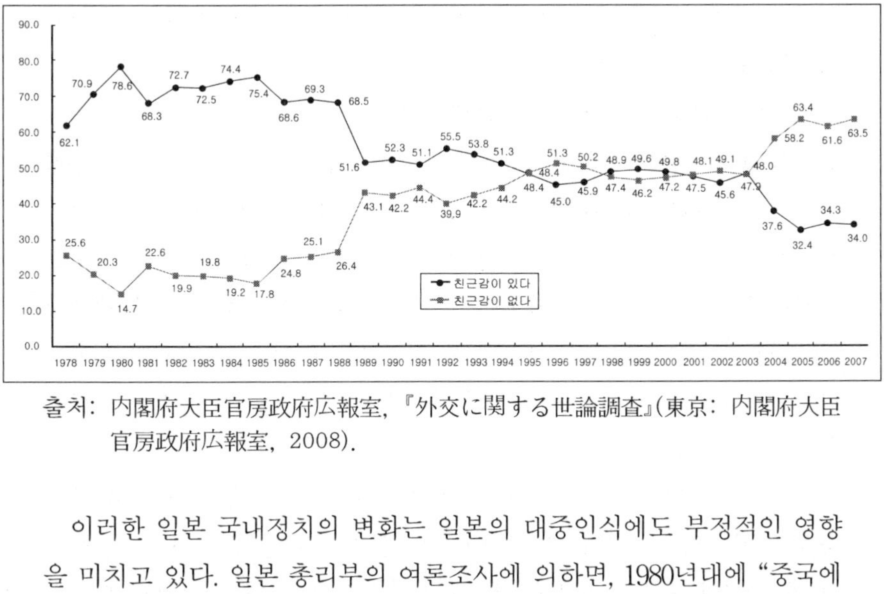

출처: 内閣府大臣官房政府広報室, 『外交に関する世論調査』(東京: 内閣府大臣官房政府広報室, 2008).

이러한 일본 국내정치의 변화는 일본의 대중인식에도 부정적인 영향을 미치고 있다. 일본 총리부의 여론조사에 의하면, 1980년대에 "중국에 대해 친근감을 가지고 있다"고 응답한 일본인이 70% 전후였지만, 1996년에는 '친근감 없음'이 '친근감 있음'을 처음으로 상회했고, 2007년에는 "중국에 친근감을 가지고 있지 않다"는 비율(63.5%)이 "친근감을 가지고 있다"(34.0%)보다 압도적으로 높게 나타났다.[3] 이것은 1990년대 이래 중국과의 경제적 교류 확대와 중국의 문화 및 생활양식에 대한 관심 고조와는 별개로 미해결의 정치쟁점들을 둘러싼 양국 간 대립의 악순환

3) 荒井利明, 『変貌する中国外交』(東京: 日中出版, 2000), pp. 156-157.

이 오히려 일본인의 반중 감정을 자극했기 때문이다.

이 때문에 중일관계는 향후 마찰의 소지를 내포한 미해결의 갈등 이슈, 특히 과거사에 대한 역사인식 문제, 센카쿠열도 영유권 분쟁, 그리고 타이완 문제 등을 둘러싸고 첨예하게 마찰, 경색의 국면에 빠질 가능성이 높다. 중일 양국은 1990년대 이전에도 이러한 이슈의 부침에 따라 일시적으로 화해와 경색의 정치과정이 있었지만, 일본정부는 미·중·일 3국관계의 특수한 측면을 고려하여 양국관계가 극단적인 대결구도로 치닫는 것을 회피해 왔다. 이것은 일본이 미국과의 안보조약뿐만 아니라 중국과의 우호관계 유지가 동북아 지역의 평화에 있어 긴요하다" 고 판단했기 때문이다.[4)]

그러나 1990년대 이후 일본 국내정치의 변화는 한편으로 민족주의적 담론을 통해 지지를 획득하려는 정치세력의 급부상과 사회전반의 우경화를, 다른 한편으로 이전에 중국과의 우호관계를 중시하던 정치인들의 정치적 영향력 상실과 친 타이완 정책을 표방하는 정치인의 득세 등을 가져왔다. 이로 인해 일본의 대중인식과 대중정책은 비록 일본 내에서 중국과의 우호관계의 구축과 유지를 위한 노력들이 전개되고 있다 하더라도 이전과는 상당히 다른 양상을 보이면서 중일관계에 질적인 변화를 초래하고 있다.

이 장은 1972년 중일 국교회복 이래 우호협력관계를 증진시켜 왔던 중일 간에 "최근 미해결의 정치이슈를 둘러싸고 갈등이 확대·심화되고 있는지"의 문제를 일본 측 정치동학—정치적, 이념적, 안보적 요인—에 초점을 맞추어 그 원인을 규명하고, 그것이 향후 중일관계와 동북아 안보질서에 어떠한 영향을 미칠 것인지를 심층적으로 분석하는데 있다. 이하 제2장에서는 중일 간 외교적 갈등 이슈가 되는 역사인식 문제, 센카쿠열도 영유권 문제, 그리고 타이완 문제 등의 주된 내용을 살펴보고, 제3장에서는 중일 간 정치적 갈등을 촉진시키는 요인을 일본 측 정치동

4) 柳田邦男, 『日本は燃えているか』(東京: 講談社, 1983), p. 266.

학, 즉 정치적 요인으로서의 정치세력의 역학관계 변화, 이념적 요인으로서의 평화주의의 퇴색, 그리고 안보적 요인으로서의 군사대국 지향이라는 세 측면에서 검토・분석하고, 이를 바탕으로 제4장에서는 결론을 도출한다.

Ⅱ. 중일 간 미해결 정치쟁점과 대립점

1972년 중일 국교회복 이후, 양국관계에서 가장 지속적으로 이슈화되고 있는 동시에 양국의 우호협력관계 증진에 커다란 걸림돌로 작용하고 있는 것은 아마도 역사인식 문제, 영토・영해 문제, 타이완 문제일 것이다. 이러한 이슈들은 가치, 이익・안보, 그리고 권력・패권을 구성하는 개별적인 요소이기 보다는 그 내용에 있어서는 복합적인 연계성을 가지고 있으며 상호 중첩되는 측면이 대단히 강하다. 따라서 비록 중일 간에 단지 한 측면에서 대립이 발생한다 하더라도, 이것은 독립적인 이슈에 국한된 문제로 끝나는 것이 아니라 세 차원의 이슈들이 동시에 상호 중첩하면서 양국 간 갈등을 초래하게 된다.

<그림 3> 중일 간 이슈의 중층화

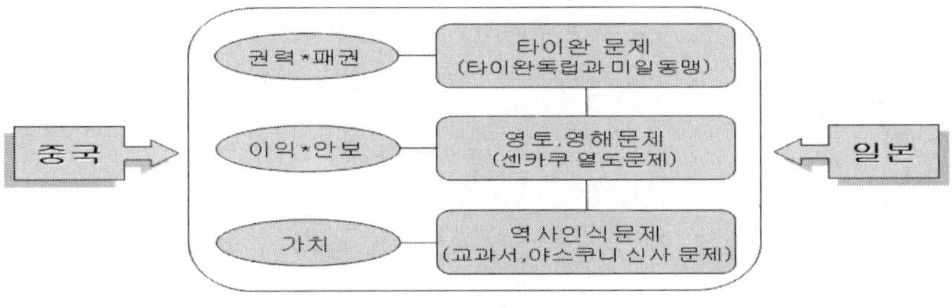

출처: 毛里和子, 『日中関係』(東京: 岩波書店, 2006), p. 207.

1. 역사인식 문제

역사인식은 국가의 규범성과 아이덴티티에 관계된 것으로 국가 간에 타협 내지 협상이 불가능한 가치 차원의 문제이다. 따라서 이 문제에 대한 인식 차이는 국가 간 갈등을 초래할 뿐만 아니라 상대국에 대한 인식을 악화시키고, 경우에 따라서는 자국 내에서 타국에 대한 반감 내지 적대감을 양산하는 요인이 된다.[5)]

중일 간 역사인식 문제로부터 파생되는 핵심 쟁점은 과거사를 둘러싼 역사인식, 특히 청일전쟁에서 중일전쟁까지의 시기에 대한 해석 차이와 처리문제, 그리고 야스쿠니신사 참배 문제일 것이다. 중일전쟁을 침략전쟁으로 규정하고 이 전쟁으로 엄청난 고통과 피해를 당한 자국민에게 사과하고 반성해야 한다는 중국 측의 입장과 이 전쟁을 침략전쟁으로 간주하기보다는 대륙진출로 평가하면서 소극적인 유감만을 표명하려는 일본 측의 그것 사이에는 커다란 간극이 존재한다.

역사인식 문제가 중일 양국 사이에 커다란 정치적 쟁점으로 부각된 것은 아마도 1972년 중일국교정상화 교섭과정일 것이다. 본래 국교정상화 과정에서 중일 간 중심 의제는 타이완 문제였기 때문에 일본 측 역사인식은 그다지 문제시되지 않았다. 당시 저우언라이(周恩來) 총리는 "소이(小異)를 버리고 대동(大同)으로 임한다"는 방침을 표방했고, 더더욱 이 소이(小異) 중에조차 역사인식 문제는 포함되지 않는다는 입장이었다. 그런데 인민대회당 환영만찬에서 행한 다나카 카쿠에이(田中角榮) 총리의 발언—일본이 전전에 중국 국민에게 커다란 피해를 주었던 것에 대해 깊이 반성한다—중 "피해를 주었다"는 표현을 첨료마번(添了麻煩: 미안하다)으로 통역관이 번역함으로써 중국 측의 반발을 초래했고, 이것이 중일 간 역사인식 문제를 둘러싼 갈등의 시작이었다.[6)]

---

5) Daqing Yang, op. cit., p. 13.
6) 每日新聞政治部, 『安保』(東京: 角川書店, 1987), p. 199.

1972년 중일공동성명에서 일본 측은 "과거에 일본이 전쟁을 통해 중국 국민에게 피해를 주었던 것에 대해 책임을 통감하고 깊이 반성한다"고 하여 전쟁책임을 인정했다. 이에 대해 중국 측은 일본의 역사인식을 기본적으로 승인했고, 1978년 8월 중일평화우호조약 체결과정에서도 역사인식 문제를 제기하지 않았다.

그러나 1982년 6월 문부성의 고등학교 사회교과서 검정 결과의 공표를 계기로 교과서 문제가 양국 간 역사인식 문제에 커다란 영향을 미치기 시작했다. 중국은 "양국의 안정적 우호관계는 침략전쟁에 대한 일본의 반성에 기초한다"고 강조하면서 교과서의 개악을 비판했다.[7] 이러한 중국 측의 비판에 대해 일본 측이 교과서 기술의 시정을 약속함으로써 일단락되었다. 중일 간 역사인식이 외교문제로 비화된 두 번째 사례는 1986년 '일본을 지키는 국민회의'라는 우익적 조직이 편찬한 고등 교과서 '신편 일본사'가 5월 27일 문부성 교과용도서 검정조사심의 '내열본심사'에서 합격함으로써 발생했지만, 일본정부가 이례적으로 신속히 내용 수정을 가함으로써 해결되었다.

1990년대 들어 정당재편성 과정에서 성립된 호소카와와 무라야마 연립정권 하에서 호소카와 모리히로(細川護熙) 총리와 무라야마 도미이치(村山富市) 총리는 역사인식의 진보성을 보여주었다. 1993년 8월 10일 기자회견에서 호소카와 총리는 "중일전쟁을 비롯한 이전의 전쟁을 침략전쟁으로 규정하는 동시에 잘못된 전쟁이었다"고 언급했다. 또한 1995년 8월 15일에 무라야마 총리는 전후 50년에 즈음한 담화—"과거의 한 시기 국책의 잘못으로 국민을 전쟁터로 내몰았으며, 식민지 지배와 침략에 의해 많은 국가, 특히 아시아 제국의 국민들에게 막대한 손해와 고통을 주었다"—를 발표하여 통절한 반성과 마음으로부터의 사과를 표명했다.

그러나 주요 정관계 인사들은 무라야마 총리의 '공식적 사죄표명'에

7) 『人民日報』 1982년 8월 2일.

대해 노골적으로 불만을 표출하거나 수정주의적 역사인식으로 도전했다. 우선 일부 논자들은 "과거에 자국이 행한 식민지 지배와 침략행위를 인정하면서도 그러한 행위는 일본뿐만 아니라 세계의 근대사에서 공통적으로 보여지는 행위이다"고 간주하여 일본의 죄를 상대화하려고 했다.[8] 1996년 6월 6일 자민당 우파 의원들은 자학적인 역사인식 및 비굴한 속죄외교의 수정을 목표로 '밝은 일본 국회의원연맹'을 발족시키고 교과서 검정기준에 있는 '근린제국조항'의 삭제를 요구했다.[9] 또한 1997년 2월 27일에 중학교 역사교과서에 '종군위안부'에 대한 기술이 실리는 것에 의문을 제기하는 소장파 의원들은 '일본의 전도와 역사교육을 생각하는 의원 모임'을 발족시켜 문부성과 교과서 회사에 종군위안부에 대한 기술을 삭제하도록 요청했다.[10] 더욱이 1998년 6월 마치무라 노부타카(町村信孝) 문부상은 "현재 역사교과서에는 자학적 기술이 상당히 많고 균형을 상실했다"고 주장하면서 교과서 회사에 균형 있는 내용으로 역사를 기술하도록 할 것임을 명확히 했다.

이러한 상황에서 1998년 11월 25일 장쩌민(江澤民) 주석의 방일은 양국 간 역사인식을 둘러싼 갈등을 증폭시키는 계기가 되었다. 중일공동성명에서 일본은 "과거의 한 시기 중국 침략으로 중국 국민에게 커다란 피해와 손해를 끼쳤던 책임을 통감하고 이에 대해 깊이 반성한다"고 표명했다. 중국 측은 침략이라는 용어가 중일 간 외교문서에 처음으로 삽입되었던 것을 높이 평가하면서도 '한일공동성명'에 포함된 '사죄'라는 용어를 삽입하려고 했지만, 일본 측이 끝까지 반대했다.[11] 이리하여 장쩌민 주석도 오부치 게이조(小渕恵三) 총리도 공동성명에 서명을 거부함으로써 '서명 없는 공동성명'이 발표되는 이례적인 사태가 발생했고, 이것은 양국 간 역사인식을 둘러싼 갈등에 암운을 드리우는 전조였다.

8) 横山宏章, 『反日と反中』(東京: 集英社, 2005), p. 166.
9) 『産経新聞』 1996년 12월 21일.
10) 段瑞聡, "教科書問題," 家近亮子(編), 『岐路に立つ日中関係』(京都: 晃洋書房, 2007), p. 74.
11) 家近亮子, "歴史認識問題," 家近亮子(編), 위의 책, pp. 30-33.

이후 중국 측이 "역사를 거울로 삼아 미래를 열자"의 필요성을 강조하고 역사문제의 해결을 최우선 과제로 설정함으로써 중일관계는 냉각되어 갔다.

이러한 갈등관계는 2001년 4월 3일 '새로운 역사교과서를 만드는 모임'이 집필한 '새로운 역사교과서'가 문부과학성의 검정을 통과하면서 한층 증폭되었다.[12] 이 교과서는 난징 대학살을 부정하고 중일전쟁을 대륙진출로 기술하고 있었다. 이에 중국은 "침략의 역사를 미화하는 교과서가 검정을 통과한 것에 대해 깊은 유감의 뜻"을 표명하고 수정을 요구했다. 그러나 일본 측은 지난 두 번의 교과서 문제 때와는 달리 대외적인 측면을 고려하여 정치적으로 개입하는 일은 없을 것임을 명확히 했다. 이것은 "명백한 사실관계에 있어 오류가 있는 경우를 제외하고 재수정에 응하는 일은 없을 것이다"는 고이즈미 총리의 입장에서 알 수 있다.[13] 이러한 교과서 파동은 2005년 4월 5일에도 새 역사 교과서의 검정 통과로 2001년 때의 그것을 그대로 재현했고, 양국 간 역사인식의 차이는 확대 경향을 보였다.

결국 이러한 일본 내 동향은 중국으로 하여금 일본 측 화해 제스처를 진심으로 받아들일 수 없도록 하는 커다란 제약요인이 되었다. "일본의 과거사 청산 없이 미래지향적인 양국관계는 없다"는 장쩌민 전 국가주석의 언급에서 명확히 알 수 있듯이,[14] 중국은 일본의 과거사에 대한 반성 내지 사죄를 양국관계를 질적으로 변화시키기 위한 전제조건으로 간주하고 있다. 이 점에 있어 일본은 상당히 소극적인 입장을 취하고 있다. 여기서 중요한 점은 1990년대 중반까지 일본이 한편으로 주변국들에 대해 '유감과 사죄'를 표명하면서도 국내적으로 태평양 전쟁을 침

12) 2001년 9월 11일 문부성은 "2002년도부터 사용할 중학교 역사교과서 중 새 역사 교과서의 채택률은 0.039%에 불과하다"고 발표했다. 『朝日新聞』 2001년 9월 12일.

13) 『産経新聞』 2001년 5월 17일.

14) 日中経済協会(編), 『日中経協ジャーナル』 1月号(東京: 日中経済協会, 1999), p. 82.

략전쟁이 아닌 '복합적 전쟁'으로 간주하려는 이중 전략을 취했지만, 최근 들어 이러한 구분조차 사라지고 있다는 것이다.15) 더욱이 상당수 일본인들은 중국이 자국으로부터 경제 원조를 받기 위한 외교적 카드로 침략전쟁에 의한 '속죄외교'를 적극적으로 활용하고 있다고 인식하게 되었다.16)

2. 센카쿠열도 문제

중일 양국은 1969년 유엔 아시아극동경제위원회가 센카쿠열도의 해저에 상당량의 석유자원이 매장되어 있을 가능성이 높다는 발표를 계기로 센카쿠열도에 대한 영유권을 본격적으로 주장하기 시작했다. 이와 관련 중일 양국이 대립하는 핵심 쟁점은 1895년 5월 발효된 시모노세키 조약에 의해 이 섬이 중국으로부터 일본에 할양된 타이완 및 그 부속도서에 포함되는지의 여부이다.

일본에 의하면, 동 제도는 역사적으로 일본의 영토인 남서제도의 일부로 시모노세키 조약 제2조에 따라 청국으로부터 할양받은 타이완 및 호고(澎湖)제도에 포함되지 않으며, 오히려 1895년 1월 14일 각의결정을 통해 무주지였던 이 섬을 자국 영토에 편입했고, 이후 실효적으로 지배했다고 한다. 따라서 1951년 9월 8일 샌프란시스코 강화조약에 있어서도 센카쿠열도는 동 조약 제2조에 따라 일본이 포기하는 영토 중에 포함되지 않았으며, 제3조에 따라 남서제도의 일부로 미국의 시정 하에 놓였다가 1971년 6월 17일 오키나와 반환협정에 의해 자국으로 시정권이 반환되었다.17) 여기서 주목할 점은 전후 일본 정치에서 줄곧 정부·

15) 中村政則, 『戦後史』(東京: 岩波書店, 2005).

16) Greg Austin, *Japan and Greater China* (London: Hurst and Company, 2001), p. 55.

17) 横山宏章, 앞의 책, p. 173; 芹田健太郎, 『日本の領土』(東京: 中央公論新社, 2002), pp. 116-132; 江戸雄介, 『尖閣諸島どうする日本』(東京: 恒友出版, 1996) ; 浦野起央, 『尖閣諸島・琉球・中国』(東京: 三和書籍, 2002).

자민당의 정책을 비판하고 친중 외교노선을 표방했던 일본공산당조차도 센카쿠열도 문제에 대해서는 자국 정부의 입장을 지지하고 있다는 것이다. 일본공산당은 1999년 8월 "센카쿠열도의 일본 편입은 침략전쟁에 의한 부당한 영토 확장이 아니기 때문에 1894년 청일전쟁에서의 승리 대가로 청국으로부터 할양받았던 타이완 및 호고제도에 포함되지 않는다. 그러나 중국도 영유권을 주장하고 있기 때문에 양국이 대화를 통해 평화적으로 해결하는 것이 필요하다"고 주장했다.[18]

<표 1> 센카쿠열도 관련 양국의 주장

시기구분	관할국	중일 양국의 입장	
		중국 측	일본 측
역사적	중국	중국 고유영토	무주지
청일전쟁 당시	일본	시모노세키 조약에 의해 대만 및 부속 도서 일본에 강제 할양	강제할양과 무관 오키나와현에 정식 편입조치
2차 대전 이후	미국	일본이 중국 고유영토를 미국에 이양	대일강화조약에 의거 적법 이양
오키나와 반환협정	일본	미국이 일본에 이양	미국관할에서 일본영토로 복귀

출처: 박경일(편), 『동북아 안보의 도화선은 어디에 있는가?』(서울: 한국해양전략연구소, 2003), p. 104.

이에 대해 중국정부는 역사적으로 자국의 고유영토인 이 섬을 청일전쟁에서 자국의 패배를 이용하여 일본이 일방적으로 점유했기 때문에 일본의 지배는 부당하다고 한다. 또한 중국정부는 "센카쿠열도는 명나라 시대부터 중국의 영토로 이 섬에 대한 일본의 영유권 주장은 국제법상으로도 무효이다"는 일본 학자의 연구를 소개하면서,[19] 시모노세키

18) 日本共産党, "尖閣列島の領有権問題はどう考える？," 『赤旗新聞』 1999년 8월 8일.
19) 井上清, 『「尖閣」列島: 釣魚諸島の史的解明』(東京: 現代評論社, 1972); 村田忠

조약에 의해 행해진 불법적인 영토탈취 행위라고 반박했다.

그런데 센카쿠열도는 1971년 오키나와 반환협정에 의해 일본에 귀속되기 이전뿐만 아니라 1972년 2월 미중 국교회복과 1972년 9월 중일 국교회복에 의해 형성된 미・중・일 3국의 대소 봉쇄정책 속에서 중일 간에 커다란 외교적 쟁점이 되지 못했다. 특히 1978년 중일 평화우호조약 체결 비준서 교환을 위해 일본을 방문한 덩샤오핑(鄧小平) 부총리는 "양국 정부가 이 문제를 외교 문제로 다루지 않는 편이 비교적 현명하기 때문에 이 문제를 일시적으로 보류하고 다음 세대에 해결을 위임하자"고 제안했고, 이에 일본도 동의했다.[20]

그러나 1978년 일본의 우익단체인 일본청년사가 등대를 설치하면서 수면으로 떠오르기 시작한 센카쿠열도의 영유권 문제는 1980년대 말 냉전종식과 소연방의 붕괴에 의해 초래된 미・중・일 3국의 이해관계의 균열과 함께 1992년 남사군도, 서사군도 및 센카쿠열도를 포함하는 중국의 영해법 발표로 본격화되었다.

이후 센카쿠열도의 영유권을 둘러싼 중국・일본・타이완 사이의 갈등은 끊이지 않았다. 그 대표적인 사례로는 첫째, 1996년 일본의 우익단체가 센카쿠열도에 등대를 설치한 것에 대한 중국의 반발, 둘째, 1998년 홍콩의 시민단체를 태운 선박이 센카쿠열도에의 상륙 시도 중 일본 해안경비대의 저지를 받고 침몰하는 사건, 셋째, 2003년 일본정부가 민간인 소유주로부터 5개 섬 중에서 2개 섬에 대해 임차계약을 맺고 영유권을 재확인하는 사건, 넷째, 2004년 중국의 민간단체인 '중국민간보조연합회(中國民間保釣聯合會)・애국자동맹' 회원 7인이 센카쿠열도에의 상륙 시도 중 오키나와현 경찰에 의해 체포되는 사건 등이 있었다.

더욱이 2004년 6월 '일본의 영토를 지키기 위해 행동하는 의원연맹' 소속의 자민당과 민주당의 국회의원이 해상보안청의 초계기를 타고 센카쿠열도를 시찰했고, 더 나아가 2005년 2월 일본정부는 우익단체가 설

禧, 『尖閣列島·釣魚島問題をどう見るか』(東京: 日本僑報社, 2004).

20) 西川吉光, 『日本の外交政策』(東京: 学文社, 2004), p. 118.

치한 센카쿠열도의 등대를 일부러 국유화하는 조치를 단행하기도 했다. 중국은 이러한 일본의 도발적인 외교적 행위를 비난하면서도 대화에 의한 해결을 주장해 왔다. 결국 중일 양국은 부존자원의 매장, 영토영유권과 맞물린 해양관할권, 그리고 해양전략적 가치 등으로 인해 센카쿠열도의 영유권 주장을 간단히 철회하지 못할 것이며, 더더욱 군사대국화의 진전과 민족주의의 고양 속에서 향후 이 섬의 영유권을 둘러싼 갈등 역시 한층 격화될 것으로 보인다.

3. 타이완 문제와 중일관계

1) 타이완 문제의 정치화 과정

역사인식 및 센카쿠열도 영유권 문제보다 중일 양국 간에 더 심각한 갈등을 야기할 수 있는 것이 바로 타이완 문제이다. 타이완 문제는 중국, 타이완, 일본, 미국의 이해관계 및 안보문제와 밀접히 관련되어 있을 뿐만 아니라 중일관계, 일본-타이완 관계, 그리고 미일동맹에도 커다란 영향을 미치는 중요한 요소이다.

중일관계에 있어 타이완 문제는 양국의 입장과 시기에 따라 다른 양상을 보여 왔다. 1972년 중국과 국교를 회복하기 전까지 일본은 타이완과의 일화평화조약(日華平和條約)에 따라 타이완의 국민정부와 정식 외교관계를 맺었다. 하지만 이 시기에 정경분리 원칙 하에서 경제, 문화적 교류를 진행해 온 중일관계는 나가사키 국기사건과 기시 노부스케(岸信介) 총리의 타이완 방문 중 국민정부의 대륙공격을 지지하는 발언 등으로 인해 악화되었고, 1969년 11월에 개최된 닉슨·사토 회담에서 발표된 타이완 조항으로 최악의 국면을 맞이하게 되었다.[21] 특히 타이완 조항은 "타이완의 평화와 안전 유지는 일본의 안전에 매우 중요한 요소이다"는 것이다. 당시 일본은 양안문제가 해결되지 않은 상황에서 미국이 오키나와 기지의 자유 사용 권리를 포기하는 '반환'에 찬성할 리 없다는

21) 細谷千博(外編), 『日米関係資料集』(東京: 東京大学出版会, 1999), p. 795.

것을 간파하고 미국으로부터 오키나와를 반환받기 위한 협상수단으로 타이완 조항을 받아들였지만,[22] 이러한 일본 측의 입장 표명은 중국과의 관계 약화를 초래했다.

그러나 1972년 9월 중일 국교정상화를 계기로 중국·일본·타이완 3국관계는 커다란 변화를 보였다. 일본은 중일공동선언에서 "중화인민공화국 정부를 유일 합법정부인 것을 승인하고 타이완이 중화인민공화국 영토의 불가분의 일부이다"는 중국의 입장을 충분히 이해·존중하는 동시에 타이완과는 경제, 문화 교류를 중심으로 한 비공식적인 관계만을 유지한다는 입장을 표명했다. 이리하여 타이완 문제는 중일국교정상화에 의해 일단락되는 것처럼 보였지만, 중국이 일본과 타이완 관계의 잔재를 일소하려는 외교를 강화하고, 이에 타이완 정부가 강력히 반발하여 중일관계도 일본·타이완 관계도 불안정했다. 또한 일본이 타이완과의 민간교류를 활성화하고, 타이완 문제에 있어서도 중국보다 타이완을 지지하는 등거리 외교로 인해 중일관계는 안정적으로 전개되지 못했다.

1980년대 말부터 1990년대 초반에 걸쳐 냉전종식, 중소화해, 텐안먼 사태, 그리고 소연방의 붕괴에 의해 초래된 동아시아 국제체제의 구조변화는 중국·일본·타이완 3국 관계에 커다란 변화를 가져왔다.[23] 첫째로, 중국의 전략적 가치의 저하이다. 냉전기 대소 봉쇄를 위해 전략적으로 협력했던 미·중·일 3국은 중소 화해와 소연방의 해체로 공통의 목표를 상실했고, 더더욱 타이완의 민주화와 본토화 문제를 둘러싸고 미국·일본과 중국 사이에 갈등이 발생했다. 둘째로, 타이완의 민주화와 본토화를 주도하는 세력이 정치의 주도권을 장악한 것이다. 이들은 기존에 금기시되었던 '타이완 독립'을 주창하는 동시에 일본과의 관계를 중시하고 있었다. 셋째로, 중국의 급속한 경제적 발전과 군사력의 증대로 인해 일본 내에서 중국 위협론과 반중감정이 확산된 것이다.

---

22) 渡邊昭夫, "日米同盟の50年の軌跡と21世紀への展望,"『国際問題』第490号(東京: 日本国際問題研究所, 2001), pp. 34-35.

23) 松田康博, "台湾問題の新展開," 家近亮子(編), 앞의 책, p. 219.

2) 타이완 문제와 미일동맹

타이완 문제에 대한 중국 측의 인식은 다음과 같다.[24] 첫째, 타이완은 역사적으로 중국의 일부이다. 1972년 중일공동성명에서 중국정부는 타이완이 중국 영토의 불가분의 일부인 것을 표명했고, 일본정부도 이런 중국정부의 입장을 충분히 이해하고 존중한다고 표명했다. 둘째, 타이완 문제는 중국의 국내문제이다. 이러한 연유로 미국과 일본이 타이완 문제에 관여하는 것은 주권침해이다. 셋째, 중국은 '하나의 중국'이므로 양안을 통일하려는 것은 민족의 비원이다. 이 때문에 타이완이 독립을 시도하거나 타이완을 하나의 국가로 인정하는 어떠한 조치나 간섭도 허용할 수 없으며, 이를 무시한다면 중국정부는 비록 무력을 행사하는 것을 원치 않는다 하더라도 어쩔 수 없이 무력공격을 감행할 수밖에 없다. 특히 중국은 타이완이 독립국가가 되면, 타이완이 미일 양국에 의한 중국 봉쇄의 전초기지로 전락하여 자국의 안보를 심대하게 위협할 가능성이 높다는 점을 우려하고 있다.[25] 넷째, 일본의 자위대가 전수방위를 내세우면서 타이완 해협까지 군사행동을 넓히려는 것은 중국에 대한 내정간섭이며 동아시아 지역의 안전을 위협하는 일이다.

그러나 타이완 문제에 대한 타이완정부와 일본정부의 인식은 중국 측의 그것과 상당한 차이가 있다. 우선, 타이완은 분단국가의 현상을 유지하고 타이완을 하나의 독립국가로 승인할 것을 국제사회에 요구하고 있다. 이와 비슷하게 일본도 타이완 문제의 현상 유지를 대외정책의 기조로 삼고 있는데, 이는 다음과 같은 요인에 기인한다.[26]

첫째로, 경제적 요인이다. 타이완이 중국 영토에 편입되면, 일본 선박의 타이완 해협 항행(航行)을 포함하여 중동으로부터의 석유운반에 있어 중요한 해로가 중국의 통제 하에 놓일 것이다. 이렇게 되면 자국 경

---

24) 横山宏章, 앞의 책, p. 181.

25) 안인해, "중국의 부상과 일본의 대응," 이홍표(편), 『21세기 중일관계와 동아시아 안보』(서울: 한국해양전략연구소, 2006), p. 95.

26) 横山宏章, 앞의 책, p. 180.

제발전에 있어 결정적인 에너지원인 석유를 안정적으로 공급받을 수 없는 상황에 직면할 가능성이 높다.

둘째로, 군사·안보적 요인이다. 이것은 타이완이 미일 양국에게 있어 중국의 영향력 확대를 저지하기 위한 최후의 보루로서의 의미를 가진다는 것이다. 1995년 중국의 핵실험을 계기로 일본의 대중정책은 경제적 상호의존에 기초한 관계구축에서 중국의 잠재적 위협에 대응하는 '수동적 현실주의'로 전환했다.[27] 이러한 일본의 대중정책 전환은 1996년 3월 타이완 해협 문제에서 명확히 나타났다. 일본은 '중국과 타이완 문제의 평화적 해결에 관한 제언'을 결의, 타이완의 민주주의와 총통선거를 높이 평가하면서 이에 대한 중국의 군사적 위협을 비판했다. 이러한 일본 측의 제언은 중국을 상당히 자극하는 요인이 되어 중일 간 갈등을 초래했다.

<표 2> 타이완 문제를 둘러싼 중일 간 쟁점

구분	타이완 지정학적 위치	타이완 해협 유사시	타이완 문제	타이완 총통의 방일
일본	주변지역	미일동맹에 의한 개입 불가피	현상 유지	인도적 차원의 승인
중국	영해	미일의 개입 주권 침해	통일	반대/비난

한편, 1994년 6월 북미 간 일촉즉발의 위기와 1995년 중국의 핵실험을 계기로 미국의 동아시아 정책에 전면 수정이 가해졌고, 그 귀결이 1995년 2월 '동아시아 전략보고'였다. 여기서는 타이완 문제를 둘러싸고 미일동맹의 강화 필요성이 제기되어 1997년 9월 미일신방위협력지침

27) Michael J. Green and Benjamin L. Self, "Japan's Changing China Policy: From Commercial Liberalism to Reluctant Realism," *Survival*, vol. 38, no. 2 (1996), pp. 35-58.

(신가이드라인)이 책정되었다. 또한 이를 효율적으로 지원하기 위해 1999년 5월 주변사태 안전확보법(주변사태법)이 제정되었다. 이에 따라 만약 타이완 해협에서 중국과 타이완 간 분쟁이 발생하면 일본정부는 신가이드라인과 주변사태법에 의해 미국 함대의 군사행동에 후방 지원을 하도록 되어 있어 경우에 따라서는 중일 간 전면전쟁으로 비화될 가능성이 높다고 볼 수 있다.[28] 즉 타이완 문제의 근저에는 미국의 군사력과 이를 지원하는 미일동맹이 있다.

그런데 문제는 중국이 타이완 해협을 공해가 아닌 '영해'로 간주하고 있다는 것이다. 1997년 9월에 신가이드라인이 책정되면서 타이완 해협이 주변사태의 대상범위에 포함되자, 중국은 "중국통일에 대한 잠재적 위협이 될 가능성이 있다"며 강력히 반발했다. 이 때문에 일본정부는 타이완 해협이 후방지역에 포함되는지의 여부를 명확히 하지는 않았지만, 일본의 주변 공해에 타이완 해협이 포함되는 것은 당연한 것이다.[29]

이후 타이완 문제를 둘러싼 중일 간 대립은 2005년 2월 미일안보협의위원회(SCC)에서 합의된 공동성명 제10항—"타이완 해협의 문제는 대화를 통해 평화적으로 해결할 것을 촉구한다"—의 내용으로 인해 한층 격렬하게 전개되었다. 이것은 타이완 해협이 미일 작전 범위에 포함되는지의 여부와 관련, 기존의 신가드라인과 주변사태법에서 "지리적 개념이 아니다"며 모호한 입장을 취했던 것에서 탈피하여 미일동맹의 대상에 타이완 문제가 포함된다는 것을 문서상으로 처음 명시했던 것이다. 이 10항의 저변에는 미일 양국이 타이완에 대한 중국의 무력행사의 가능성을 미연에 차단하려는 의도가 있었던 것이다.[30]

이러한 미일의 움직임에 대해 중국은 "냉전이라는 특수한 역사적 조

---

28) 이기완, "미일 안보체제의 과거와 현재," 이기완(외), 『동맹의 정치학』(서울: 매봉, 2005), pp. 69-74.

29) 이기완, "동맹의 확대와 동맹정책: 1990년 이후," 이기완(외), 『동맹의 이론과 현실』(창원: 창원대학교 출판부, 2008), pp. 167-171.

30) 毛里和子, 『日中関係』(東京: 岩波書店, 2006), p. 200.

건 하에서 체결된 미일동맹의 작전 범위에 타이완 문제가 포함된 것은 중국의 영토 및 안전을 위협하는 것으로 중국 봉쇄에 일본이 적극적으로 참여하기 시작한 것이다"며 강력히 반발했다.[31] 2005년 3월 14일 제10기 전국인민대표대회 제3차 회의에서는 타이완의 독립을 저지하는 '반국가분열법'이 제정되었다. 특히 반국가분열법 8조에는 "타이완 독립을 표방하는 분열세력이 어떤 명목, 어떤 형태로든지 타이완을 중국으로부터 분열시키려는 음모를 꾸밀 경우, 국가는 '비평화적 수단' 및 기타 조치를 취할 수 있다"는 내용이 담겨져 있다. 여기서 비평화적 수단이 어떤 것인지에 대해 구체적으로 언급하고 있지는 않지만, 타이완이 독립을 시도할 경우 무력을 동원, 즉각 전쟁에 돌입할 수 있다는 의미로 해석될 수 있다. 결국 이것은 타이완에 대해 독립을 허용하지 않겠다는 의지의 천명인 동시에 미국과 일본에 대해서도 타이완 문제에 적극적으로 개입하지 말 것을 경고하는 메시지였다.[32]

이에 대해 미일 양국은 중국이 반국가분열법을 제정한 것에 대해 유감을 표명했다. 또한 5월에 마치무라 노부타카(町村信孝) 외상은 미일안보조약의 극동범위에 타이완 해협이 포함된다는 점을 재차 명확히 했다. 그런데 여기서 주목할 점은 안보적인 측면에서 미일 양국이 타이완 문제에 깊이 관여하는 것은 타이완의 독립 추구를 지지하려는 것이 아니라 중국과 타이완의 자제를 촉구하여 타이완 해협의 현상을 유지하려는데 있다.[33] 이것은 타이완이 일본에 인접한 지역일 뿐만 아니라 중국이 대미 협력을 중시하는 일본을 적대시하고 있어 타이완 유사 사태가 일본 유사 사태로 발전할 가능성이 높기 때문이다. 결국 중국과 타이완 간 분쟁은 타이완에게 있어서는 국가생존이 걸린 사활적 문제이고, 일본에게 있어서는 주변지역의 안정을 유지하기 위한 안보 문제이며, 중

---

31) 『人民日報』 2005년 2월 12일.

32) 박정수, "중국의 '반국가분열법'과 그 파급효과," 『아태지역동향』 제162호(서울: 한양대학교 아태지역연구센터, 2005), pp. 5-10.

33) 『産経新聞』 2004년 1월 19일.

국에게 있어서는 주권문제이므로 국가 간에 타협점을 도출하기가 쉽지 않다. 이 때문에 미일 양국은 중일 직접 분쟁을 미연에 차단하기 위해 중국과 타이완에 대해 관여와 억지를 강화하고 있는 것이다.[34)]

3) 타이완 총통의 방일과 중일 대립

리덩후이(李登輝) 전 타이완 총통의 네 번에 걸친 방일 비자신청 문제는 중일 간에 커다란 정치적 갈등을 초래했다. 첫 번째는 2000년 가을 일본에서 개최되는 '아시아 오픈 포럼'에 참석하기 위한 비자 발급 신청이었다. 일본정부는 주룽지(朱鎔基) 총리의 방일과 일정이 겹쳐 중국정부의 자극을 피하기 위해 리덩후이 총통의 사증을 발급하지 않고 방일을 보류했다. 당시 모리 요시로(森喜朗) 정권은 공명당과 연립정권을 형성하고 있었고, 자민당 내 모리파와 하시모토파의 연합으로 성립되었다. 모리파는 기존의 친 타이완 파의 성격이 강했던 기시 파를 계승했던 반면 하시모토 파는 중일국교정상화를 추진했던 다나카 파를 승계하고 공명당의 연립정권 참여를 주도했다.

<표 3> 리덩후이 방일과 일본 정치세력의 역학관계(2000.9)

찬성	행위자	반대
모리 요시로(森喜朗, 총리) 아베 신조(安倍晋三, 관방부장관)	수상 관저	후쿠다 야스오(福田康夫, 관방장관)
에토 세이시로(衛藤征士郎, 외무성 차관) 가와시마 유타카(川島裕, 외무성 사무차관)	외무성	고노 요헤이(河野洋平, 외상) 마키타 구니히코(槇田邦彦, 아시아국장)
고이즈미 준이치로(小泉純一郎, 전 후생상) 아소 다로(麻生太郎, 경제재정담당상) 가메이 시즈카(亀井静香, 정조회장) 와타누키 다미스케(綿貫民輔, 중의원 의장)	자민당	하시모토 류타로(橋本竜太郎, 전 총리) 노나카 히로무(野中広務, 전 간사장)

34) 松田康博, 앞의 논문, pp. 146-148.

찬성	행위자	반대
오기 치카게(扇千景, 보수당 당수) 하토야마 유키오(鳩山由紀夫, 민주당 대표) 오자와 이치로(小沢一郎, 자유당 당수)	기타 정당	간자키 다케노리(神崎武法 공명당 대표) 시이 가즈오(志位和夫, 공산당 위원장) 도이 다카코(土井たか子, 사민당 당수)

출처: 松田康博, "台湾問題の新展開," 家近亮子(編), 『岐路に立つ日中関係』(京都: 晃洋書房, 2007), p. 227.

두 번째는, 2001년 4월 심장병의 치료를 목적으로 하 방일 비자 신청이었다. 2001년 4월에 리덩후이 전 총통이 지병 치료를 목적으로 재차 방일 비자를 신청하자, 일본정부는 중국정부의 반대에도 불구하고 "인도적 관점에서 배려한다"는 입장에서 진찰에 한정하는 형태로 방일을 허용했다. 이러한 일본정부의 결정에 대해 "일본이 마치 타이완 독립을 용인하는 것 같은 인상을 줘 커다란 충격을 받은 중국은 리펑(李鵬) 전국인민대표대회 위원장의 일본방문 연기로 항의 표시를 했다. 세 번째는 2002년 11월에 리덩후이의 방일 신청이었다. 리덩후이의 게이오대학 강연 목적을 위한 비자 신청에 대해 일본정부는 정치문제로 비화되는 것을 우려하여 비자를 발급하지 않았다. 네 번째는 2004년 12월 27일부터 2005년 1월 2일까지 리덩후이의 가족방문을 위한 비자신청이었다. 중국정부는 리덩후이의 비자를 발행하지 말도록 일본 측에 요청했지만, 일본정부는 리덩후이의 비자 신청 목적이 가족여행에 있기 때문에 비자 발급을 거부할 이유가 없다며 그의 방일을 허용했다. 일본이 리덩후이의 방일을 승인했던 배경에는 고이즈미 총리의 야스쿠니신사 참배에 대한 중국의 비난과 2004년 11월 중국 원자력 잠수함의 일본 영해 침범 등에 의해 촉발된 반중 여론의 확산이 있었다.[35]

중국 측에서 보면 리덩후이의 방일은 타이완 문제의 일부이다. 타이완 독립을 주장하는 리덩후이의 입국을 인정하는 행위는 일본이 타이완

35) 『共同通信』 2004년 12월 27일.

의 독립을 암묵적으로 인정하는 명백한 증거였다. 자민당 내에서는 리덩후이의 방일이 중일 간 정치적 쟁점으로 비화될 것을 우려하여 반대하는 정치인도 있었지만, 가족 여행차 오는 인물을 추방하는 것은 인도적 입장에서 있을 수 없다는 동정적인 국민여론에 의해 그의 방일을 허용했던 것이다. 그러나 이것은 리덩후이의 방일을 비판하는 중국에 반일 감정을 불러일으키는 결과를 초래했다.

Ⅲ. 일본 정치동학의 변화와 갈등의 현재화

1. 정치적 요인: 권력구도의 변화

1990년대 들어 중일 간 외교적 마찰을 초래할 수 있는 갈등 이슈들을 둘러싼 대립이 현저히 증가하고 있는데, 이는 갈등 이슈들에 대한 일본 정부의 관리 통제 능력이 과거에 비해 현저히 약화되고 있기 때문이다. 이러한 현상은 1990년대 일본 정치세력의 역학관계 변화 및 주요 정치인들의 세대교체에 의해 발생했던 것이다. 특히 1972년 중국과의 국교회복을 주도했던 친 중국파 정치인들의 사망 내지 정치적 영향력 상실이 중국과의 갈등을 촉진시키는 요인이 되었다.

전후 냉전체제 하에서 미국의 강대한 달러와 미일안보조약에 의존하며 경제의 성장과 발전노선을 추구하던 일본은 1970년대 후반부터 동아시아를 중심으로 자국 자본의 해외진출이 본격화되기 시작함에 따라 해외진출 자본의 이익을 보장할 수 있는 국가체제 형성의 필요성을 절실히 느끼게 되었다.[36] 그러나 당시 자민당 내 주류인 '보수본류 세력'은 이러한 대외적 요청에 충분히 대응할 수 있는 능력을 결여하고 있었으

36) 形野清貴, "国家イデオロギー状況を読む," 金子道雄(編), 『現代日本の国家と社会』(京都: 法律文化社, 1996), p. 214.

며, 더더욱 평화헌법과 자위대가 미군에 크게 의존하는 구조에 의해 대외정책의 수정에는 상당한 구조적 한계를 가질 수밖에 없었다.[37]

이러한 상황에 대한 반발로 나타났던 것이 나카소네 총리의 '전후 정치의 총결산'이었다. 나카소네 총리는 요시다 노선의 탈피를 주장하면서 국가의 권력과 권위 회복을 도모해 경제대국 일본을 정치·군사 대국으로 변화시키려 했다.[38] 이러한 정치노선은 기존의 주변국과의 관계를 중시하던 정치 소국주의 노선과는 상당한 차이를 보이는 것으로 주변국과의 갈등을 야기할 가능성이 있었다. 그러나 이러한 정치노선은 당시 정당 내·정당 간 정치세력의 역학관계 속에서 곧바로 실현 가능하지 않았다. 왜냐하면 이는 자민당 내 보수본류 세력과 야당들이 새로운 정치방식으로의 이행에 격렬히 저항했기 때문이다.[39]

1990년대 들어 신보수주의 정치세력은 정치개혁을 국가개조를 위한 중핵적 전략방편으로 간주하고 정당체계의 재편성을 추진했다.[40] 1992년 호소카와에 의한 일본신당 창당과 1993년 미야자와 기이치(宮澤喜一) 정권의 정치개혁 단념을 계기로 자민당 내 일부 정치세력의 탈당과 이들에 의한 신생당 및 신당사키가케의 창당이 그 기폭제가 되었다.[41] 이러한 움직임 속에서 치러진 1993년 7월 총선거에서 자민당과 사회당의 참패를 계기로 정당체계에서 자민당의 독점적 우위와 정치체제에서 보·혁 대립을 축으로 성립했던 '55년 체제'는 붕괴했다.

이러한 정당구도의 유동화 속에서 신보수주의 정치세력은 헌법 개정

---

37) 大嶽秀夫, 『日本の防衛と國內政治』(東京: 三一書房, 1983), p. 288.

38) 조성렬, 『정치대국 일본』(서울: 나라사랑, 1994), pp. 83-84; 浅井基文, 『新保守主義』(東京: 柏書房, 1993), pp. 60-62.

39) 渡辺治, 『日本の大国化とネオナショナリズムの形成』(櫻井書店, 2000); 長谷川慶太郎·鷲田小弥太, 『21世紀の世界をさぐる』(東京: 学習研究社, 1992), p. 47.

40) 大嶽秀夫, "自民党若手改革派と小澤グループ: 政治改革を目指した二つの政治勢力," 『レヴァイアサン』 第17卷(東京: 木鐸社, 1995), p. 19.

41) 자민당 붕괴로부터 신당 창당 및 그 이후의 정치과정에 관해서는 森田実, 『政界大亂: 自民解体·新党創生』(東京: 東洋経済新報社, 1993); 朝日新聞政治部, 『政界再編』(東京: 朝日新聞社, 1993).

및 국제공헌에 장애가 되는 호헌・평화를 극복하기 위한 방편으로 사회당을 정권에 참여시켜 기존의 사회당의 정책노선을 현실노선으로 궤도수정시키는데 성공했다.[42] 이 과정에서 사회당은 미일안보조약 견지, 자위대 합헌이라는 기존의 당의 입장을 포기했다. 이러한 사회당의 정책 전환에 의해 공산당을 제외한 '총보수화 체제'가 구축되었다.

이러한 와중에 1994년 기존의 중선거구제를 폐지하고 소선거구 비례대표 병립제를 축으로 한 선거제도의 개혁은 정치세력의 재편과정을 한층 더 촉진시키는 동시에 정당의 성쇠에도 커다란 영향을 미쳤다. 1996년 제41회 총선부터 2005년 제44회 총선에 이르는 과정에서 보여지는 주된 변화는 자민・민주 양당으로의 보수정당 재편과 혁신정당의 몰락이었다.[43]

<표 4> 2000년 이후 중의원 총선거 결과

구분	2000년 총선거				2003년 총선거			2005년 총선거		
	소선거구		비례대표	합계	소선거구	비례대표	합계	소선거구	비례대표	합계
자민당	획득의석수	177	56		168	69		219	77	
	득표율	41.0	28.3	233	43.9	35.0	237	47.8	38.2	296
	의석점유율	59.0	31.1		56.0	38.3		73.0	42.8	
공명당	획득의석수	7	24		9	25		8	23	
	득표율	2.0	13.0	31	1.5	14.8	34	1.4	13.3	31
	의석점유율	2.3	13.3		3.0	13.9		2.7	12.8	
보수당	획득의석수	7	0		4	0				
	득표율	2.0	0.4	7	1.3	0	4	-	-	-
	의석점유율	2.3	0.0		1.3	0				

42) 사회당 노선전환에 관해서는 이기완, "1990년대 일본정치의 변동과 사회당," 『국제정치논총』 제43권 3호(서울: 한국국제정치학회, 2003), pp. 275-292.

43) 이기완, "일본 정당구도의 재편과 전망," 『평화연구』 제16권 1호(서울: 고려대학교 평화연구소, 2008), pp. 75-77.

구분		2000년 총선거			2003년 총선거			2005년 총선거		
		소선거구	비례대표	합계	소선거구	비례대표	합계	소선거구	비례대표	합계
자유당	획득의석수	4	18	22	-	-	-	-	-	-
	득표율	3.4	11.0							
	의석점유율	1.3	10.0							
민주당	획득의석수	80	47	127	105	72	177	52	61	113
	득표율	27.6	25.2		36.7	37.4		36.4	31.0	
	의석점유율	26.7	26.1		35.0	40.0		17.3	33.9	
공산당	획득의석수	0	20	20	0	9	9	0	9	9
	득표율	12.1	11.2		8.1	7.8		7.3	7.3	
	의석점유율	0.0	11.1		0.0	5.0		0.0	5.0	
사민당	획득의석수	4	15	19	1	5	6	1	6	7
	득표율	3.8	9.4		2.9	5.1		1.5	5.5	
	의석점유율	1.3	8.3		0.3	2.8		0.3	3.3	
기타		21	0	21	13	0	13	20	4	24
총정수		300	180	480	300	180	480	300	180	480

출처: 『朝日新聞』『読売新聞』2000년 6월 27일, 2003년 11월 11일, 2005년 9월 12일.
'-'는 소멸정당.

이러한 정치변동은 정당 간 정치세력의 역학관계뿐만 아니라 자민당 내 권력관계에도 커다란 변화를 가져왔다. 특히 1997년 신가이드라인 채택 시 주변지역의 범위에 타이완 해협이 포함되지 않는다고 주장했던 자민당 내 미야자와 · 가토 고이치(加藤紘一) 파와 고노 요헤이(河野洋平) 그룹의 파벌 영수가 정치 이선으로 물러나거나 파벌이 해체되기도 했다. 반면에 그 정반대에 위치하고 있던 나카소네 파 · 모리 파 ·야마사키 다쿠(山崎拓) 파와 2000년 이후 고이즈미, 아베, 후쿠다, 아소로 이어지는 자민당 내 보수방류가 정치의 주도권을 장악했다. 이들은 일본의 경제력에 걸맞는 정치력과 군사력을 갖기를 원하는 동시에 민족 · 전통으로의 회귀를 통해 일본의 아이덴티티를 재구축하려고 시도했다. 이를 위한 시도로 이들은 기존의 역사관을 자학사관으로 폄하하면서 주변국에 대한 배려보다는 '자주국가' 일본 건설을 위해 역사인식의 수정 필요성을 본격적으로 제기했다.

결과적으로 1993년 정치변동 이후 정당 간 역학관계가 보수정당인 자민・민주 양당으로 재편되고 자민・민주 양당 내 매파그룹과 친 타이완 파가 당의 주류로 부상하여 주도권을 장악함에 따라 필연적으로 중일 간 미해결의 정치적 이슈에 대한 일본정부의 통제능력이 급격히 약화되었다. 이는 중국의 입장에 도전하면서 자신의 소신 내지 국익을 우선시하던 고이즈미 총리와 이런 고이즈미 총리에 호의적인 시선을 보내며 지지하는 국민여론에서 찾아볼 수 있다.[44] 또한 이들은 과거 일본의 아시아 침략과 군국주의 부활에 대한 주변국의 비난 및 반발을 고려하여 소극적으로 대처해 온 기존의 수동적인 외교노선에 커다란 수정을 가하면서 동아시아 지역 및 국제무대에서 일본의 정치적 발언권과 군사적 역할을 강화하려는 대국주의 노선을 추구하고 있다.

2. 이념적 요인: 평화주의의 퇴색

제2차 세계대전 패전 후, 일본은 전전 일본 군국주의에 대한 아시아 주변국들의 의구심과 평화를 희구하는 자국민의 존재로 인해 민족주의에 기대어 국가발전 및 사회통합을 시도하기 보다는 소일본주의와 미일안보체제 하의 대미협조를 기축으로 하면서 경제성장을 추구하는 정치노선을 설정했다. 이러한 정치 상황 하에서 전전 군국주의의 상징으로 간주되어 온 히노마루(國旗)와 기미가요(國歌)가 일본의 국기・국가로서 적합한가 하는 문제를 둘러싸고 논란이 계속되는 가운데, 이를 법제화하려는 움직임도 있었지만, 야당과 매스컴의 반발뿐만 아니라 자민당

44) Benjamin L. Self, "China and Japan: A Facade of Friendship," *The Washington Quarterly*, vol. 21, no. 1 (2002-2003), p. 80.

내 파벌 간 이견조정의 실패로 국회에 제출되지는 못했다. 사회・공산 양당은 군국주의 및 침략전쟁의 이미지와 결부된 히노마루・기미가요를 국기・국가로 부활하려는 것은 전전으로의 회귀를 추구하는 보수세력의 정치적 음모라고 주장하면서 히노마루의 게양과 기미가요의 제창에 반대했다.[45]

이 때문에 보수세력은 정치적, 이데올로기적 갈등과 대립을 초래할 수 있는 문제들에 소극적인 입장을 보이면서 고도 경제성장을 정책목표로 설정하고 대기업을 중심으로 자본축적을 촉진하는 다양한 정책을 전개했다. 그 결과 일본 국가는 소위 '기업국가'로 전락했다.[46] 이리하여 일본 국가는 경제성장에 의해 안정된 지배를 실현할 수 있었지만, 국가에 대한 충성과 통합을 이끌어낼 수 없었고 민족주의를 표방할 수도 없었다.[47]

그러나 1990년대 들어 일본은 극심한 경제침체, 높은 실업률, 그리고 잇따른 금융기관의 도산에 직면하면서 장기불황의 늪으로 빠져들었다. 이에 보수 정치인들은 흔들리는 민심의 동요를 막고 안정된 통치 질서를 구축하기 위해 히노마루・기미가요의 복권을 시도하게 되었다. 이러한 상황에서 1999년 8월 9일 참의원에서 히노마루를 국기로, 기미가요를 국가로 규정하는 국기・국가 법안이 가결되었다. 이것이 법제화될 수 있었던 저변에는 다음과 같은 두 요인이 있었다.

첫째로, 중국의 급속한 경제성장과는 대조적으로 자국의 경제 불황이 초래한 위기의식이다. 1990년대 들어 본격화된 경기침체는 국민들로 하여금 경제현실에 대한 막연한 불안의식과 강한 불만을 느끼게 했다. 또한 자국의 경제적 상황과는 달리 중국의 급속한 경제발전과 이에 따른 군사력의 증강은 일본으로 하여금 중국 위협론을 확산시키는 동시에

45) 田中伸尚, 『日の丸·君が代の戦後史』(東京: 岩波書店, 2000), p. 203.
46) 形野清貴, 앞의 논문, p. 211.
47) 渡辺治, "現代日本國家の特殊な構造," 東京大學社會科學研究所(編), 『現代日本社會』(東京: 東京大學出版部, 1991), pp. 209-210.

'강한 국가'에 대한 동경을 불러일으키는 계기가 되었다. 즉 1990년대 장기적 경기침체로 인해 야기된 사회불안 속에서 위기감을 느낀 보수세력이 일반시민의 아이덴티티의 공백과 갈등을 민족주의로 보완하기 위해 민족 문화와 전통의 상징도구인 국기·국가를 활용하려고 했던 것이다.[48]

둘째로, 정치지형의 변화, 즉 사회당의 군소정당으로의 전락이다. 사회당은 호헌·평화를 당의 핵심정책으로 표방하면서 평화 지향 세력의 구심점 역할을 했다.[49] 하지만 1960년대 후반부터 진행된 일반 국민들의 전쟁 경험의 풍화에 의해 평화주의의 절박성이 설득력을 서서히 상실하자, 사회당은 외교·안보정책의 무게중심을 기존의 평화주의에서 '비무장 중립주의'로 변경했고, 냉전종식을 계기로 이것마저 포기했다.[50] 더 나아가 사회당은 무라야마 연립정권 하에서 "국민적 합의에 기초한 히노마루·기미가요의 법제화를 용인한다"는 입장을 표명했다. 이러한 무원칙적 방침전환은 사회당의 정체성 문제와 국민적 지지철회를 야기했고, 사회당의 군소정당으로의 전락을 초래하는 요인이 되었다. 사회당의 군소정당으로의 전락은 평화주의보다는 대국주의를 지향하는 자민당을 비롯한 보수세력의 독주를 견제할 정치세력의 몰락을 의미하는 것이었다.

3. 안보적 요인: 군사대국 지향

전후 일본은 헌법 제9조라는 제도적 장치와 사회당을 중심으로 하는 혁신세력의 존재에 의해 군사 소국주의를 추구하지 않을 수 없었다. 보

---

48) 毛里和子, 앞의 책, pp. 176-177.

49) 宮崎隆次, "55年體制の崩壊と連合政治,"『エコノミスト』(東京: 毎日新聞社, 1993), pp. 38-40.

50) Gerald L. Curtis, *The Logic of Japanese Politics* (New York: Columbia University Press, 1999), pp. 78-79.

수세력은 헌법 제9조를 일본의 주권을 제약하는 족쇄로 간주했지만, 천황제 존속의 대가로 이를 받아들였던 것이다.[51] 이로 인해 일본은 국제분쟁의 해결수단으로 군사력을 행사하지 않는다는 국가방침의 설정과 헌법상의 제약에 의해 자국의 안전을 스스로 확보할 수 없게 되었다. 그런데 1990년대에 들어 일본은 기존의 '불완전한 평화주의'를 포기하고 군사대국을 위한 움직임을 본격화하기 시작했다. 이런 동향은 다음 두 요인에 의해 진행되었다.

첫째로, 일본 국가의 '특수성'에 대한 반발이다. 이러한 일본 국가의 특수성에 대한 반발은 국제정치의 구조변화와 맞물려 빠르게 확산되었다. 일본 정치세력이 일본 국가의 특수성 문제를 진지하게 고민하게 되었던 것은 1990년 이라크의 쿠웨이트 침공이었다.[52] 당시 일본은 중동과의 관계 설정뿐만 아니라 미국이 주도하는 이라크전쟁을 어떤 방식으로 지원할 것인가 하는 구체적인 입장을 가지고 있지 않았다. 결과적으로 일본은 자국 경제에 결정적으로 중요한 석유공급국에서 전쟁이 발생했음에도 군사적으로 어떠한 대처도 하지 못한 채 단지 미국에 126억 달러에 이르는 경제적 지원만을 했다. 하지만 이러한 일본의 물적 공헌은 국제사회와 미국으로부터 거의 평가받지 못했다. 이러한 일본 국가의 특수성을 해소하기 위한 움직임은 크게 세 가지 측면에서 전개되었다.

첫 번째 움직임으로 지적할 수 있는 것은 헌법 개정 시도이다. 이것은 전후 국제사회에서 일본을 평화국가로 인식시키는 데 결정적인 역할을 했던 헌법 제9조가 탈냉전 이후 자국의 국제공헌 기회를 박탈하는 저해요인이 되고 있다는 것이다. 이 때문에 보수 정치인들은 "헌법 제9조가 존재하는 한 일본은 '특수국가'(abnormal state)의 한계로부터 벗어날 수 없다"고 주장하면서 헌법 제9조의 개정 필요성을 본격화했다.[53] 이는 과거 침략의 역사를 두 번 다시 되풀이하지 않겠다는 국민

---

51) 憲法調査會事務局(編), 『憲法制定の經過に關する小委員會報告書』(東京: 大藏省印刷局, 1961), p. 347.

52) 内田健三・早野透・曾根泰教, 『大政変』(東京: 東洋経済新報社, 1994), p. 11.

의 총합된 의지를 전면 부정하는 동시에 개헌의 시기가 그만큼 가까워졌음을 의미하는 것으로 볼 수 있다.

두 번째 움직임으로 지적할 수 있는 것은 헌법 제9조를 형해화하기 위한 포석으로서의 관련법제의 정비이다. 1990년대 중반 일본은 헌법 제9조를 핵심으로 하는 개헌에는 상당한 시간이 소요될 것으로 판단하고 우선적으로 미국과의 동맹관계 공고화를 통해 자국의 군사력을 강화하려는 전략을 채택했다. 이리하여 일본은 냉전기 미일안보체제 하에서 미국이 끈질기게 요구해 온 주변지역 유사시 미군에 대한 구체적인 협력의 내용을 다룬 신가이드라인을 책정했고, 1999년 5월 이의 효율성을 확보하기 위해 주변사태법을 입법화했다.[54]

여기서 주목할 점은 신가이드라인의 핵심이 주변사태에서의 군사협력에 있으며, 일본정부가 주변지역의 개념을 지리적 개념이 아닌 '사태의 성질'에 착안하여 자국의 안전에 직접적 영향을 미치는 지역으로 규정하고 있다는 것이다. 이것은 타이완 해협에서 유사사태가 발생할 경우, 미군이 수행하는 군사행동에 일본이 전면적으로 협력 · 개입할 수 있음을 명확히 했던 것이다.[55] 더욱이 2001년 9 · 11테러를 계기로 '테러대책특별조치법'과 2002년 북한 핵개발 문제와 이라크 전쟁을 계기로 2003년 5월 '유사관련 3법안'을 제정하여 일본 군사력의 적용 범위를 평화헌법의 틀 내에서 크게 확대시켰다.[56]

세 번째 움직임으로 지적할 수 있는 것은 유엔 안보리 상임 이사국 진출 시도이다. 이것은 제2차 세계대전 패전으로 국제외교의 주류 무대

53) 岩見隆夫, "政界再編を目論む金丸人脈,"『中央公論』9月号(東京: 岩波書店, 1991), pp. 68-77.

54) 山内敏弘, 『日米新ガイドラインと周辺事態法』(京都: 法律文化社, 1999), pp. 3-36, 142-157.

55) Dennis Van Vranken Hickey, *The Armies of East Asia: China, Taiwan, Japan and the Koreas* (Boulder: Lynne Rienner, 2001), pp. 55-56, 95-96.

56) 渡辺治, "9.11事件と日本の対外·国内政策," 山内敏弘(編), 『有事法案を検証する』(京都: 法律文化社, 2002), pp. 19-38.

에서 밀려났던 일본이 냉전종식과 걸프전쟁을 계기로 유엔 안보리 진출의 필요성을 절감했다. 일본이 미국 및 서방국가의 지지 속에서 상임이사국이 되면 세계적인 정치・군사대국으로 나아가는 '합법적'인 채널을 확보할 수 있게 된다. 그 동안 일본은 태평양 전쟁을 일으킨 도발자라는 낙인으로 국제질서에의 적극적 공헌을 수행할 수 없었던 특수국가였다. 이에 따라 일본은 지난 15년간 상임이사국에의 진출을 위한 본격적인 작업에 착수하여 국제개발협력, 인도주의적 원조, 그리고 유엔평화유지 활동비 분담 등에 자발적으로 참여함으로써 '표 모으기'에 총력을 기울여 왔다. 또 그 동안 안보리 개혁에 소극적이던 미국을 설득하여 상임이사국 진출의 가장 중요한 '관문'을 이미 통과한 상태다.

둘째로, 일본을 둘러싼 안보위협 증가로 인한 국민여론의 보수화 경향 확산이다. 이것은 북한의 핵 실험 및 대포동 미사일 발사 실험, 중국의 핵 실험 및 타이완 해협의 위기, 중일 간 센카쿠열도 영유권 분쟁 등으로 대표되는 일본 주변지역의 안보 불안이 헌법 개정의 필요성을 사회전체로 확산시킨 결과였다. 특히 1990년대 들어 중국 위협론과 북한 위협론의 대두는 일반 국민들의 안보 불안감을 조장하여 자주 안보와 방위를 위해서는 필연적으로 헌법 개정이 불가피하다는 당위적 인식을 확산시켰고, 이러한 경향은 심대한 국민적 저항에 부딪치기보다는 오히려 헌법 개정에 대한 감정적 지지로 이어져 보수적이고 반동적인 민족주의의 대두를 불러일으키는 효과를 가져왔다.

Ⅳ. 결론

지금까지 살펴본 바와 같이 1990년대에 들어 중일 양국은 미해결의 갈등 이슈를 둘러싼 커다란 입장 차이로 인해 심각한 외교적 갈등과 국민적 감정대립을 초래했다. 1993년 55년 체제의 붕괴로 촉발된 정당재편성 과정을 통해 자민・민주 양당으로의 보수정당의 재편과 혁신정당의 몰락, 자민당 내 보수본류에서 보수방류로의 권력 변화, 민족주의적 국가이념의 대두, 그리고 평화주의의 퇴색과 군사대국 지향 등으로 대변되는 정치사회의 변화 속에서 일본은 중일 간 민감한 현안들이 외교적 쟁점으로 부각되는 것을 관리하고 통제하기 보다는 적극적으로 정치쟁점화하려는 경향을 보였다. 또한 이 과정에서 정치의 주도권을 장악한 세력들은 중일 간 쟁점들의 외교적 이슈화에 크게 개의치 않는 자세를 취했다. 이것은 하시모토 전 총리, 고이즈미 전 총리, 아베 전 총리, 그리고 아소 총리 등이 중일 간 갈등 이슈들에 대해 보여준 입장에서 명확히 알 수 있다.

더욱이 이들은 중국 측이 집요하게 역사인식 문제를 제기하는 것이 일본의 군국주의화에 대한 공포라기보다는 오히려 이를 대일외교에 있어 유리한 입장을 선점하기 위한 하나의 협상수단으로 활용하고 있다고 주장했다.[57] 더 나아가 이들은 중국 내 반일감정의 확산을 일본의 도발적인 행동에 대한 반발에서 찾기보다는 중국 내 반일 민족주의의 대두에서 비롯되었다고 역설했다. 즉 '속죄 외교'를 빌미로 일본에 정신적인 하중을 부과함으로써 일본으로부터 더 많은 자금과 기술협력을 이끌어 내는 동시에 국제정치 무대에서 일본의 정치적, 군사적 역할 확대와 관여의 범위를 제한하려는 정치적 의도가 숨어 있다는 것이다.

이러한 일본 측의 대중 인식에 대해 중국 측은 19세기 말부터 20세기 중반에 걸쳐 양국 간에 있었던 불행한 과거사를 넘어 새로운 관계구축을 위해 노력함에도 불구하고 일본 측이 과거사를 정당화하려는 움직임을 강화하고 미일동맹에 기대어 자국 영토의 불법 점유와 중국 봉쇄에 적극적으로 가담하고 있다며 강력히 반발하고 있다. 하지만 최근 중국은 일본 내 반중 여론의 확산을 감안하여 미해결의 갈등 이슈, 특히 역사인식의 문제가 양국 간 외교적 쟁점으로 대두되는 것을 차단하려고

57) 西川吉光, 앞의 책, p. 112.

노력하면서 일본 정치인들의 신중한 행동을 요구하고 있다. 이것은 "과거 역사를 거울로 삼아 미래로 나아가자"는 원자바오(溫家寶) 총리의 언급에서 명확히 알 수 있다.

결국 중일 간 갈등 이슈는 국가의 규범성과 가치에 정당성을 부여하는 역사인식 문제와 국가의 권력 · 자주성에 근간을 이루는 영토 · 통일 문제와 밀접히 연계되어 있어 중일 간에는 커다란 입장 차이가 존재하며, 이 문제들을 둘러싼 대립으로 인해 양국 사회에서는 서로에 대한 반감과 적대감이 빠르게 확산되고 있다. 따라서 중일 양국은 갈등 이슈로 인해 양국관계가 극단적인 파국으로 치닫는 것을 막기 위해 '역사적 진실'을 겸허히 받아들이는 동시에 국수적 민족주의에 기대에 맹목적으로 국익만을 추구하거나 국민적 지지를 동원하려는 시도를 중단하지 않으면 안 된다. 그렇지 않으면 중일관계는 '시지프스 신화'에 빠질 것이다.

이 때문에 중일관계가 향후 어떠한 시나리오로 전개될 것인가는 중일 양국의 정치변동 및 지도자들의 인지, 세 가지 이슈를 둘러싼 중일 간 갈등의 정도, 패권경쟁의 정도, 그리고 미국의 이해관계 등에 의해 결정될 것이다. 단기적으로 동아시아 지역에서 급격한 안보환경의 변화가 없는 한 중일관계는 상당 기간 정치적, 외교적으로는 대립하면서도 경제적 상호의존성을 심화시키는, 이른바 '차가운 평화상태' 내지 '협조적 갈등관계'가 지속될 것으로 보인다.[58] 이것은 일본의 대중외교가 중국의 군사적 팽창을 저지하면서 경제적 협력을 강화하는 전략에 중점을 두고 있으며, 중국의 대일외교도 일본과의 미해결의 갈등 이슈를 둘러싼 마찰을 최소화하면서 이것이 경제적 관계로까지 확산되는 것을 차단한다는 국가전략에 기인하고 있기 때문이다. 하지만 중장기적으로는 중일 양국 모두 상호간의 전통적인 경쟁의식과 불신의 잔재로 인해 제로섬게임을 추구할 것으로 보이며,[59] 경우에 따라서는 이것이 중일 간 패권경쟁을 불러일으킬 가능성이 높다.

---

58) 五百旗頭眞, 『戦後日本外交史』(東京: 有斐閣, 1999), pp. 32-33.
59) Benjamin L. Self, op. cit., pp. 81-89.

【참고문헌】

【국 문】

권철현, “한일협력관계의 새로운 도약 모색,” 『외교』 제87호(서울: 한국외교협회), 2008.

기미야 다다시, “한일시민사회의 관계구축을 위한 조건,” 하영선(편), 『한국과 일본』, 서울: 나남, 1997.

김경일, “북한과 일본 관계의 전개과정에 대한 분석,” 『日本語文學』 제38호(서울: 일본어문학회), 2007.

김국신(외), 『미일동맹 강화에 따른 동북아 정세의 변화와 한국의 안보정책 대응전략』, 서울: 통일연구원, 2007.

김성보, “야스쿠니신사의 과거와 현재,” 한일관계사 연구논집 편찬위원회(편). 『해방 후 한일관계의 쟁점과 전망』, 서울: 경인문화사, 2005.

김용복, “한일회담의 경험과 북일수교회담의 전망,” 『동북아연구』 제11권(서울: 경남대학교 극동문제연구소), 2006.

김영구, 『독도문제의 진실』, 서울: 법영사, 2003.

김영작, “동북아 국제질서의 재편과 한일협력의 방향,” 현대일본학회(편), 『21세기 한일관계』, 서울: 법문사, 1997.

김영춘, 『일본의 군사위협 인식과 군사력 강화』, 서울: 통일연구원, 2001.

김인혁, “북한 핵실험과 일본의 대응전략,” 한국통일전략학회(편), 『북한 핵실험과 한반도 안보지형』, 부산: 이경, 2007.

김종헌(외), 『미ㆍ중ㆍ일 대외정책』, 부산: PUFS, 1998.

김학준, 『독도는 우리땅』, 서울: 해맞이, 2003.

남기정, “북한 핵실험 후 일본의 대북제재와 핵무장론의 전개,” 『현안진단』 제66호(서울: 새로운 코리아구상을 위한 연구원), 2006.

미야케 히데토시/하우봉(역), 『역사적으로 본 일본인의 한국관』, 서울: 풀빛, 1990.

박경일(편), 『동북아 안보의 도화선은 어디에 있는가?』, 서울: 한국해양전략연구소, 2003.

박명규, "1990년대 이후 일본 내셔널리즘 논의에 관한 연구," 한일관계사연구논집편찬위원회(편), 『해방후 한일관계의 쟁점과 전망』, 서울: 경인문화사, 2005.

박정수, "중국의 '반국가분열법'과 그 파급효과," 『아태지역동향』 제162호(서울: 한양대학교 아태지역연구센터), 2005.

박철희, "북일관계의 이중성과 동북아 국제관계의 미학," 『외교』 제71호(서울: 한국외교협회), 2004.

배정호, "탈냉전시대의 미일동맹: 국제사회에서의 일본의 역할 확대," 김성철(편), 『미일동맹외교』, 성남: 세종연구소, 2001.

송화섭, "대화와 압력의 대북정책에서 대북 압력정책으로 전환,"『북한』제9호(서울: 북한연구소), 2006.

신정화, "북일관계의 발전과정과 현안,"『북한연구학회보』제4권 1호(서울: 북한연구학회), 2000.

신정화, "북일관계: 북한 협상론과 북한 위협론," 『정세와 정책』 제74호(성남: 세종연구소), 2002.

신정화, "북일관계의 역사," 『역사비평』 61호(서울: 역사비평사), 2002.

신정화, "일본의 대북정책-대화에서 제재로," 전현준(외), 『10.9 한반도와 핵』, 서울: 이룸, 2006.

신지호, "탈냉전기 일본 안보정책의 변화에 대한 고찰," 『한국과 국제정치』 제18권 제2호(서울: 경남대학교 극동문제연구소), 2002.

안인해, "중국의 부상과 일본의 대응," 이홍표(편), 『21세기 중일관계와 동아시아 안보』, 서울: 한국해양전략연구소, 2006.

야가사키 히데노리, 『일본의 평화사상 연구: 근대 일본의 대국주의와 소국주의』, 충남: 선문대학교 출판부, 2004.

오일환, "탈냉전 이후 북일관계와 그 진전을 위한 한국의 대응," 『아태 쟁점과 연구』 제2권 4호(서울: 한양대학교 아태지역연구센터), 2007.

유철종, 『동아시아 국제관계와 영토분쟁』, 서울: 삼우사, 2006.

윤홍석, "상호주의와 고이즈미 정권의 대북한 정책," 『세계지역연구논총』 제25호 3호(광주: 한국세계지역학회), 2007.

이기완, "1990년대 일본정치의 변동과 사회당," 『국제정치논총』 제43권 3호(서울: 한국국제정치학회), 2003.

이기완, "현대일본국가의 변질과 신보수주의," 『아세아연구』 제47권 3호(서울: 고려대학교 아세아문제연구소), 2004.

이기완, "일본의 안전보장과 미일안보체제," 『시대의 논리』 제7호(서울: 교양사회), 2005.

이기완, "1990년대 이후 일본의 보수 우경화와 한일관계," 『대한정치학회보』 제13집 3호(대구: 대한정치학회), 2006.

이기완, "고이즈미의 정치방식과 포퓰리즘," 『대한정치학회보』 제15집 1호(대구: 대한정치학회), 2007.

이기완, "한국의 반일 감정과 일본의 선택," 『신진보리포트』 제6호(서울: 신진보연대), 2007.

이기완, "일본의 정치변동과 미일안보체제," 『국제관계연구』 제12권 1호(서울: 고려대학교 일민국제관계연구원), 2007.

이기완, "일본 국내정치의 동학과 미일안보체제," 『국제지역연구』 제11권 2호(용인: 한국외국어대학교 국제지역연구센터), 2007.

이기완, "1945년 이후 일본의 대한인식과 대한정책," 『국제관계연구』 제14권 1호(서울: 고려대학교 일민국제관계연구원), 2009.

이기완, "중일관계 갈등의 이슈와 원인," 『국제지역연구』 제13권 1호(용인: 한국외국어대학교 국제지역연구센터), 2009.

이기완, “미일관계와 동맹의 딜레마: 1960-72,” 『대한정치학회보』 제17집 1호(대구: 대한정치학회), 2009.

이기완, 『전환기의 일본정치와 연립정권』, 서울: 케이시, 2002.

이기완, 『일본의 정당과 정당정치』, 서울: 매봉, 2006.

이기완·이호영, 『동맹의 이론과 현실』, 창원: 창원대학교 출판부, 2008.

이서항, “일본의 해양전략과 미·일 동맹,” 이홍표(편), 『일본의 해양전략과 21세기 동북아 안보』, 서울: 한국해양전략연구소, 2002.

이수형, “동맹의 딜레마와 포기-연루의 순환,” 『국제정치논총』 제39집 1호(서울: 한국국제정치학회), 1999.

이원덕, “과거사 갈등과 한일관계,” 이숙종(편), 『전환기의 한일관계』, 성남: 세종연구소, 2002.

이원덕, “세계화 시대의 일본 외교안보정책,” 장달중(외), 『세계화와 일본의 구조전환』, 서울: 서울대학교 출판부, 2002.

장은주, “1945년 이후 한일양국의 상호인식,” 한일관계사연구논집편찬위원회(편), 『해방 후 한일관계의 쟁점과 전망』, 서울: 경인문화사, 2005.

정성장, “북한의 인공위성 로켓발사 배경과 한미의 대응 방향,” 『정세와 정책』 145호(성남: 세종연구소), 2009.

정정숙, “21세기 한일관계의 구상 시론,” 『평화연구』 제11권 2호(서울: 고려대학교 평화연구소), 2003.

조성렬, “21세기 일본의 군사개혁에 관한 평가와 전망,” 『평화연구』 제10호(서울: 고려대학교 평화연구소), 2002.

조성렬, 『정치대국 일본』, 서울: 나라사랑, 1994.

조세영, 『봉인을 떼려하는가: 미일동맹을 중심으로 본 일본의 헌법개정 문제』, 서울: 아침, 2004.

조규철, “한일 사회문화교류와 상호인식,” 이숙종(편), 『전환기의 한일관계』, 성남: 세종연구소, 2002.
진창수, “고이즈미 총리는 왜 야스쿠니신사를 계속 참배하나?,” 『정세와 정책』 94호(성남: 세종연구소), 2004.
최상룡(외), 『한일관계의 쟁점』, 서울: 집문당, 1998.
통일연구원, 『통일환경 및 남북한관계의 전망: 2006-2007』, 서울: 통일연구원, 2006.
호사카 유지, “독도 영유권에 대한 본질적 대응,” 『시대의 논리』 제6호(서울: 교양사회), 2004.
홍성후, “북핵문제와 일본의 대한반도 정책,” 『국제정치연구』 제10집 제1호(대구: 동아시아 국제정치학회), 2007.
http://www.mofa.go.jp/mofaj/area/n_korea/abd/index.html(2009년 5월 20일 검색).
http://www.jetro.go.jp/cgi-bin/nats/cgi-bin/search.cgi(2009년 7월 10일 검색)
『동아일보』
『한겨레신문』

【일 문】

愛敬浩二 , “九條改定論の変遷と現在,” 『論座』 2月号(東京: 朝日新聞社), 2004.
朝日新聞政治部, 『政界再編』, 東京: 朝日新聞社, 1993.
淺井基文, “日米安保体制にかわる構想を,” 『世界』 10月号(東京: 岩波書店), 1990.
淺井基文, 『新保守主義』, 東京: 柏書房, 1993.
淺野一弘, 『現代日本政治の現状と課題』, 東京: 同文舘出版, 2007.
朝日新聞政治部, 『政界再編』, 東京: 朝日新聞社, 1993.
朝日新聞政治部・社會部, 『權力の代償』, 東京: 朝日新聞社, 1993.

芹田健太郎,『日本の領土』, 東京: 中央公論新社, 2002.
アーミン・H.マイヤー/淺尾道子(譯),『東京回想』, 東京: 朝日新聞社, 1976.
荒井利明,『変貌する中國外交』, 東京: 日中出版, 2000.
荒井利明,『日韓・日朝關係の課題』, 東京: 日中出版, 2005.
荒敬, "サンフランシスコ講和," 歷史學硏究會(編),『日本同時代史』, 東京: 青木書店, 1990.
安倍晋三,『美しい國へ』, 東京: 文芸春秋, 2006.
飯島勳,『小泉官邸秘錄』, 東京: 日本経濟新聞社, 2006.
家近亮子(編),『岐路に立つ日中關係』, 京都: 晃洋書房, 2007.
五百旗頭眞(編),『戰後日本外交史』, 東京: 有斐閣, 1999.
一谷和郎, "靖國神社參拜問題," 家近亮子(編),『岐路に立つ日中關係』, 京都: 晃洋書房, 2007.
伊藤剛,『同盟の認識と現實』, 東京: 有信堂, 2002.
井上清,『「尖閣」列島: 釣魚諸島の史的解明』, 東京: 現代評論社, 1972.
猪木武德,『日本の近代 (7): 経濟成長の果實 1955-1972』, 東京: 中央公論新社, 2000.
岩永健吉郎,『戰後日本の政党と外交』, 東京: 東京大學出版會, 1986.
岩見隆夫, "政界再編を目論む金丸人脈,"『中央公論』9月号(東京: 中央公論社), 1991.
上田正昭, "日鮮同祖論の系譜,"『三千里』14号(東京: 三千里社), 1978.
內田健三, "保守三党の成立と變容," 坂本義和/R. E. ウォード(編),『日本占領の硏究』, 東京: 東京大學出版會, 1987.
內田健三·早野透·曾根泰教,『大政変』, 東京: 東洋経濟新報社, 1994.
植村秀樹, "安保改正と日本の防衛政策,"『國際政治』115号(東京: 日本國際政治學會), 1997.
梅本哲也, "安全保障," 有賀貞(外編),『講座國際政治(4) 日本の外交』,

東京: 東京大學出版會, 1989.
浦野起史,『尖閣諸島·琉球·中國』, 東京: 三和書籍, 2002.
江戸雄介,『尖閣諸島どうする日本』, 東京: 恒友出版, 1996.
NHK取材班,『周恩來の決斷』, 東京: 日本放送出版協會 1993.
大嶽秀夫,『日本の防衛と國內政治』, 東京: 三一書房, 1983.
大嶽秀夫, "自民党若手改革派と小澤グループ: 政治改革を目指した二つの政治勢力,"『レヴァイアサン』17巻(東京: 木鐸社), 1995.
大平善梧, "改定安保條約の成立と特質," 鹿島平和研究所(編),『現代日本の外交』, 鹿島: 鹿島平和研究所出版會, 1970.
尾崎咢堂全集編集委員會(編),『尾崎咢堂全集 第1巻』, 東京: 公論社, 1966.
奥宮正武,『アメリカを頼りに出來るか』, 東京: PHP出版, 1995.
小澤一郎,『日本改造計劃』, 東京: 講談社, 1993.
小野耕二,『新版日本政治の轉換点』, 東京: 青木書店, 1998/이기완(역),『일본현대정치사』, 서울: 케이시, 2003.
小野直樹,『戰後日米關係の國際政治経濟分析』, 東京: 慶應義塾大學出版會, 2002.
外務省,『外交靑書: 我が外交の近況』17号(東京: 外務省), 1973.
形野淸貴, "國家イデオロギー狀況を讀む," 金子道雄(編),『現代日本の國家と社會』, 京都: 法律文化社, 1996.
加藤晴子, "戰後日韓關係史への一考察(上),"『日本女子大學紀要(文學部)』第28号(東京: 日本女子大學), 1979.
加藤晴子, "戰後日韓關係史への一考察(下),"『日本女子大學紀要(文學部)』第29号(東京: 日本女子大學), 1980.
神谷不二,『戰後史の中の日米關係』, 東京: 新潮社, 1989.
川上高司,『米國の對日政策』, 東京: 同文舘出版社, 1996.
川上高司,『米軍の前方展開と日米同盟』, 東京: 同文舘出版, 2004.

姜尙中,『日朝關係の克服』, 東京: 集英社, 2003.

議會政治研究會政党年鑑編集部,『政党年鑑』, 東京: ニュース社, 1947.

金東祚,『韓日の和解』, 東京: サイマル出版會, 1993.

木村光彦・安部桂司,『戰後日朝關係の硏究』, 東京: 知泉書舘, 2008.

霞山會(編),『日中關係基本資料集 1949-1997』, 東京: 財団法人霞山會, 1998.

草野厚, “二つのニクソンショックと對米外交,” 近代日本硏究會(編),『近代日本硏究』(東京: 山川出版社), 1985.

楠田實(編),『佐藤政權 二七九七 (下)』, 東京: 行政問題硏究所, 1983.

琴秉洞,『日本人の朝鮮觀』, 東京: 明石書店, 2006.

黑田勝弘,『韓國人の發想』, 東京: 德間書店, 1986.

グリーン, マイケル·坂元一哉, “冷戰後の日米同盟,” 船橋洋一(編),『同盟の比較硏究』, 東京: 日本評論社, 2001.

慶応義塾(編),『福澤諭吉全集 第8卷』, 東京: 岩波書店, 1970.

慶応義塾(編),『福澤諭吉全集 第10卷』, 東京: 岩波書店, 1970.

憲法調査會事務局,『憲法制定の經過に關する小委員會報告書』, 東京: 大藏省印刷局, 1961.

櫻井よしこ·葛西敬之·中西輝政, “大軍擴中國と對峙する日,”『Voice』2月号((京都: PHP硏究所), 2007.

坂垣正,『靖國公式參拜の總括』, 東京: 展轉社, 2000.

佐道明廣, “自主外交を問われる日本,” 小島朋之·竹田いさみ(編),『東アジアの安全保障』, 東京: 南窓社, 2002.

芝原拓自(外),『日本近代思想大系12 對外觀』, 東京: 岩波書店, 1988.

池明觀,『日韓關係史硏究』, 東京: 新敎出版社, 1999.

自由民主党,『資料編 自由民主党史』, 東京: 自由民主党, 1987.

張達重, “グローバル化と民族主義化の流れの中の日韓關係,” 小此木正夫·張達重,『日韓共同硏究叢書(14) 戰後日韓關係の展開』, 東京: 慶應義塾大學出版會, 2005.
鄭大均,『韓國のイメージ』, 東京: 中央公論新社, 1995.
鄭大均,『日本のイメージ』, 東京: 中央公論社, 1998.
鈴木裕二, "日米防衛協力のための指針," 藤本一美・秋山憲治(編),『日米同盟關係の光と影』, 東京: 大空社, 1998.
外岡秀俊·本田優·三浦俊章,『日米同盟半世紀: 安保と密約』,東京: 朝日新聞社, 2002.
泰郁彦, "靖國神社「鎭靈社」のミステリー,"『現代史の對決』, 東京: 文藝春秋, 2005.
高崎宗司,『反日感情』, 東京: 講談社, 1993.
高崎宗司,『檢証日韓會談』, 東京: 岩波書店, 1996.
高崎宗司,『「妄言」の原形: 日本人の朝鮮觀』, 東京: 木犀社, 2002.
高橋哲哉,『靖國問題』, 東京: 筑摩書房, 2005.
田中愛治, "國民意識における55年体制の変容と崩壞",『政治學年報』, 東京: 岩波書店, 1996.
田中明彦,『安全保障: 戰後50年の模索』, 東京: 讀賣新聞社, 1997.
田中明彦, "座談會: 北朝鮮の轉換どこまで,"『朝日新聞』 2002년 9월 18일.
田中明,『常識的朝鮮論のすすめ』, 東京: 朝日新聞社, 1981.
田中伸尙,『日の丸・君が代の戰後史』, 東京: 岩波書店, 2000.
俵義文, "'新しい歷史教科書をつくる會'右派人脈,"『世界』 6月号(東京: 岩波書店), 2001.
土山實男, "同盟の終焉," 猪口孝(外),『冷戰後の日米關係』, 東京: NTT出版, 1997.
都留重人,『日米安保解消への道』, 東京: 岩波書店, 1997.
寺澤正晴, "戰後日本人の韓國觀," 山本武利(編),『日韓新時代』, 東京: 同文館出版, 1994.

豊秀一, “改憲論の底流にあるもの,”『論座』2月号(東京: 朝日新聞社), 2004.

豊田有垣,『日本人と韓國人, ここが大違い』, 東京: 文芸春秋社, 1985.

內閣府大臣官房政府廣報室,『外交に關する世論調査』, 東京: 內閣府大臣官房政府廣報室, 2007.

內閣府大臣官房政府廣報室,『外交に關する世論調査』, 東京: 內閣府大臣官房政府廣報室, 2008.

中村政則·鈴木正幸, “近代天皇制國家の確立,”『大系日本國家史 5 近代 2』, 東京: 東京大學出版會, 1976.

中村政則,『戰後史』, 東京: 岩波書店, 2005.

中野實,『日本の政治力學』, 東京: 日本放送出版會, 1993.

西岡力,『日韓誤解の淵源』, 東京: 亞紀書房, 1992.

西川吉光,『日本政治外交史論』, 東京: 晃洋書房, 2001.

西川吉光,『日本の外交政策』, 東京: 學文社, 2004.

西村態雄,『安全保障條約論』, 東京: 時事通信社, 1959.

日中経濟協會(編),『日中経協ジャーナル』1月号(東京: 日中経濟協會), 1999.

日本經濟新聞社(編),『宴の惡魔』, 東京: 日本經濟新聞社, 1991.

日本共産党中央委員會,『日本共産党の80年』, 東京: 日本共産党中央委員會出版局, 2003.

長谷川慶太郎・鷲田小彌太,『21世紀の世界をさぐる』, 東京: 學習研究社, 1992.

旗田巍,『日本人の朝鮮觀』, 東京: 勁草書房, 1969.

旗田巍,『朝鮮と日本人』, 東京: 勁草書房, 1983.

原彬久,『戰後日本と國際政治』, 東京: 中央公論社, 1988.

原彬久, “日米安保体制と冷戰,”『國際政治』 100号(東京: 日本國際政治學會), 1992.

原彬久,『戦後史のなかの日本社會党』, 東京: 中央公論新社, 2000.
福岡政行, "解說 田中角榮と戰後政治," 早野透,『田中角榮と戰後の精神』, 東京: 朝日文庫, 1995.
藤原彰・荒川章二·林博史,『日本現代史』, 東京: 大月書店, 1995.
藤本一美, "日米安保体制の再検討," 藤本一美・秋山憲治(編),『日米同盟關係の光と影』, 東京: 大空社, 1998.
船橋洋一,『同盟の比較研究』, 東京: 日本評論社, 2001.
古川万太郎,『日中戰後關係史』, 東京: 原書房, 1988.
平和·安全保障研究所(編),『アジアの安全保障 1997~1998』, 東京: 朝雲新聞社, 1997.
防衛廳(編),『防衛白書』2002年版(東京: 財務省印刷局), 2002.
細谷千博(外編),『日米關係資料集 1945-97』, 東京: 東京大學出版會, 1999.
保利茂,『ドキュメント·日中復交』, 東京: 時事通信社, 1972.
毎日新聞政治部,『安保』, 東京: 角川書店, 1987.
毎日新聞社政治部,『轉換期の安保』, 東京: 毎日新聞社, 1979.
毎日新聞・上西朗夫,『GNP1%枠』, 東京: 角川文庫, 1978.
前田哲男,『自衛隊は何をしてきたのか?』, 東京: 筑摩書房, 1990.
牧太郎,『中曾根は何だったのか』, 東京: 草思社, 1988.
増田弘,『公職追放: 三大政治パージの研究』, 東京: 東京大學出版會, 1998.
升味準之輔,『現代政治 (上)』, 東京: 東京大學出版會, 1985.
松本三之介, "アジア観の形成とその特質," 차기벽(편역),『일본현대사의 구조』, 서울: 한길사, 1980.
三土修平,『靖國問題の原点』, 東京: 日本評論社, 2005.
宮崎隆次, "55年體制の崩壊と連合政治,"『エコノミスト』, 東京: 毎日新聞社, 1993.

宮澤喜一,『東京ーワシントンの密談』, 東京: 備後會, 1975.

村田忠禧, 『尖閣列島・釣魚島問題をどう見るか』, 東京: 日本僑報社, 2004.

毛里和子・毛里輿三郎(譯),『ニクソン訪中機密會談錄』, 名古屋: 名古屋大學出版會, 2001.

毛里和子,『日中關係 戰後から新時代へ』, 東京: 岩波書店, 2006.

森田實,『政界大亂: 自民解体・新党創生』, 東京: 東洋経濟新報社, 1993.

山室信一,『日露戰爭の世紀』, 東京: 岩波書店, 2005.

山田照美(編),『在日朝鮮人』, 東京: 明石書店, 1991.

柳田邦男,『日本は燃えているか』, 東京: 講談社, 1983.

山內敏弘,『日米新ガイドラインと周辺事態法』, 京都: 法律文化社, 1999.

山內敏弘(編),『有事法案を檢証する』, 京都: 法律文化社, 2002.

吉田裕,『日本人の戰爭觀: 戰後史からの変容』, 東京: 岩波書店, 1995.

吉田茂,『回想十年』, 東京: 中央公論社, 1998.

橫山宏章,『反日と反中』, 東京: 集英社, 2005.

讀賣新聞政治部,『外交を喧嘩にした男』, 東京: 新潮社, 2006.

我妻洋・米山俊直,『偏見の構造: 日本人の人種觀』, 東京: 日本放送出版協會, 1967.

和田春樹, "三つの八・一五,"『北の友へ南の友へ』, 東京: お茶の水書房, 1987.

渡邊昭夫,『戰後日本の政治と外交』, 東京: 福村出版, 1970.

渡邊昭夫, "日米同盟の50年の軌跡と21世紀への展望,"『國際問題』第490号(東京: 日本國際問題研究所), 2001.

渡辺治, "現代日本國家の特殊な構造," 東京大學社會科學研究所(編),『現代日本社會』, 東京: 東京大學出版部, 1991.

渡辺治,『政治改革と憲法改正』, 東京: 青木書店, 1994.

渡辺治, "日米新ガイドラインの日本側のねらい," 山內敏弘(編),『日米新ガイドラインと周辺事態法』, 京都: 法律文化社, 1999.

渡辺治, 『日本の大國化とネオナショナリズムの形成』, 東京: 櫻井書店, 2000.

渡辺治, "9.11事件と日本の對外・國內政策," 山內敏弘(編), 『有事法案を検証する』, 京都: 法律文化社, 2002.

http://www.jcipo.org/toukei/2008/jp_7.html

http://www.yasukuni.or.jp

http://www8.cao.go.jp/survey/index.html

http://www.cup.com/sps/question/quest1_12/cq_in378.html

『赤旗新聞』

『朝日新聞』

『共同通信』

『産経新聞』

『時事新報』

『人民日報』

『日本経濟新聞』

『毎日新聞』

【영 문】

Armstrong, Hamilton Fish, "Isolated America," *Foreign Affairs*, vol. 51, no. 1 (1972).

Austin, Greg, *Japan and Greater China*, (London: Hurst and Company), 2001.

Buckley, Rodger, *U.S.-Japan Alliance Diplomacy*, (Cambridge: Harvard University Press), 1992.

Cha, Victor D., *Alignment Despite Antagonism: The United States-Korea-Japan Security Triangle*, (Stanford: Stanford

University Press), 1999.

Colbert, Everlyn, "Japan and the Republic of Korea: Yesterday, Today and Tomorrow," *Asian Survey*, vol. 26, no. 3 (1986).

Curtis, Gerald L., *The Logic of Japanese Politics*, (New York: Columbia University Press), 1999.

Gaddis, John Lewis, *Strategy of Containment*, (New York: Oxford University Press), 1982.

Gill, Bates, "September 11 and Northeast Asia: Change and Uncertainty in Regional Security," *The Brookings Review*, vol. 20, no. 3 (2002).

Green, Michael J. and Benjamin L. Self. "Japan's Changing China Policy: From Commercial Liberalism to Reluctant Realism," *Survival*, vol. 38, no. 2 (1996).

Hickey, Dennis Van Vranken, *The Armies of East Asia*, (Boulder: Lynne Rienner), 2001.

Johnson, U. Alexis, *The Right Hand Of Power*, (Englewood Cliffs, NJ: Prentice-hall), 1984.

Johnson, Chalmers, *Japan: Who Governs?*, (New York: Norton), 1995.

Katzenstein, Peter J., *Cultural Norms and National Security: Police and Military in Postwar Japan*, (Ithaca: Cornell University Press), 1996.

Kennedy, Paul, *The Rise and Fall of the Great Powers*, (New York: Vintage Books), 1987.

Kissinger, Henry, *White House years*, (Boston: Little, Brown), 1979.

Langdon, Frank, *Japan's Foreign Policy*, (Vancouver: University of British Columbia Press), 1973.

Lee, Chae-Jin, *Japan Faces China*, (London: Johns Hopkins University Press), 1976.

Liska, Geoge, *Nations in Alliance: The Limit of Interdependence*, (Baltimore: The Johns Hopkins University Press), 1962.

Mandelbaum, Michael, *The Nuclear Revolution: International Politics before and after Hiroshima*, (Cambridge: Cambridge University Press), 1981.

Morgenthau, Hans J., *Politics among Nations*, (New York: Alfred A. Knopf), 1973/이호재(역), 『현대국제정치론: 세계평화의 권력이론적 접근』, 서울: 법문사, 1987.

Morrow, James D., "On the Theoretical Basis of a Measure of National Risk Attitudes," *International Studies Quarterly*, vol. 31 (1987).

Nixon, Richard M., *The Memoirs of Richard Nixon*, (New York: Grosset & Dunlap), 1978.

Olsen, Edward A., *U. S.-Japan Strategic Reciprocity*, (Stanford: Hoover Institute Press), 1985.

Olsen, Edward A., "Target Japan as America's Economic Foe," *Orbis*, vol. 36, no. 4 (1992).

Otake, Hideo, "Defense Controversies and One-Party Dominance," in T. J. Pempel(ed.), *Uncommon Democracies*, (Ithaca: Cornell University Press), 1990.

Riding, Alan, *Distant Neighbors*, (New York: Vintage Books), 1984.

Rothstein, Robert L., *Alliances and Small Powers*, (New York: Columbia University Press), 1988.

Self, Benjamin L., "China and Japan: A Facade of Friendship," *The*

Washington Quarterly, vol. 21, no. 1. (2002-2003).

Sneider, Richard L., *U.S.-Japanese Security Relations*, (New York: Columbia University Press), 1982.

Snyder, Glenn H., "The Security Dilemma in Alliance Politics," *World Politics*, vol. 36, no. 4 (1984).

Snyder, Glenn H., *Alliance Politics*, (Ithaca: Cornell University Press), 1997.

U.S. Department of Defense, *United States Security Strategy for the East-Asia Pacific Region*, (1995).

Wallerstein, Immanuel, "Friends as Foes," *Foreign Policy*, no. 40 (1980).

Walt, Stephen M., *The Origins of Alliances*, (Ithaca: Cornell University Press), 1987.

Weinstein, Martin E., *Japan's Postwar Defense Policy*, (New York: Columbia University Press), 1969.

Wight, Martin, *Power Politics*, (Leicester: Leicester University Press), 1978.

Yang, Daqing, "Mirror for the future or the history card? Understanding the history problem," in Marie Soderberg(ed.), *Chinese-Japanese relations in the Twenty-First Century*, (London: Routledge), 2002.

Zhao, Suisheng, *Power Competition in East Asia*, (London: Macmillan), 1997.

『New York Times』

『The Washington Post』

http://news.goo.ne.jp/news/asahi/seiji/20041210/k2004121001140.htl.

저자 소개

〈이기완〉

- 현 창원대학교 국제관계학과 부교수
- 창원시 선거관리위원회 위원 역임(2005)
- 고려대학교 정치외교학과 졸업(1995)/동 대학원 석사(1997)
- 일본 주오대학교(Univ. of Chuo)정치학 박사(2001)

◇ 주요 저술

『국제사회의 대외인식과 한국관』(공저)(매봉, 2009)

『동맹의 이론과 현실』(공저)(창원대 출판부, 2008)

『일본의 정당과 정당정치』(매봉, 2006)

『동맹의 정치학』(공저)(매봉, 2005)

『현대 일본의 정치와 사회』(공저)(매봉, 2005)

『일본현대정치사』(역서)(케이시, 2003)

『전환기의 일본정치와 연립정권』(케이시, 2002)